NATIONAL GEOGRAPHIC
LES GUIDES DE VOYAGE

SHANGHAI

D1702640

Andrew Forbes
Photos : David Butow

COMMENT UTILISER

**Temple
et pagode
de Longhua**
(Longhua Si
et Longhua Ta)

▢ Plan p. 106, B1

✉ 2853 Longhua Lu

☎ 6457 6327

🕐 7h-17h

▢ €

RENSEIGNEMENTS

Des informations pratiques sur les principaux sites
à visiter figurent en marge des pages (voir la légende
des pictogrammes sur le rabat de la couverture).
Le pictogramme ▢ renvoie au plan concerné
et aux coordonnées du site sur le plan.
Des informations pratiques figurent aussi dans le texte,
en italique et entre parenthèses. Les symboles €
indiquent l'échelle de prix pour les droits d'entrée :

€	moins de 4 euros
€€	de 4 à 7 euros
€€€	de 7 à 10 euros
€€€€	de 10 à 17 euros
€€€€€	plus de 17 euros

119

CODE COULEUR

Chaque quartier est identifié
à l'aide d'une couleur afin
de faciliter la navigation
dans le guide. Ce même
code couleur est appliqué dans
le chapitre Informations pratiques
(p. 229 et suivantes).

HÔTELS ET RESTAURANTS

**DU BUND
À RENMIN GONGYUAN** ——— Code couleur et nom
du quartier

——— Nom de l'hôtel
01- ASTOR HOUSE HOTEL et gamme de prix
€€€

15 HUANGPU LU

TÉL. 6324 6388

FAX 6324 3179 ——— Adresse, numéros de téléphone
et de fax, site Internet
www.westin.com/shanghai

www.pujianghotel.com

sales@pujianghotel.com

▢ Nanjing Donglu ——— Stations de métro

Une très bonne adresse sur le
Bund. Chaplin et Einstein ont ——— Bref commentaire
sur l'établissement
séjourné dans cet ancien
5-étoiles qui a été rénové.

22 - AFANTI ——— Nom du restaurant
RESTAURANT
€€ 🍴 120 ——— Gamme de prix et
nombre de couverts
(AFANTI SHICHENG)

775 QUYANG LU ——— Adresse et numéro de téléphone

TÉL. 6554 9604

Une cuisine ouïgoure authentique et copieuse ; les mets
sont à base de mouton, mais ——— Bref commentaire
sur l'établissement
quelques plats végétariens sont
aussi au menu.

Gammes de prix
des hôtels
et des restaurants
Les gammes de prix des hôtels
et des restaurants figurent
dans le chapitre Informations
pratiques.

Se repérer
Pour se repérer dans les rues de
Shanghai, il est utile de connaître
le sens des mots suivants :
lu : route ; *jie* : rue ; *jiang* : ruelle ;
bei : nord ; *dong* : est ;
nan : sud ; *xi* : ouest ; *zhong* :
centre. Ces mots sont
fréquemment combinés,
comme dans Nanjing Donglu
(route Nanjing est). Par ailleurs,
sachez qu'à Shanghai, il n'existe
pas de système de numérotation
pair/impair des immeubles
selon le côté de la rue.
Voici également quelques mots
utiles : *gongyuan* : parc ;
hu : lac ; *si* : temple ;
ta : pagode ; *yuan* : jardin.

PLAN DE VILLE

Bâtiment

Coordonnée
de la grille
de référence

Site important

- Une petite carte de situation accompagne chaque plan et permet de situer le quartier de Shanghai traité dans le chapitre.

ITINÉRAIRE DE PROMENADE

Site intéressant
hors itinéraire

Sens de
la promenade

Site intéressant
sur itinéraire

Numéro renvoyant
au texte

Itinéraire

Départ de
la promenade

- Un encadré vert indique les points de départ et d'arrivée de la promenade, sa durée, son kilométrage et les lieux incontournables.

CARTE D'EXCURSION

Départ de l'excursion

Ville importante

N° de route

Site intéressant

- Les villes décrites dans les chapitres d'excursions hors de Shanghai sont surlignées en jaune. Les autres sites de visite sont indiqués d'un losange rouge.

Photos p. 1 : deux jeunes femmes sur un manège, dans le Parc de la forêt de Gongqing ; pp. 2-3 : les tours de Pudong ; p. 8 : la pagode de Nanjing.

SOMMAIRE

Histoire
et culture

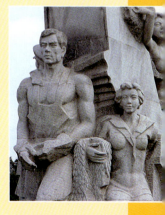

**Détail du monument
aux martyrs de Longhua.**

Shanghai aujourd'hui

AVEC 15 MILLIONS D'ÂMES AUXQUELS S'AJOUTENT LES 10 MILLIONS D'HABITANTS DE SA BANLIEUE, Shanghai est la plus grande métropole de Chine. Ville de tous les superlatifs, elle est aussi la plus riche, la plus progressiste, la plus élégante et la plus moderne des cités du pays. Mais son destin, forgé depuis le milieu du XIXe siècle par la présence étrangère – essentiellement européenne, américaine et japonaise –, en fait peut-être la moins chinoise de toutes.

À l'origine un petit port de pêche endormi sur la rive occidentale du Huangpu Jiang, Shanghai – qui signifie en chinois « sur la mer » – a toujours été associé à l'eau. La ville est bordée à l'est par la mer de Chine orientale, à 24 km au nord par l'embouchure de l'immense Yangzi Jiang (fleuve Bleu), qui sépare la Chine du Nord de la Chine du Sud, au sud par le golfe de Hangzhou et à l'ouest par le réseau diffus des canaux, des lacs et des marais du bassin du Tai Hu (lac Tai).

Au cours des siècles, ces atouts maritimes et fluviaux ont permis à Shanghai de devenir un port actif, notamment après l'ouverture de la Chine au commerce international à la fin de la première guerre de l'opium en 1842. À l'époque, cette situation géographique a eu cependant ses revers et la ville a vu affluer toutes sortes d'envahisseurs étrangers, trafiquants d'opium et capitalistes occidentaux, puis, dans un passé moins lointain et avec des conséquences encore plus dramatiques, les troupes japonaises. Aujourd'hui, après les 40 années d'austérité imposées par le régime communiste entre 1949 et 1990, la ville renaît de ses cendres au point de souffler à Singapour le titre de plus grand port marchand du monde, en 2005.

Si Shanghai reste tourné vers la mer, la ville est aussi la force motrice d'un immense pôle industriel spécialisé dans les hautes technologies qui s'étend de la métropole jusqu'au proche delta du Yangzi Jiang. Cette zone, qui couvre une surface relativement petite à l'échelle de la Chine (100 100 km², soit un peu plus de 1 % du territoire), compte cependant 10 % de la population chinoise – quelque 132 millions d'habitants – et représente plus de 22 % du produit intérieur brut, environ 25 % des recettes fiscales nationales et 28,5 % du volume des importations et des exportations du pays –

des chiffres impressionnants. Shanghai demeure le premier moteur de la croissance économique chinoise. Depuis que Pékin (Beijing), en 1992, a donné le feu vert à un développement sans limites, l'économie de la ville progresse d'année en année et enregistre un taux de croissance qui dépasse les 10 % annuels. Shanghai fait aujourd'hui figure de prodige au sein de la zone Pacifique, rivalisant avec Hong Kong et Tokyo, et étant même sur le point de les dépasser. La ville affiche sans vergogne ses ambitions.

Shanghai a toujours été la ville la plus en vogue de Chine en dépit de la corruption et de la décadence qui ont régulièrement entaché son image ; cela lui a valu, selon les époques, des surnoms très contrastés : l'impitoyable (et pourtant étrangement séduisante) « putain de l'Orient » ou, plus flatteur, la « perle de l'Orient ».

UN GIGANTESQUE CHANTIER

Quand, en 1990, Deng Xiaoping, au pouvoir depuis 1981, autorise l'ouverture économique de Shanghai, la ville s'engouffre dans la brèche avec empressement et enthousiasme. Jusqu'en 1988, l'immeuble le plus élevé, le Park Hotel, édifié en 1934, mesurait 84 m. En 1993, la tour Oriental Pearl (Dongfang Mingzhu), une antenne de télévision de 468 m, construite à Pudong sur la rive opposée au Bund, modifie pour toujours la physionomie de Shanghai, désormais engagé dans une course à la verticalité.

Dès 1998, le secteur de Pudong s'enorgueillit de posséder le plus haut bâtiment habité de Chine, la tour Jinmao, (421 m), et près d'un quart des plus hauts gratte-ciel du monde. Shanghai compte aujourd'hui 4 000 édifices de plus de 100 m, un nombre que n'atteint aucune autre mégalopole. À cela s'ajoutent de véritables merveilles d'ingénierie comme le tout nouvel aéroport international de Pudong ; la ligne de train Maglev à lévitation magnétique, une construction allemande qui assure la liaison entre l'aéroport et la ville ; le pont Nanpu qui, à son inauguration en 1991, était le premier à enjamber le Huangpu Jiang ; le pont Lupu, officiellement le pont en arc le plus long du monde (3,9 km) – au sommet duquel on peut monter pour jouir d'une vue magnifique –, ou encore l'imposant pont de la baie de Hangzhou, dont l'achèvement était prévu en 2008. Il est alors devenu l'ouvrage d'art maritime le plus long du monde (36 km).

Les néons de Nanjing Donglu témoignent du dynamisme commercial de Shanghai.

De Pudong, à l'est, à Xujiahui et Hong-qiao, à l'ouest, des gratte-ciel à l'architecture audacieuse continuent de sortir de terre chaque mois. Les citadins y trouvent de gigantesques centres commerciaux climati-sés, des boutiques de mode, des magasins d'électronique (la plupart de leurs produits étant fabriqués sur place, malgré leurs mar-ques japonaises ou coréennes), des restau-rants de gastronomie internationale et même de petites brasseries allemandes.

Mais si Shanghai propulse la Chine dans le XXIe siècle, la classe moyenne, de plus en plus aisée, reste attachée aux splendeurs anciennes de sa ville. Les bâtiments de l'époque coloniale, notamment ceux qui s'étendent le long du Bund et dans le quar-tier du parc de Fuxing, sont rénovés : les temples bouddhiques, taoïstes et même confucéens sont restaurés avec grand soin ; Nanshi, le quartier de la vieille ville, a été reconstruit fidèlement dans les styles des

dynasties Ming et Qing, tandis que les *shi-kumen*, de vieilles maisons traditionnelles shanghaiennes (*voir p. 20 et pp. 100-101*), sont désormais préservées, restaurées ou reconstruites pour accueillir des magasins de luxe ou encore des restaurants, comme dans le quartier de Xintiandi.

Quant aux anciens entrepôts du quartier Zhabei et de Moganshan, ils ont été reconvertis ces dernières années en galeries d'art et en ateliers d'artistes.

Soir de réveillon du nouvel an dans un bar de Maoming Nanlu. C'est dans cette rue très animée que l'on trouve les meilleurs bars de Shanghai.

TYPIQUEMENT SHANGHAIEN

Ville la plus riche et la plus moderne de Chine, Shanghai offre à ses habitants une multitude d'occasions de dépenser leur argent dans les boutiques de mode, les galeries d'art, les théâtres ou les opéras.

Le reste du pays lui envie parfois sa richesse et sa culture cosmopolite, fruits de la longue histoire marchande de la métropole. Un grand nombre de Chinois, qu'ils viennent de la capitale ou des autres provinces, jugent les Shanghaiens matérialistes, prétentieux, avares et hautains. Toutefois, ils veulent bien admettre que ces mêmes Shanghaiens sont durs à la tâche, attentifs aux détails, professionnels, honnêtes en affaires et enfin – et surtout – élégants.

L'identité de Shanghai

Shanghai forme un vaste creuset de cultures et d'ethnies qui, depuis l'ouverture de son port au commerce étranger au milieu du XIXᵉ siècle, n'a cessé d'attirer en masse des travailleurs migrants venus de toutes les régions de Chine.

Le natif de Shanghai se reconnaît avant tout à son dialecte. Il parle une variante de wu, la forme de chinois la plus parlée après le mandarin, mais que ne comprennent ni

les locuteurs de mandarin au nord ni ceux
de hakka, de cantonais et d'autres dialectes
du sud. Environ 100 millions de personnes
parlent wu dans les provinces du Zhejiang
et du Jiangsu ainsi que dans certaines parties du Anhui, du Jiangxi, du Fujian, de
Taïwan et de Singapour.

Le shanghaien, parlé par près de 16 millions de personnes, est le sous-groupe linguistique le plus important de la langue wu,
considérée comme plus douce, plus légère et

**La région de Shanghai possède une myriade
de jardins chinois traditionnels, dont
les célèbres jardins Yu, au cœur de la vieille
ville de Shanghai. Pavillons, rocailles, étangs
et ponts couverts jalonnent cet espace
tranquille, dont la création remonte à 1577.**

plus fluide que le mandarin. Peu d'étrangers, hormis les résidents de longue date,
apprennent le shanghaien. Le mandarin –
appelé plus communément aujourd'hui

le *putonghua* ou langue commune – sert de langue véhiculaire aux diverses populations chinoises établies à Shanghai.

Le gouvernement central voudrait que tous les Chinois de Shanghai parlent mandarin : ainsi, le shanghaien n'est pas enseigné à l'école, son emploi est découragé dans les médias et proscrit dans la publicité et les spectacles. Le gouvernement a, il y a peu, mené une campagne pour inciter le citoyen à « être un Shanghaien moderne qui doit parler avant tout le mandarin ». Un décret récent stipule que tous les employés du tertiaire devront passer un test de mandarin d'ici à 2010 ou s'inscrire à des cours de rattrapage intensif. En dépit de ces pressions, on assiste à une résurgence de l'usage du shanghaien par les locuteurs de wu qui refusent de renier leur héritage linguistique – les jeunes en particulier. Le shanghaien vernaculaire a été adopté par la scène musicale underground, extrêmement vivante, de la

villle. Il offre une alternative au cantonais et au mandarin qui règnent sur l'industrie musicale chinoise, et permet en même temps de rivaliser avec eux.

Le style *yangjingbang*

Shanghai se distingue du reste de la Chine non seulement par des différences linguistiques, mais aussi par les diverses influences et idées étrangères – notamment occidentales – au contact desquelles la ville fut sou-

Des fidèles brûlent de l'encens en offrande à Bouddha au temple de Longhua, le plus grand de Shanghai. Construit en 242 apr. J.-C., c'est aussi le plus ancien de la ville.

mise durant des années. (Seul Hong Kong a entretenu des liens plus longs et plus profonds avec l'Occident.) Avant l'avènement du colonialisme, le port de Shanghai accueillait déjà des marins de différentes nationalités. L'installation des concessions internationale

Ces jeunes adeptes du skateboard, qui ont opté pour la mode universelle du T-shirt et du jean ample, viennent s'exercer dans un parc de Zhubei.

et française au milieu du XIXᵉ siècle n'a fait que renforcer cette ouverture sur le monde. À partir de la fin du siècle, les Shanghaiens adoptèrent la culture étrangère – ou du moins y puisèrent ce qui leur semblait bien, utile ou séduisant –, une tendance qui a été baptisée familièrement *yangjingbang*, selon le nom du ruisseau qui séparait autrefois les concessions internationale et française de Nanshi, la vieille ville chinoise. Le ruisseau a été comblé et pavé en 1915 et Yan'an Donglu suit maintenant son cours.

Le terme *yangjingbang* décrit aussi un style vestimentaire typiquement shanghaien (*voir pp. 52-53*), et, par-dessus tout, une attitude. Mélange des traditions chinoise et occidentale, souvent de façon très novatrice, il était honni par les communistes purs et durs, qui s'emparèrent de Shanghai en 1949. Enfin, *yangjingbang* qualifie un pidgin particulièrement populaire

auprès des marchands de l'époque coloniale. Ce langage, qui s'est développé pour permettre la communication entre les colons et les Chinois travaillant avec eux, associe des éléments de chinois, d'anglais, de portugais et d'indien. Il revient à la mode aujourd'hui, surtout auprès des jeunes, tant par commodité et par amusement que pour afficher leur niveau d'éducation. Ce retour ne satisfait pas tout le monde et déclenche un vif débat : comment concilier la pureté de la langue chinoise avec le désir d'ouverture qu'éprouvent les jeunes générations ?

LA CULTURE CONSUMÉRISTE

Les Shanghaiens aiment consommer, surtout les jeunes et ceux qui parviennent à gravir les échelons sociaux. Les produits étrangers – en particulier occidentaux – sont très convoités et, partout dans la ville, de gigantesques centres commerciaux climatisés et des marchés couverts comblent cette frénésie de consommation. L'amateur de mode y trouve des vêtements Giorgio Armani et Yves Saint Laurent, des chaussures Calvin Klein et Givenchy, des lunettes de soleil Gucci, des parfums Christian Dior et Estée Lauder, des sacs Burberry…

Les Shanghaiens modernes se laissent deviner à travers ces indices. Ils préfèrent comparer leur ville, sophistiquée, lieu de culture, à Paris, Londres, Tokyo ou New York plutôt qu'à d'autres cités chinoises. Bon nombre d'entre eux se considèrent comme les pionniers de la société chinoise, les Chinois les plus tournés vers l'international. Ils estiment en effet avoir une longueur d'avance sur leurs compatriotes, qu'ils qualifient souvent de *waidiren* (exclus) ou (en shanghaien) de *xiangwonin* (provinciaux) – des termes qui ne sont pas toujours du goût des intéressés.

Shanghai compte environ 15 millions d'habitants dont la majorité, portée par un désir d'aller de l'avant, a l'ambition vissée au corps. Dans cette ville où l'argent est roi, on aime discuter les prix sans crainte de s'adonner aux ruses du marchandage et du troc, l'important étant d'avoir les meilleurs produits aux meilleurs tarifs.

À Shanghai, les hommes s'intéressent davantage au commerce qu'à la vie politique. Ils ont la réputation de boire moins d'alcool que le reste des Chinois et d'être d'humeur plus égale.

Les Shanghaiennes, quant à elles, se distinguent de leurs compatriotes par leur long engagement envers la cause des femmes, qui dure depuis plus de 150 ans. Que ce soient ces paysannes qui, au XIXe siècle, ont dû fuir la misère des campagnes ou bien ces personnalités progressistes qui ont rejeté l'archaïsme de la tradition chinoise (le bandage des pieds et le concubinage, par exemple), les femmes de Shanghai ont été contraintes de ne compter que sur elles-mêmes et de se battre pour survivre dans cette grande ville industrielle. Leur lutte, qui a été plus longue que nulle part ailleurs en Chine, met en valeur leur caractère ; volontaires et obstinées, elles savent absolument ce qu'elles veulent.

UNE CROISSANCE DOULOUREUSE

Manifestement, le changement va plus vite à Shanghai que partout ailleurs. La silhouette de la ville est devenue méconnaissable et elle jouit d'une prospérité que l'on

> ## Une architecture hybride à la mode
>
> Typiques de Shanghai, les *shikumen* (*voir pp. 100-101*) – littéralement « arche de pierre » – forment la synthèse architecturale de l'Orient et de l'Occident. Inspirés des maisons mitoyennes européennes, ils ont été bâtis à l'époque coloniale par des architectes établis à Shanghai. Ils avaient pour but de répondre au manque d'habitations dont souffrait la ville et permirent de loger 80 % de la population. Ces rangées de maisons, attenantes les unes aux autres, étaient séparées par une ruelle. Chaque maison disposait d'un portail de pierre qui donnait sur une petite cour intérieure protégeant du tumulte de la ville. Majoritaires autrefois, les *shikumen* ont presque tous été démolis et remplacés par des tours. Les rares exemples subsistant encore ont été restaurés et certains reconstruits dans de petites enclaves. Ils sont aujourd'hui occupés par des boutiques de bijoux et des restaurants à la mode. Le quartier de Xintiandi en possède quelques jolis spécimens (*voir pp. 116-117*). ∎

n'aurait guère imaginée possible à l'époque du colonialisme. Mais la richesse est loin d'être partagée par tous. Pour un homme ou une femme d'affaires bien habillé, on ne compte plus le nombre de nécessiteux venus de toutes les provinces de Chine qui cherchent un emploi dans les docks ou encore sur les chantiers navals.

De plus, la prospérité est à double tranchant. En raison d'une plus grande liberté politique et d'une croissance galopante, cer-

tains des vices de l'ancienne Shanghai – la prostitution, la drogue et le jeu – reprennent droit de cité. Dans Maoming Lu, des jeunes filles, relativement aisées, les *diaomazi*, avides de s'offrir le dernier modèle de téléphone portable ou tout autre accessoire de mode, choisissent de se prostituer, tandis que les filles pauvres venues de la campagne sont à nouveau les victimes de la férocité des tenanciers de maison close.

La drogue, plus ou moins bannie sous Mao Zedong, fait son retour, à la différence qu'il est plus facile de se procurer de l'ecstasy ou même de la cocaïne dans les discothèques du centre-ville que de trouver une authentique fumerie d'opium. Les joueurs continuent de parier au mah-jong et aux cartes et se sont mis à l'Internet. La Bourse, très en vogue, a la faveur de beaucoup de Shanghaïens, ce qui pousse les autorités à s'inquiéter de l'endettement de trop nombreux citadins.

Après avoir chassé le fantôme de son immoralité passée, la ville s'efforce de prévenir sa réapparition. La municipalité s'attaque aux maisons closes et met en garde la population contre les risques de la spéculation boursière. Shanghai est cependant plus sûr qu'il ne l'était à la période coloniale. Le temps où l'on ramassait quelque infortuné dans la rue pour l'enrôler de force dans un équipage est heureusement fini ; les forces navales de l'Armée populaire de libération n'engagent maintenant que des marins professionnels.

Allant de l'avant, Shanghai reste une icône, révélant aussi bien le meilleur de la nouvelle Chine émergente que certains aspects moins reluisants. Malgré ces nombreuses contradictions flagrantes, l'avenir de Shanghai semble plus rose qu'à aucune autre période de son histoire. Depuis longtemps la métropole la plus avancée du pays, Shanghai est florissante, bruyante, polluée, grouillante et, par-dessus tout, moderne, vivante et séduisante. ∎

Scène de vie quotidienne dans le vieux quartier juif du district de Hongkou, aujourd'hui presque entièrement voué à la démolition à la suite du nouveau plan d'aménagement urbain.

Gastronomie

CREUSET DE POPULATIONS, SHANGHAI OFFRE UNE GRANDE VARIÉTÉ DE CUISINES. LES SPÉCIALITÉS *hu cai*, typiquement shanghaiennes, côtoient ainsi les huit grandes traditions culinaires du pays ainsi que d'autres gastronomies régionales, dont la cuisine chinoise islamique et celle, plus relevée, des Ouïgours. L'éclectisme international n'est pas non plus en reste. Aucun visiteur, quel que soit son budget, ne repartira de Shanghai affamé.

LA CUISINE SHANGHAIENNE

Simple et délicieuse, la cuisine *hu cai*, est considérée par les critiques gastronomiques comme un mélange subtil de Jiangsu, ou *yang*, et de Zhejiang, ou *zhe* – deux des grandes traditions qui naquirent dans les provinces limitrophes de Shanghai, plus riches et plus raffinées, à l'époque où cette dernière n'était encore qu'un petit port. L'alcool est à l'honneur dans les plats *jiaohu* (arrosés), composés surtout de produits de la mer et de poulet, et l'usage immodéré de sucre mélangé à de la sauce de soja est une autre caractéristique de cette cuisine, comme peuvent en témoigner les savoureux travers de porc à la sauce aigre-douce – *tangcu xiaopai* en dialecte wu.

Les restaurants de Shanghai proposent presque toutes les variétés de viandes – surtout du porc, du canard, du bœuf et de l'agneau (*halal* dans les établissements musulmans). La volaille est moins populaire à Shanghai que dans d'autres régions de Chine, à l'exception du *jiaohua ji* (le poulet du mendiant), vanté comme une création locale : le poulet est enveloppé dans une feuille de lotus, puis cuit au four dans un pain d'argile jusqu'à ce que la chair se détache des os.

La cuisine *hu cai* puise tout naturellement ses ingrédients essentiels – poissons et crustacés – dans la mer située à proximité et les fleuves alentour. Les tables de Shanghai offrent ainsi toutes sortes de poissons, au côté des crabes, des homards, des moules, des huîtres, des anguilles, des crevettes et des écrevisses (loin d'être bon marché). Les plats de poisson les plus appréciés sont le *huang hu* (fausse courbine), le *lu yu* (perche de Songjiang) et le *gui yu* (perche chinoise), délicieux quand ils sont cuits à la vapeur ou frits, et meilleurs encore cuisinés avec du maïs et des pignons.

Le *dahazie*, crabe chinois à mitaine, mieux connu sous le nom de crabe chevelu de Shanghai, est le plat de crustacés le plus apprécié. Il est particulièrement savoureux lorsqu'il provient des eaux claires et profondes du lac Yangcheng. Servi à la vapeur avec un mélange de gingembre frais, de sauce de soja et de vinaigre noir et accompagné traditionnellement de vin de Shaoxing, ce crabe se déguste d'octobre à décembre.

Les raviolis à la vapeur

Les Shanghaiens raffolent des bouchées à la vapeur qu'ils cuisinent parfaitement. Il s'en vend une grande variété, dans la rue et dans de petits restaurants, à toute heure du jour ou de la nuit. Ces raviolis sont farcis au porc, au bœuf, au poulet, au poisson ou aux crevettes (à l'agneau dans les restaurants *halal*), mélangés à du chou, de l'oignon vert, de la ciboulette et à d'autres légumes, puis cuits à la vapeur, frits à la poêle ou bouillis. Il existe des variantes strictement végétariennes ; commandez-les en demandant des *shucai* (en mandarin). Les raviolis sont servis avec une sauce à base de soja à laquelle on ajoute du vinaigre, du gingembre, de l'ail, de l'alcool de riz, du piment ou de l'huile de sésame, selon le style et les goûts.

Les raviolis qui récoltent tous les suffrages sont les petites brioches à la vapeur appelées *xiao long bao* (voir p. 65) en mandarin ou *sho lonpotsi* en wu. Cuits dans des paniers de bambou, ces savoureux en-cas sont fourrés de viande émincée et de bouillon, mais il existe aussi des variantes végétariennes ou aux fruits de mer. Le bouillon est en réalité de la gelée de viande qui devient liquide une fois le ravioli cuit. Attention, il peut être brûlant.

Le *shengjie mantou* ou *jiaozi*, en forme de croissant, est farci tantôt de légumes, tantôt de viande sautée à la poêle ; c'est la version chinoise du *gyoza* japonais.

Une cuisinière prépare les plats qui seront vendus le soir sur un stand de Xujiahui.

La cuisine à l'étouffée

Très populaire à Shanghai, la cuisine rouge, ou *hong shao*, passe pour être une invention *hu cai*. Elle consiste à faire mijoter de la viande et des légumes dans un bouillon parfumé à la sauce de soja, à l'anis étoilé ou aux cinq épices, auquel on ajoute de l'alcool (un vin de riz local, sorte de xérès) et du sucre. Elle tire son nom de la couleur rouge foncé

Les célèbres *xiao long bao* (raviolis à la vapeur), très appréciés, figurent au menu de la plupart des repas de fête.

que la sauce donne à la viande, presque toujours du porc – et en particulier du jarret. Ainsi préparé, le porc, ou *hong shao zhu rou*, est un mets fort prisé dans la région, de Shanghai jusqu'à Hangzhou et à Suzhou.

Les « œufs de mille ans », parfumés au citron vert et au gingembre, et le tofu fermenté sont d'autres créations locales – ou du moins revendiquées comme telles par les Shanghaiens. Le nom chinois du tofu fermenté, *chou doufu*, ou tofu puant, laisse deviner son odeur puissante, qui possède ses inconditionnels, mais rebute bon nombre des gens. Toutefois, lorsqu'on a pris goût à ces deux spécialités, il est difficile de s'en passer.

LES CUISINES RÉGIONALES

Les huit grandes traditions culinaires chinoises, venues des provinces de l'Anhui, du Fujian, du Guangdong, de l'Hunan, du Jiangsu, du Shandong, du Zhejiang et du Sichuan – les spécialités de cette dernière, omniprésentes, étant vivement appréciées –, sont toutes représentées à Shanghai. La cuisine du Zhejiang, en particulier, s'impose par sa fraîcheur, son moelleux et le raffinement de sa présentation. Elle est réputée pour ses différents modes de préparation – friture, plats sautés, braisés, mijotés – destinés à rendre la nourriture la plus tendre possible. De ses trois sous-catégories – Hangzhou, Ningbo et Shaoxing –, Hangzhou est la plus célèbre, notamment pour le porc Dongpo et le poisson vinaigré du Xi Hu (lac de l'Ouest).

Les Shanghaiens goûtent également la cuisine régionale du Jiangsu, qui privilégie les ingrédients les plus frais et les produits de la mer – un choix qui s'explique par la fertilité des terres et les nombreux cours d'eau de cette province. Il existe plusieurs variantes, dont celle de Nanjing, qui met à l'honneur les poissons d'eau douce et la volaille tout en recherchant traditionnellement l'équilibre des saveurs. Son plat le plus célèbre est le canard séché et salé de Jinling. Tandis que la cuisine de Suzhou est plutôt douce, celle de Wuxi propose différentes sortes de *congee* (bouillies de riz salées), servies avec un assortiment de légumes marinés, des pousses de bambou, des « œufs de mille ans », du bœuf, du porc, du poisson ou des crevettes, et assaisonnées de poivre blanc, de sauce de soja et de vinaigre.

La cuisine ouïgour

Malgré l'éloignement de la grande province occidentale du Xinjiang, qui jouxte les steppes et les déserts d'Asie centrale, les rudes Ouïgours, au sens des affaires aigu et de confession musulmane, ont émigré en masse à Shanghai depuis l'instauration du régime communiste. Beaucoup ont ouvert un restaurant, ou *ashkana*. Les établissements de ce genre préparent les plats délicieux et épicés du Xinjiang : les *laghman* (nouilles sautées aux aubergines, mouton, tomates, pommes de terre et piment vert), le *poluo* (riz pilaf), les *samsa* (samoussas garnis de mouton, de bœuf ou de légumes), la *chu-*

allemande, française, russe, thaïe, coréenne, vietnamienne, japonaise, mexicaine, marocaine, indienne, ou encore népalaise. Si vous mourez d'envie d'un steak frites, d'une pizza, de tapas, de sushi ou bien si vous souhaitez goûter à la nouvelle cuisine fusion, vous trouverez votre bonheur entre le Bund et Hongqiao – et sans doute dans le quartier de Xintiandi et du parc de Fuxing.

Clients attablés dans un restaurant élégant de l'ancienne concession française de Shanghai.

shira (soupe aux raviolis aux poivres forts), les *nan* (pain à l'ail ou parsemé de sel et de sésame). Quant à l'incontournable kebab d'Asie centrale, grillé au charbon de bois, il attire le tourisme affamé qui, happé par l'arôme, franchit volontiers le seuil d'un *ashkana*. Ceux du Petit Xinjiang, à Huangpu, sont particulièrement renommés.

LA CUISINE INTERNATIONALE

Doté d'une réputation mondiale de ville gastronomique, grandement méritée, Shanghai fourmille de restaurants animés et de supermarchés d'alimentation, et il s'en ouvre de nouveaux chaque semaine. Le visiteur peut à sa convenance manger de la cuisine italienne,

THÉ ET AUTRES BOISSONS

Le thé, et notamment le thé vert, est bien sûr la boisson la plus populaire en Chine. Le Longjing de Hangzhou, cultivé près de Shanghai depuis presque 1 000 ans, est considéré comme l'un des meilleurs (*voir p. 182*). N'oubliez pas le thé parfumé aux fleurs (au jasmin, par exemple), mélange de thé vert et de pétales ; le thé noir ; le thé rouge et le très prisé Oolong.

La bière accompagne généralement les plats ; la Chine est devenue le plus grand brasseur du monde et Shanghai possède plusieurs établissements produisant une bière de qualité. Les alcools chinois – une tradition séculaire – sont soit insipides, soit redoutables : vous êtes prévenus ! ∎

Histoire de Shanghai

LES ANNALES CHINOISES RELATENT L'ESSOR DE SHANGHAI, MINUSCULE VILLAGE DE PÊCHEURS il y a plus de 1 000 ans, devenu, en ce début de XXIᵉ siècle, la ville la plus grande et la plus développée de Chine. Au cours du dernier millénaire, ce port à l'histoire traversée par la pauvreté et la souffrance a évolué jusqu'à connaître une prospérité sans précédent.

DES ORIGINES AUX QING

Simple village de pêcheurs installé sur la rive occidentale du Huangpu Jiang, Shanghai est, à l'origine, largement éclipsé par Hangzhou et Suzhou, ses voisins plus grands et plus puissants. Peu à peu, le village s'agrandit et gagne en importance, devenant un gros bourg, puis une ville, avant d'être choisi, en 1292, comme capitale régionale du nouveau comté de Shanghai, sous le règne de Kublai Khan.

En 1404, peu après l'avènement de la dynastie Ming (1368-1644), l'activité commerciale de Shanghai s'est tant développée que le nouveau gouvernement ordonne le dragage du Huangpu Jiang ; le fleuve forme dès lors la principale voie d'eau du delta méridional du Yangzi Jiang, un véritable atout qui assoira plus tard la suprématie du port de Shanghai sur la région. Cette prospérité nouvelle attire les indésirables, les

Vue de Shanghai dans les années 1850, environ huit ans après l'ouverture du Huangpu Jiang au commerce occidental.

LA DYNASTIE QING (1644-1911)

Lorsque la dynastie Qing arrive au pouvoir, Shanghai, qui ne cesse de prospérer, est le port maritime le plus important du Yangzi inférieur. Sa richesse s'accroît encore quand l'empereur Kangxi (1661-1722) lève l'interdiction de commercer avec l'étranger, instituée depuis la fin du XIVᵉ siècle : Shanghai devient alors le plus grand port marchand, tant fluvial que maritime, de toute la région.

En 1732, les douanes du Jiangsu y installent leur siège et, vers le milieu du règne de l'empereur Qianlong (1735-1796), Shanghai occupe le premier rang des ports d'Asie de l'Est. Mais Qianlong s'inquiète de l'importation massive d'opium, acheminé par les navires occidentaux, et de ses conséquences sur le trésor national, dont les fonds en pièces d'argent s'épuisent. En 1757, il décide de limiter le commerce avec l'étranger à la seule ville de Guangzhou (Canton).

S'apercevant de la chute que subissent les profits de leurs compagnies de commerce, les gouvernements occidentaux, en particulier celui de Grande-Bretagne, insistent auprès de Qianlong pour qu'il annule cette mesure et ouvre pleinement la Chine au commerce international. Qianlong refuse et menace les Anglais d'expulser immédiatement tous les navires qui accosteront hors de Guangzhou. Dans les faits, rien ne change vraiment : Shanghai conserve son rôle de plate-forme portuaire et de transit pour l'opium, mais son activité devient clandestine.

Au milieu des années 1820, une catastrophe naturelle entraîne la levée de l'interdiction de commercer avec l'étranger : la crue du Huang He Jiang (fleuve Jaune) endommage le Grand Canal, interrompant le transport de grains qui s'opère entre les champs fertiles de la Chine centrale et Pékin. Face à cette situation, l'empereur Daoguang (1820-1850) est contraint d'ordonner un décret stipulant que le riz doit être acheminé par mer depuis les larges docks de Shanghai jusqu'à la capitale. L'importance économique et stratégique de Shanghai n'en est que renforcée.

redoutables pirates japonais – *wokou* en chinois –, qui ont commencé à attaquer les côtes coréennes et chinoises depuis 1350.

En 1550, face à la fréquence des offensives pirates lancées une fois par an contre les littoraux du Zhejiang et du Jiangsu, les habitants de Shanghai demandent au gouvernement l'autorisation de construire un mur d'enceinte. Achevée en 1553 – date admise de la fondation du Shanghai actuel –, cette fortification longue de 4,8 km et haute de 8 m sera détruite au début du XXᵉ siècle pour permettre la modernisation entreprise par les nationalistes. Aujourd'hui ne subsiste de ces murailles que la tour Dajing, qui a été soigneusement restaurée. Le quartier, autrefois enclos dans ces grands remparts et devenu la « vieille ville », s'appelle désormais Nanshi.

Le commerce de l'opium

L'opium devient un problème économique en Chine à la fin du XVIIIᵉ siècle : des millions de personnes dépendantes épuisent les réserves d'argent du pays pour satisfaire leur vice. En 1799, l'empereur Jiaqing (1796-1820) interdit l'importation d'opium comme l'avait fait son père, Qianlong, mais sans effets notables. En 1810, il réitère, déclarant que « l'opium est un poison qui sape nos bonnes mœurs et notre probité. La loi interdit son usage ».

lois, aux effets nuls – les Anglais n'en ont cure, ne semblant pas souffrir, quant à eux, de dépendance à l'opium.

En 1838, Daoguang dépêche donc à Guangzhou son émissaire, le redoutable Lin Zexu, gouverneur général des provinces du Henan et du Hubei, pour imposer la loi anti-opium aux marchands étrangers indociles. Déclenchant la colère des Occidentaux – Britanniques en tête –, Lin confisque plus de 20 000 caisses d'opium qu'il fait détruire et

Chinois affluant de toutes les provinces du pays vers Shanghai en quête d'une vie meilleure.

Malgré ces mesures, au début du XIXᵉ siècle, le trafic de l'opium, alimenté pour l'essentiel par les Anglais à partir de leurs colonies du Bengale (incorporées depuis au Bangladesh et à l'Inde), augmente de manière incontrôlable. À la fin du règne de Qianlong, les importations atteignent un volume de 1 000 caisses par an. À peine 24 ans plus tard, lorsque Daoguang accède au trône du dragon en 1820, ce chiffre s'élève à 30 000 caisses par an, chacune contenant 64 kg d'opium. L'empereur Daoguang continue d'édicter des

refuse l'accès du port aux navires étrangers. Il écrit aussi à la reine Victoria, lui demandant pourquoi les Anglais interdisent l'importation d'opium dans leur propre pays mais l'imposent à la Chine. L'émissaire de l'empire Qing s'interroge sur la valeur morale d'un tel comportement.

La lettre de Lin n'est jamais remise à la reine Victoria, mais elle paraît dans le *Times*. Et si elle fait réfléchir les opposants au commerce de la drogue du Royaume-Uni, elle est loin de remporter la faveur des marchands d'opium d'Inde et de Guangzhou, qui réclament haut et fort une compensation pour leurs pertes et exigent des représailles militaires. Celles-ci ne tardent pas : en 1840, des bâtiments de guerre et des soldats britanniques affluent en provenance d'Inde. Grâce à la supériorité militaire européenne, la première guerre de l'opium (1840-1842) est courte, âpre et inégale. Les Britanniques bombardent Guangzhou et remontent le Yangzi Jiang pour empêcher les jonques chinoises, chargées de céréales, d'arriver jusqu'à la cour impériale, à Pékin. En juin 1842, ils empruntent le Huangpu Jiang et s'emparent en une nuit de la ville fortifiée de Shanghai.

Peu après la chute de Shanghai, les autorités impériales Qing sollicitent la paix, et le traité de Nankin (Nanjing), signé en août, cède à perpétuité l'île de Hong Kong aux Anglais, leur alloue 595 millions de grammes d'argent en compensation de l'opium saisi et ouvre cinq ports au séjour et au commerce étrangers : Guangzhou, Xiamen, Fuzhou, Ningbo et Shanghai. Un accord supplémentaire, le traité du Bogue (1843), octroie aux Anglais des droits d'extraterritorialité dans toute la Chine. De cette date jusqu'à la chute de la dynastie en 1912, Shanghai, bien qu'appartenant sur le papier à l'empire des Qing, est en réalité en passe de devenir une colonie internationale.

L'ADMINISTRATION COLONIALE (1842-1912)

En 1842, les Anglais prennent possession d'une petite partie de la rive marécageuse au nord de la vieille ville de Shanghai ; le quartier autour du Bund et de la rivière Suzhou devient bientôt le cœur de la concession britannique. Il ne faut pas attendre bien longtemps pour que se manifestent d'autres nations étrangères, avides de s'arroger une part du florissant commerce avec la Chine. En 1844, la Chine signe le traité de Whampoa avec la France et celui de Wanghia avec les États-Unis. La France s'installe à Shanghai entre la concession britannique et la vieille ville, les États-Unis, au nord de la rivière Suzhou. En 1863, les Britanniques et les Américains s'unissent pour fonder la concession internationale.

Les concessions française et internationale, indépendantes du gouvernement impérial, sont gérées par leurs propres administrations municipales. Au cours des cinquante années suivantes, elles s'étendront largement vers l'ouest.

Le Shanghai de cette époque reste une ville peuplée de dizaines de milliers de sujets chinois théoriquement assujettis à l'empereur, qui vivent sous la vague autorité d'une poignée d'étrangers – ils sont moins d'une centaine en 1848 –, mais la ville est détachée de la loi impériale. En conséquence, ceux qui cherchent à échapper à la surveillance des autorités chinoises y trouvent un refuge idéal, des nationalistes anti-Qing qui appellent à la restauration des Ming aux bandits et criminels de droit commun. En 1851, la Grande Révolte des Taiping (*voir pp. 224-225*) gagne toute la Chine centrale et dirige vers Shanghai un nouveau flot de réfugiés. En 1853, Shanghai est brièvement occupé par la Société des petites épées, opposée au régime impérial Qing. Bien qu'épargnées par ces événements, les concessions étrangères décident, en 1854, de créer une armée commune, le Shanghai Volunteer Corps. Cette armée permet aux Occidentaux de renforcer leur mainmise sur la ville et, incidemment, d'offrir un havre de paix à des milliers de réfugiés chinois fuyant le feu croisé entre les forces impériales et celles des Taiping.

Répondant en partie à ce nouveau flux migratoire, de nouvelles lois sont édictées en 1854. Elles autorisent les citoyens chinois à devenir propriétaires dans les concessions étrangères. En 1860, environ 300 000 Chinois vivent à Shanghai ; la valeur du terrain s'envole, passant de 74 $ l'acre (0,4 ha) au début des années 1850 à près de 12 000 $ l'acre à la fin de cette même décennie. Les premiers *shikumen* sortent de terre (*voir p. 20 et pp. 100-101*). Ces maisons présentant une architecture qui mêle les styles chinois et occidental n'appartiennent qu'à Shanghai et deviendront avec le temps sa marque distinctive.

Durant la seconde moitié du XIXᵉ siècle, en raison de l'accroissement de la puissance coloniale et du déclin du pouvoir impérial, le nombre de migrants venus d'Europe et d'Amérique du Nord augmente dans les concessions étrangères. Ils se revendiquent

Shanghaiens et profitent pleinement du système inégalitaire du libre-échange. L'arrivée d'une émigration en provenance des colonies détenues par les Occidentaux accentue davantage l'internationalisation de la ville bourgeonnante. Policiers vietnamiens et soldats marocains, algériens et sénégalais patrouillent dans les rues de la concession française, tandis qu'une police sikh, des sol-

Recrutés par les Anglais pour servir dans la police montée, assurer l'ordre et réguler la circulation, les Sikhs évoquent l'ancien Shanghai.

dats punjabis et des marchands perses jouent un rôle similaire dans la concession internationale. Ils sont bientôt rejoints par des juifs séfarades venus d'Inde et du Moyen-Orient, dont certains deviendront les hommes d'affaires les plus riches d'Extrême-Orient.

À mesure que Shanghai prospère et s'affranchit du pouvoir impérial, les résidents étrangers transforment les concessions pour les adapter à leurs besoins plus sophistiqués. Shanghai est alors la ville la moins chinoise

du pays, mais la plus moderne de Chine. Les Occidentaux font construire des infrastructures sportives et culturelles, et ouvrent un grand nombre de clubs et de cercles. L'Amateur Dramatic Club voit le jour en 1886 et le théâtre Lyceum en 1871 – ce dernier brûlera par la suite ; l'actuel théâtre Lyceum de Maoming Nanlu date de 1931. La haute société shanghaienne progresse en raffinement. Lorsque le duc d'Edimbourg, deuxième fils de la reine Victoria, visite la concession internationale en 1869, la ville reçoit son premier label royal.

Durant la seconde moitié du XIXe siècle, cette cité hybride continue de prospérer. Le Shanghai sino-occidental se lance dans une course aux innovations qui gagneront plus tard le reste du pays. C'est la première ville de Chine à se doter de l'éclairage au gaz (1865), d'une brigade moderne de sapeurs-pompiers (1866), du chemin de fer (1876) – qui relie Shanghai au fort de Wusong, au confluent du Huangpu Jiang et du Yangzi Jiang –, du téléphone (1881), de l'électricité (1882), de l'eau courante (1883), d'un réseau postal (1896), d'automobiles à moteur (1901) et du tramway (1908). Enfin, en 1909, Shanghai assiste à son premier vol d'aéroplane.

La montée de la menace japonaise

Pendant que Shanghai et ses colons profitent de cet essor, une nouvelle puissance, le Japon impérial, émerge à l'est. Après la restauration Meiji de 1868, la nouvelle armée japonaise regarde d'un œil avide la Chine et la Corée voisines, désireuse de jouir des mêmes droits et des mêmes privilèges que ceux que les Qing ont concédés aux puissances coloniales européennes. En 1875, Tokyo fait le premier pas et contraint la Corée à s'ouvrir au commerce avec le Japon et à se proclamer indépendante de la Chine en matière de politique étrangère. Le pouvoir Qing s'y oppose. Commence alors une période de lutte entre le Japon et la Chine pour s'assurer le contrôle du « royaume ermite » de Corée.

En 1894, les tensions se transforment en un conflit qui s'achève rapidement par la victoire des Japonais, bénéficiant d'une armée moderne. Ils écrasent la flotte chinoise au large de l'embouchure du fleuve Yalu, occupent toute la Corée et une partie de la

Mandchourie, dont le port stratégique de Dalian (Port-Arthur). En 1895, l'empereur Qing, humilié, est contraint de signer le traité de Shimonoseki. Outre le contrôle perpétuel de la Corée, de Formose (actuel Taïwan) et d'autres territoires, le Japon obtient des réparations substantielles ainsi que le droit de s'établir et d'ouvrir des manufactures à Shanghai. Avant 1895 ne résidait à Shanghai qu'une poignée de Japonais ; à la chute de la dynastie Qing, en 1911, les Japonais constituent la plus grande communauté non chinoise, soit plus de 5 000 personnes. La plupart d'entre eux s'installent au nord de la ville, dans le quartier de Zhabei, rapidement surnommé par les Shanghaiens le petit Tokyo.

Shanghai au début du XXᵉ siècle

À l'aube du XXᵉ siècle, Shanghai a bel et bien conquis son autonomie à l'égard de la Chine et du gouvernement Qing déclinant. Lors de la révolte des Boxers (société secrète des Poings justes et harmonieux), dirigée contre les Qing et les étrangers (1899-1901), les légations étrangères de Pékin sont assiégées, mais les Boxers ne tentent rien contre les concessions de Shanghai. Néanmoins, les Anglais déploient dans la ville un contingent de 3 000 soldats indiens venus de Hong Kong, tandis que les Français font venir 350 fusiliers vietnamiens. Un défilé militaire, organisé à l'époque dans les concessions étrangères, donne une idée du caractère multiethnique et polyglotte de la société shanghaienne du début du XXᵉ siècle : selon les sources, le contingent était composé de Rajputs, de Sikhs, de Baluchis, de Gurkhas, de Japonais et de Vietnamiens ainsi que d'engagés anglais, français et allemands et de volontaires européens.

Au cours des dix premières années du XXᵉ siècle, la physionomie de Shanghai se transforme grâce à l'implantation d'usines japonaises à Zhabei. Les étrangers de la concession internationale et, dans une bien moindre mesure, ceux de la concession française empruntent la voie du progrès et permettent à Shanghai d'être la première ville chinoise à s'industrialiser. Les Japonais et les Anglais commencent à construire des filatures de coton le long du Huangpu Jiang

Les dynasties chinoises

Xia vers 2205-1766 av. J.-C.

Shang vers 1766-1122 av. J.-C.

Zhou
occidentaux vers 1122-771 av. J.-C.
orientaux vers 771-256 av. J.-C.

Qin 221-206 av. J.-C.

Han
occidentaux 206 av. J.-C.-9 apr. J.-C.
Xin (Wang Mang) 9-23 apr. J.-C.
orientaux 25-220 apr. J.-C.

Période des Trois Royaumes
220-265

Jin
occidentaux 265-316
orientaux 317-420

Au nord
Wei du Nord 386-534
Wei du Sud 534-550
Wei de l'Ouest 535-557
Qi du Nord 550-577
Zhou du Nord 557-581

Au sud
Song 420-479
Qi 479-502
Liang 502-557
Chen 557-589

Sui 581-618

Tang 618-907

Les cinq dynasties
Liang postérieurs 907-923
Tang postérieurs 923-936
Jin postérieurs 936-947
Han postérieurs 947-950
Zhou postérieurs 950-960

Song
du Nord 960-1127
du Sud 1127-1279

Yuan 1279-1368

Ming 1368-1644

Qing 1644-1911

République de Chine
1911-1949 (exilée sur l'île de Taïwan)

République populaire de Chine
1949-aujourd'hui

Une beauté dangereuse

L e ravissant et délicat pavot à opium fleurit sur les fraîches collines, pauvres en nutriments, du sud-est de la Chine. Originaire de Méditerranée orientale, cette plante a probablement été introduite en Inde et en Chine par des marchands arabes, il y a 1 000 ans.

À l'origine, les Chinois apprécient les vertus médicinales du pavot à opium : à l'état naturel, la plante est un remède contre la douleur, la diarrhée et la toux et sert couramment d'anesthésique. Au XVIIIᵉ siècle, lorsque la Grande-Bretagne décide d'acheter son thé chinois non plus avec du métal argent, mais de l'opium indien, les stocks d'opium augmentent et des milliers de Chinois en deviennent dépendants. Shanghai joue alors un rôle de plaque tournante dans le commerce de la drogue.

Les empereurs Qing reconnaissent que la consommation d'opium, en constante augmentation, constitue un problème social majeur. Ils en interdisent toute importation. Cependant, après la seconde guerre de l'opium (1856-1860) menée contre la France et la Grande-Bretagne, le gouvernement impérial est contraint de signer des traités inégaux qui prévoient, entre autres, d'ouvrir la Chine au commerce de l'opium. En 1870, l'opium représente 43 % des importations chinoises et, en 1890, environ 10 % des Chinois sont fumeurs d'opium.

À cette époque à Shanghai, on compte des centaines de fumeries d'opium ou *tu* (terre), comme on appelle communément cette drogue. La plupart de ces établissements sont concentrés dans les quartiers de Nanshi et de Zhabei, le long du front de mer et dans Fuzhou Lu, ainsi qu'au Great World (*voir pp. 78-79*). Les fumeries sont généralement très rudimentaires : les clients se voient attribuer une couchette ou une planche en bois dur sur laquelle ils s'allongent, un coussin de bois et une pipe – les fumeurs expérimentés disposent d'une demi-douzaine de pipes, voire plus, par séance. Dans ces établissements enfu-

més règne en général une certaine tranquillité, les usagers étant, sous l'effet de la drogue, plus enclins à somnoler qu'à faire du tapage.

Les Européens ne semblent pas se sentir responsables de ce problème de dépendance. Dans les années 1800, la compagnie Jardine Matheson déclare que « la consommation d'opium, loin d'être une calamité, est un réconfort pour les Chinois qui travaillent dur ; pour nombre d'entre eux, elle est source de plaisir et leur prodigue un sain apaisement ».

Une élégante fumerie d'opium
de Shanghai, vers 1905. Shanghai a bâti
sa fortune sur des activités illicites,
notamment le trafic de stupéfiants.

Le combat acharné mené par les militants antiopium gagne cependant du terrain et pousse les comptoirs occidentaux à cesser peu à peu le commerce de l'opium à la fin du XIXe siècle ; la dernière boutique d'opium légale ferme en 1917, mais la drogue transite toujours à Shanghai de façon clandestine. Entrent dans la partie Huang Jinrong le grêlé, chef de la police chinoise de la concession française et fonctionnaire corrompu, et Du Yuesheng, dit Du les Grandes Oreilles (*voir pp.78-79*), à la tête de la Bande verte. Ensemble, ils contrôlent le trafic de l'opium dans la concession française (où les lois se révèlent bien moins sévères). Pendant ce temps, la production d'opium en Chine augmente de façon exponentielle. En 1904, elle recouvre 13 % de la superficie totale des terres arables ; en 1930, ce chiffre atteint 20 %.

Ce n'est qu'avec l'arrivée des communistes en 1949, qui ferment les fumeries d'opium illégales de Shanghai, entraînant la fuite de leurs propriétaires vers l'étranger, que le problème disparaît… du moins jusqu'aux années 1990 où l'opium réapparaît sous une nouvelle forme : l'héroïne. ∎

et de la rivière Suzhou, puis des soieries, des meuneries, des usines de produits chimiques et des chantiers navals. Des dizaines de milliers de Chinois arrivent en ville pour profiter de ce nouveau gisement d'emplois ; les salaires sont misérables et les conditions de travail pénibles, mais l'époque veut que n'importe quel emploi soit préférable au chômage. En quelques années, cette main-d'œuvre se regroupe en syndicats, donnant naissance à un prolétariat de gauche. Conséquence inévitable de cet afflux de population, le gangstérisme et le crime organisé se développent peu à peu.

LA PREMIÈRE RÉPUBLIQUE CHINOISE (1912-1927)

Menée par le nationaliste Sun Yat-sen, la révolution de 1911 mène à l'effondrement de la dynastie Qing et à la fondation de la République chinoise (1912-1949), qui gouverne aujourd'hui encore la dissidente Taïwan. Mais Sun Yat-Sen se voit confisquer le pouvoir par le puissant et ambitieux seigneur de la guerre Yuan Shikai (1859-1916). Chassé de Pékin, il trouve asile dans la concession française de Shanghai.

La révolution chinoise a relativement peu affecté Shanghai ; la ville sert de terrain neutre aux révolutionnaires et aux contre-révolutionnaires, aux gangsters, aux seigneurs de la guerre, aux syndicalistes et aux communistes qui s'entre-déchirent et luttent pour le pouvoir tout en bénéficiant de la protection occidentale. À ce mélange déjà explosif viennent bientôt s'ajouter les Japonais, toujours plus arrogants et plus provocateurs à l'égard de leurs voisins chinois.

Le temps de la suprématie occidentale à Shanghai touche à sa fin sans que personne semble l'anticiper. Les droits extraterritoriaux prévus par le traité de Nankin n'expireront qu'en 1943, mais ils vont s'éroder dès la fin des années 1920 à mesure que la République chinoise s'affirmera et entamera son long et farouche combat contre l'empire nippon.

Paradoxalement, cette période correspond à l'âge d'or du Shanghai colonial, où luxe et raffinement surgissent sur fond de complots révolutionnaires et de manœuvres impérialistes japonaises. Les fortunes se font et se défont, la fumée d'opium emplit les

rues, tandis que les cabarets et les restaurants chics jouent des coudes avec les maisons closes et les soupes populaires. Le Shanghai colonial n'a certes rien d'égalitaire, mais n'importe qui, quelle que soit sa race ou sa condition d'origine, peut y faire fortune, sous réserve d'être assez malin ou suffisamment dénué de scrupules.

La Première Guerre mondiale modifie la composition de la société shanghaienne. L'Allemagne vaincue doit céder ses colonies chinoises aux vainqueurs. Les Japonais parviennent à étendre leurs possessions dans la province de Shandong, provoquant la colère de la Chine et déclenchant le mouvement révolutionnaire du 4 mai 1919.

Après la victoire des bolcheviques en 1917 et cinq années de guerre civile, les Russes blancs ont commencé à émigrer massivement vers Shanghai en quête de la relative sécurité qu'offrent les concessions étrangères. Sans nationalité, reniés et souvent spoliés par l'Union soviétique, ils sont dans une situation terrible. Ils tiennent des épiceries, se font embaucher comme videurs ou gardes du corps. Les moins chanceux travaillent dans la rue comme journaliers, alors que les femmes de tous milieux deviennent danseuses de revue quand elles ne sont pas contraintes à se prostituer. En 1932, environ 25 000 réfugiés russes vivront à Shanghai.

L'opium et l'alcool bon marché offrent aux démunis une échappatoire temporaire. Le spectacle de ces Européens réduits à de telles extrémités ouvre les yeux à de nombreux Chinois qui, ne considérant plus les Occidentaux (ou les Japonais) comme invincibles, commencent à s'organiser pour s'affranchir du joug colonial.

Tous les Chinois de Shanghai ne sont pas pour autant des nationalistes révolutionnaires. L'époque livre son lot de redoutables personnages tels Huang le grêlé (Huang Jinrong, 1868-1953) et Du les Grandes Oreilles (Du Yuesheng, 1887-1951) associés à d'autres membres de triades, divisées en puissantes sociétés secrètes telles que le Gang du

En 1924, le président Sun Yat-sen (assis) nomme Tchang Kaï-chek (debout) à la tête de l'Académie militaire de Whampoa à Guangzhou.

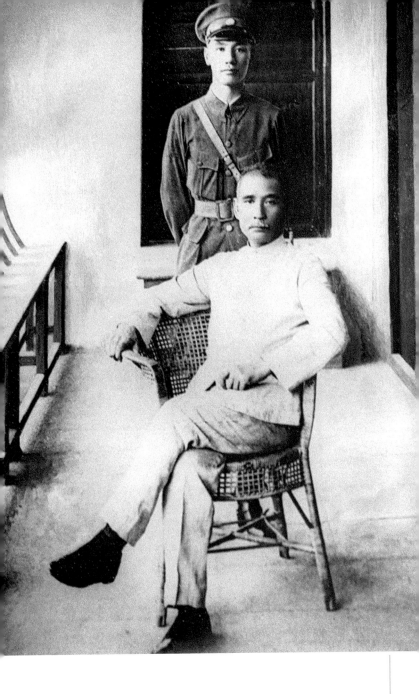

grand huit et le Gang 36, la Bande rouge et, la plus puissante de toutes, la Bande verte (*voir p. 33*). Cette pègre contrôle le commerce illicite de l'opium à Shanghai, le jeu, la prostitution et le rançonnement. Elle sert aussi de bras armé aux seigneurs de la guerre locaux et aux hommes politiques de droite, terrorise les organisations syndicales et brise les grèves.

La montée du communisme

En juillet 1921, le Parti communiste chinois tient son premier congrès dans un *shikumen* de Xingye Lu, au sein de la concession française. La population de Shanghai compte alors plus d'un million d'habitants, parmi lesquels une classe ouvrière nombreuse et défavorisée qui fournit aux communistes naissants une base d'organisation et de militantisme. Compte tenu du chaos qui règne dans le reste de la Chine et de la relative sécurité qu'offrent alors les concessions étrangères, Shanghai attire naturellement les révolutionnaires de tous bords, Mao Zedong et Zhou Enlai à gauche, Sun Yat-sen et Lu Xun au centre, Tchang Kaï-chek à la droite du mouvement nationaliste.

Bien que se détestant cordialement et pressés de s'entre-tuer, les différents nationalistes – de même que les gangsters chinois d'ailleurs – parviennent cependant à s'entendre sur un

Une salle de bal à Shanghai en 1926.

Sun Yat-sen, qui participe à ce mouvement, réorganise son parti, le Guomindang (KMT), comme un parti nationaliste anti-impérial et anti-féodal, grâce à l'aide du Komintern. En 1923, il met en place le premier front uni entre communistes et nationalistes (PCC-KMT). En 1925, Sun Yat-sen, âgé de 59 ans, meurt d'un cancer du foie à Pékin. Quelques mois plus tard, son protégé, Tchang Kaï-chek, qui a été placé à la tête d'une armée de 100 000 hommes destinée à effectuer l'expédition du Nord (1926-1927), lève en six mois une troupe complémentaire de 150 000 soldats. Le but de cette expédition est de supprimer les seigneurs de la guerre du Nord et d'unifier la Chine sous la bannière nationaliste. Tchang Kaï-chek ambitionne de succéder à Sun Yat-sen à la tête du mouvement nationaliste et souhaite annihiler le pouvoir de ses rivaux communistes comme celui de ses alliés nationaux.

Au début de l'année 1927, Tchang Kaï-chek arrive à Shanghai à la tête des forces de l'expédition du Nord. Il n'entreprend rien contre les concessions ni contre les Japonais tant détestés. Mais, en avril 1927, agissant de concert avec Du les Grandes Oreilles et ses truands de la Bande verte, Tchang Kaï-chek organise un assaut surprise contre les communistes et les ouvriers syndiqués.

Pour cette intervention, qui prendra plus tard le nom de « Terreur blanche », Du mobilise des centaines de « pirates, ravisseurs, gardes du corps, souteneurs, masseurs, manucures, pickpockets, bandits armés, colporteurs, serveurs et mendiants ». Il leur fournit des tenues de coton bleu, des brassards où est inscrit le mot « main-d'œuvre » en caractères chinois ainsi que des armes appartenant aux forces de l'expédition du Nord. Le 12 avril, à quatre heures du matin, un signal venu du quartier général de Tchang Kaï-chek annonce le début de l'assaut. Au même moment, la sirène d'une canonnière nationaliste sur le Huangpu Jiang donne à la Bande verte l'ordre d'entrer en action. Selon la presse chinoise, « toutes les mitrailleuses se sont mises à l'unisson ». À la fin de la journée, plusieurs centaines de

point : ils exècrent l'Empire nippon et s'opposent à toute nouvelle extension japonaise sur le territoire chinois. En mai 1925, le sentiment anti-japonais atteint son comble après que le patron japonais d'une filature a assassiné l'un de ses ouvriers. Les étudiants et les ouvriers chinois descendent dans la rue et, le 30 mai, la police municipale de Shanghai tire sur la foule des manifestants, tuant 12 d'entre eux. Cet incident déclenche le mouvement du 30 mai, où 150 000 ouvriers shanghaiens protestent contre l'extraterritorialité étrangère (japonaise et occidentale) en Chine. Le sentiment nationaliste et anti-japonais croît rapidement à Shanghai et s'étend à tout le pays.

Bandits de la Bande verte attaquant les forces de gauche durant la « Terreur blanche ».

syndicalistes et de communistes sont massacrés, leurs corps sont emportés dans des camions et jetés dans des fosses. Dans les semaines qui suivent, des milliers de gauchistes sont massacrés de la façon la plus barbare dans les villes de Chine contrôlées par le Guomindang (KMT). L'alliance entre le Parti communiste et le parti nationaliste prend résolument fin, la guerre civile éclate.

L'INVASION JAPONAISE ET LA GUERRE CIVILE CHINOISE (1927-1949)

La guerre civile entre les nationalistes de Tchang Kaï-chek et les communistes chinois n'empêche pas l'Empire japonais de continuer à conspirer pour conquérir de vastes régions chinoises. En 1931, des officiers japonais font délibérément sauter une section de voie ferrée appartenant à la société japonaise des Chemins de fer de Mandchourie du Sud et accusent les Chinois d'avoir perpétré l'attentat. L'événement, appelé « incident de Mukden », sert de prétexte aux troupes japonaises qui envahissent la Mandchourie et y

installent un état fantoche, la république de Manchukuo, placée sous l'autorité théorique de l'ex-empereur de Chine, Pu Yi. Pour protester contre cette invasion, étudiants et ouvriers de Shanghai décrètent le boycott contre les Japonais et organisent de gigantesques manifestations, qui fournissent au Japon l'occasion d'attaquer le quartier de Zhabei, au nord de la rivière Suzhou, le 28 janvier 1932. Le 19ᵉ bataillon du KMT déploie une résistance impressionnante, mais Zhabei est détruit par les bombardements japonais et, le 5 mai, un cessez-le-feu ordonné par la Société des nations fait de Shanghai une ville démilitarisée, entérinant *de facto* la défaite chinoise.

En parallèle, Tchang Kaï-chek poursuit sa guerre contre les communistes. Il mène plusieurs campagnes acharnées contre leurs bases dans la province de Jiangxi, puis les chasse du soviet de Juichin – provoquant ainsi la légendaire Longue Marche (1934-1935) qui permet à l'Armée populaire de libération de se réfugier à Yan'an, une base plus facilement défendable. De ce repli stratégique magistral résultera finalement la défaite de Tchang Kaï-chek. En 1937, les Japonais profitent de la guerre civile incessante pour organiser une gigantesque opération en Chine du Nord. Ils s'emparent des quartiers chinois de Shanghai, mais – du moins pour encore quelques années – respectent le statut des concessions étrangères.

Entre 1937 et 1941, les forces d'occupation japonaises et les résistants des quartiers chinois de Shanghai se livrent une sorte de guerre par procuration, tandis que les concessions mènent toujours grande vie, cabarets, salles de bal, boîtes de nuit, casinos et restaurants ne désemplissant pas.

Durant cette période, une autre vague inattendue de réfugiés afflue vers les concessions étrangères. Ces nouveaux arrivants sont des juifs ashkénazes d'origine européenne qui fuient la tyrannie de l'Allemagne nazie, alliée du Japon. Désespérés et dépossédés, ils s'établissent principalement dans le quartier de Hongkou, au nord de la rivière Suzhou. Ils viennent grossir considérablement la population juive de Shanghai – une petite communauté, séfarade pour l'essentiel, présente depuis le XIXe siècle – au point que, à la fin des années 1930, la ville compte 32 000 juifs. Par miracle, la majorité d'entre eux échappent à la mort en dépit des pressions exercées par l'Allemagne pour que le Japon s'en prenne au ghetto de Shanghai. En 1942, les Nazis dépêchent même à Shanghai le chef de la Gestapo de Varsovie, Josef Meisinger. Il apporte avec lui le plan d'une « solution finale » destiné à l'Asie de l'Est, mais les Japonais sont trop occupés par leur propre stratégie guerrière pour s'intéresser aux juifs, qu'ils ne perçoivent pas comme une menace.

Les Chinois et les concessions étrangères sont moins chanceux. Le 7 décembre 1941 au matin – le jour même de l'attaque de Pearl Harbor –, les troupes japonaises prennent le contrôle de Shanghai, mettant brutalement fin à plus d'un siècle de colonialisme occidental. La concession française, sous l'administration de Vichy depuis l'occupation allemande de la France, est théoriquement alliée aux Japonais,

En 1937, les forces navales japonaises, arborant le drapeau impérial, défilent dans Shanghai.

mais tous les résidents étrangers de la concession internationale, y compris les Français, doivent porter un brassard indiquant leur nationalité. En 1943, alors que les forces japonaises s'essoufflent, elles rassemblent ces étrangers et les envoient dans des camps, où un grand nombre périt de privations et de mauvais traitements. La même année, à Chongqing, les Alliés signent avec le gouvernement nationaliste un accord qui abroge toutes les revendications d'extraterritorialité. L'ère des concessions étrangères à Shanghai est définitivement terminée.

L'occupation brutale de Shanghai par les Japonais est un désastre pour la ville comme pour tous les territoires envahis de l'Asie de l'Est. Mais elle est relativement brève : après le bombardement atomique d'Hiroshima le 6 août 1945, puis de Nagasaki trois jours plus tard, le Japon se rend sans conditions le 15 août. Shanghai repasse sous autorité chinoise, en l'occurrence les armées nationalistes de Tchang Kaï-chek, mais pour peu de temps.

Partout, les communistes chinois prennent l'ascendant. La guerre civile chinoise va cependant se prolonger quatre ans. Le 25 mai 1949, l'Armée populaire de libération entre dans Shanghai, qui n'offre aucune résistance. Le 1ᵉʳ octobre de la même année, Mao Zedong proclame la République populaire de Chine. Deux mois plus tard, Tchang Kaï-chek fuit la Chine continentale pour Taïwan qu'il gouvernera jusqu'à sa mort en 1975.

QUARANTE ANNÉES D'AUSTÉRITÉ

Les soldats de l'armée victorieuse sont pour l'essentiel des paysans qui n'ont jamais vu de grande ville moderne et se comportent avec une discipline quasi puritaine. Si cette rigueur ne déplaît pas aux citoyens de Shanghai, elle signifie aussi la fin des années de plaisir. Entre 1949 et 1954, les communistes nationalisent toutes les entreprises privées ; les capitalistes étrangers (et beaucoup de Chinois) ferment boutique et fuient la ville, souvent pour s'installer à Hong Kong. L'argent issu des industries relativement lucratives est envoyé à Pékin afin d'être redistribué dans d'autres régions, tandis que les ennemis du peuple – c'est-à-dire quiconque désapprouvant ou perturbant la nouvelle politique – sont envoyés en camp de rééducation aux confins du pays.

Dans le même temps, les autorités mènent une lutte sans merci contre la drogue, le jeu et la prostitution. Les salles de bal et les établissements interlopes sont fermés, la propriété privée abolie et les *qipao*, ces élégantes robes près du corps portées par toutes les Shanghaiennes, de la maîtresse de maison à l'entraîneuse, sont remplacées par la casquette et l'uniforme bleu sombre à la Mao.

Shanghai conserve ce *statu quo* durant dix autres années, puis la situation se dégrade à nouveau. En 1966, la Bande des quatre, dont font partie la femme de Mao Zedong, Jiang Qing, et trois radicaux shanghaiens, y établissent le siège de leur pouvoir et lancent à grand renfort de propagande la Révolution culturelle du prolétariat. Cette entreprise folle, condamnée plus tard, promeut la révolution permanente dans le pays pour éliminer du parti les opposants à Mao.

Pendant la décennie suivante, Shanghai, comme le reste du pays, connaît une période terrible de sectarisme, de vandalisme culturel, de famine et d'assassinats. Les Gardes rouges patrouillent les rues à l'affût du moindre signe de « décadence bourgeoise », persécutent des dizaines de milliers de personnes et détruisent ou défigurent des bâtiments rappelant la domination coloniale occidentale ou l'ancien régime impérial. Le cauchemar ne s'achève qu'avec la mort du président Mao, en 1976, l'arrestation de la Bande des quatre peu après et l'avènement de Deng Xiaoping comme chef suprême de la Chine en 1978.

DE 1990 À AUJOURD'HUI

Ancien secrétaire général du Parti communiste chinois, Deng Xiaoping est un homme politique pragmatique convaincu. Il rejette résolument le slogan stérile de Mao, « Plutôt rouge qu'expert », et lui oppose un vieil adage de sa province natale du Sichuan : « Peu importe que le chat soit noir ou blanc, s'il attrape une souris, c'est un bon chat. »

Transformant ses paroles en actes, Deng Xiaoping remet en cause la politique économique du socialisme étatique et promet de

Ouvriers célébrant la prise du pouvoir des communistes à Shanghai le 25 mai 1949.

En février 1972, le président américain Richard Nixon, accompagné du Premier ministre chinois Zhou Enlai, visite le Xi Hu (lac de l'Ouest) à Hangzhou.

réformer et de libéraliser l'économie chinoise. Il abandonne le principe marxiste d'auto-suffisance au profit d'un capitalisme d'État. En 1990, il propose de nouvelles réformes et décide que Shanghai sera le fer de lance de la nouvelle politique économique qu'il souhaite appliquer dans l'ensemble du pays.

Pour la première fois depuis 40 ans, Shanghai est autorisé à conserver l'essentiel de ses rentrées fiscales et à les réinvestir dans la modernisation de ses infrastructures. Le quartier de Pudong, qui s'étend à l'est du Huangpu Jiang, devient une zone économique prioritaire. Deng Xiaoping espère la hisser au niveau de Hong Kong qui, à l'époque et jusqu'en 1997, est encore une enclave britannique.

Jiang Zemin, de 1993 à 2003, puis Hu Jintao, président de la République populaire de Chine à partir de 2003, poursuivent la politique de Deng Xiaoping, ce dernier s'étant officiellement retiré du pouvoir en 1992. Ils apportent ainsi leur pierre au développement économique de Shanghai. Les résultats sont spectaculaires. En 1972, lorsque le président Richard Nixon était venu en visite à Shanghai, à l'occasion de sa rencontre avec Zhou Enlai, la ville avait perdu tout son lustre. Elle était triste, pauvre et dévitalisée. La perle de l'Orient, qui avait tant brillé pendant l'ère du capitalisme insouciant, pendant les années de la guerre civile et l'invasion japonaise, s'était ternie ; la nuit, dans les rues obscures et délabrées luisaient faiblement quelques bougies ou flambeaux vacillants.

Aujourd'hui, Shanghai est de nouveau très animé et vit au rythme frénétique de ses commerces en tous genres. Les seules bougies qui demeurent sont celles qui éclairent les tables des restaurants chics. Toute la ville est illuminée, des enseignes au néon dans Nanjing Donglu aux faisceaux laser installés au sommet des nouveaux gratte-ciel du quartier de Pudong, autour du parc de Renmin et dans l'historique Bund. La perle de l'Orient a repris ses droits, mais elle n'est pas redevenue la « putain de l'Orient ». Les longues années d'austérité imposées par le régime communiste avaient apporté une certaine égalité entre tous les Shanghaiens, mais ils étaient tous égaux dans la pauvreté. Aujourd'hui, certes, des iniquités sociales ont resurgi et Pékin s'inquiète des écarts de revenus qui s'accroissent entre les populations, mais globalement Shanghai et ses habitants n'ont jamais bénéficié d'une telle prospérité de toute leur histoire. ■

Le ciel de Pudong, hérissé de hautes tours, incarne le nouveau visage de Shanghai et de la Chine.

Arts et culture

AUCUNE AUTRE VILLE DE LA CHINE NE DÉTIENT UNE OFFRE CULTURELLE AUSSI SOPHISTIQUÉE et cosmopolite que Shanghai. Ses longs contacts avec l'Occident et le Japon ont donné à sa production artistique et intellectuelle une touche avant-gardiste ; Shanghai est capable d'assimiler rapidement des tendances et des sensibilités étrangères que le reste de la Chine juge, aujourd'hui encore, curieusement exotiques. En ce début de XXIᵉ siècle, Shanghai tire une grande fierté de ses réalisations dans le domaine culturel et peut se permettre de construire plus d'opéras, de théâtres et de musées que le reste du pays.

L'OPÉRA CHINOIS

Les origines de l'opéra chinois remontent à l'époque de la troupe du Jardin des Poires, créée par l'empereur Xuanzong, sous la dynastie Tang (618-907). Il arrive encore de nos jours que les chanteurs de l'opéra de Pékin soient appelés « adeptes du Jardin des Poires ». Cet art dramatique, qui s'est enrichi au cours des dynasties Yuan, Ming et Qing, a donné naissance à pas moins de 368 formes différentes. La plus populaire, et de loin, est l'opéra de Pékin dont le style actuel a été fixé au milieu du XIXᵉ siècle. La majorité des opéras représentés en Chine appartiennent à ce registre.

L'opéra de Pékin

En chinois, l'opéra de Pékin porte le nom de Jingji, ou opéra de la capitale. Il combine des éléments de l'opéra chinois traditionnel des provinces de Anhui et de Hubei, et se chante en mandarin. Les percussions et instruments à cordes confèrent une solide base rythmique au jeu et au chant des acteurs. Tout est codé. La gestuelle – mouvements des mains, des pieds, postures du corps – joue un rôle essentiel ; les acrobaties, qui traduisent une action violente, sont en général accompagnées de roulements de tambour et de claquements de cymbales ; le maquillage prononcé traduit l'humeur, la personnalité, voire la moralité du personnage. Les costumes sont invariablement fastueux et très colorés. Traditionnellement, tous les rôles de Jingji, masculins et féminins, étaient joués par des hommes ; les femmes ne participent à l'opéra de Pékin que depuis la deuxième moitié du XXᵉ siècle.

L'opéra de Pékin comprend un vaste répertoire de plus de mille œuvres, principalement inspirées de faits historiques ou de récits romanesques construits autour de d'intrigues politiques ou militaires. Ce divertissement rencontre autant de succès à la télévision que dans les théâtres (souvent en plein air). Une bonne adresse pour assister à une représentation d'opéra de Pékin est le théâtre Yifu, dans le centre de Shanghai.

Les opéras de Kunqu, de Shaoxing et de Huju

La scène de Shanghai offre aussi, dans une moindre mesure toutefois, trois autres écoles d'opéra locales : Kunqu, Shaoxing et Huju. L'opéra de Kunqu est né à Kunshan – près de Suzhou –, d'où son nom. Il a connu son apogée aux périodes Ming et Qing, mais a presque disparu au début du XXᵉ siècle. Antérieur à l'opéra de Pékin, le Kunqu s'appuie sur les traditions du Sud et se chante en wu, non en mandarin.

Aujourd'hui, il rencontre un regain d'intérêt et se donne aussi bien sur les scènes de Pékin que celles de Shanghai, de Suzhou, de Nanjing et de Taipei. Le Pavillon aux pivoines et L'Éventail aux fleurs de pêcher sont ses pièces les plus célèbres. Certains classiques littéraires, comme L'Histoire des Trois Royaumes et Le Voyage en Occident, ont été adaptés pour les spectacles de Kunqu. La scène du musée Kunqu, à Suzhou, est le meilleur endroit pour écouter cette forme d'opéra chinois.

L'opéra de Shaoxing est né dans le comté de Shengxian, dans la province du Zhejiang. Appelé aussi opéra Yue, il dérive d'une forme

Un acteur dans une représentation de l'opéra de Pékin, au théâtre populaire de Yifu, à Shanghai.

de récit chanté accompagné d'un tambour, de cymbales et d'un petit orchestre.

L'opéra de Huju dispose quant à lui de son propre répertoire. Il est joué en dialecte shanghaien et représenté en plein air ou dans des lieux de culte tels que le temple du Dieu de la ville, ou Chenghuang Miao, dans la vieille ville de Shanghai.

LA DANSE TRADITIONNELLE ET CONTEMPORAINE

Le ballet occidental classique, introduit en Chine au XIXᵉ siècle par les colons, prend toute sa mesure au début du XXᵉ siècle grâce à la présence de Russes blancs réfugiés qui, en 1935, ouvrent à Shanghai une école de ballet. Après la révolution de 1949, les professeurs de ballet soviétiques sont invités à venir enseigner à Shanghai et contribuent à la création du ballet de Shanghai. La Révolution culturelle met à mal cette respectable institution, mais celle-ci a, depuis, retrouvé son éclat. Aujourd'hui, elle est logée au Grand Théâtre de Shanghai, installé sur la place du Peuple, et donne régulièrement des spectacles de danse occidentale classique et comme de ballets révolutionnaires chinois.

Les amateurs de danse moderne essaieront d'assister aux spectacles de la compagnie Jin Xing. Cette troupe renommée s'est produite jusqu'en Australie, en Europe et en Amérique du Nord.

Carrefour des influences chinoise et occidentale, Shanghai a su aussi attirer le hip-hop dans ses discothèques et ses studios de danse. Ce mouvement est apparu vers 2000 après avoir transité par le Japon, Taïwan et la Corée du Sud. Dans une ville autrefois aux mains des triades, la célébration de la culture des gangs a toutefois été accueillie fraîchement par le Parti communiste chinois. Aussi le hip-hop a-t-il adopté en Chine une forme aseptisée et tempérée qui satisfait à la fois les Shanghaiens et les autorités de Pékin. Les danseurs de hip-hop chinois en ont banni tout registre violent et revendicatif et préfèrent parler de l'avenir. Pour découvrir la danse hip-hop chinoise sous sa forme la plus authentique, essayez le Dragon Dance Studio, à proximité du Bund, ou le Pegasus Club, dans Huaihai Zhonglu, où les rappeurs américains Ice-T se sont produits en 2005.

LA MUSIQUE TRADITIONNELLE

Shanghai et sa région, surtout Suzhou, sont réputés pour leur *pingtan*, une forme de chant récitatif (*shuochang*), originaire de la province du Jiangsu. Deux personnes – en général un homme et une femme – racontent des histoires sur un fond de musique jouée sur des instruments à cordes comme le luth piriforme (*pipa*). Ils alternent leur récit avec des parties chantées en s'aidant de mimiques très expressives. Pour écouter le vrai *pingtan* de Suzhou, il faut aller à la résidence Shen, à Luzhi, ou au musée du Pingtan (*voir p. 216*), à Suzhou.

La musique classique occidentale

Shanghai se flatte de posséder plusieurs orchestres de musique occidentale, notamment un orchestre symphonique logé dans le bâtiment du Grand Théâtre de Shanghai, sur la place du Peuple. À sa création, en 1879, l'orchestre portait le nom d'Ensemble municipal de Shanghai. Généralement considéré comme le meilleur de Chine, il donne des concerts de niveau international. Les formations invitées (dont le Philharmonique de Hong Kong et le Philadelphia Chamber Orchestra) se produisent souvent au Concert Hall de Shanghai, dans Yan'an Donglu, tandis que, plus à l'ouest, dans le quartier de Fuxing, le conservatoire de musique de Shanghai propose des concerts de musique classique tous les dimanches soir.

La musique pop et le rock

Une scène pop et rock, certes embryonnaire, mais de plus en plus intéressante, a vu le jour à Shanghai. Depuis le début du millénaire, les autorités sont devenues plus tolérantes et autorisent les concerts de musiques autrefois considérées comme des expressions décadentes et subversives de l'impérialisme culturel occidental. Les rockers shanghaiens se sont principalement inspirés de groupes comme U2, Blur, Suede et, plus récemment, Coldplay et Arctic Monkeys, ainsi que de groupes gothiques ou punk tels The Cure ou The Clash. Le funk-rock américain connaît également un succès grandissant, en particulier les Red Hot Chili Peppers. Ces influences occidentales ont toutefois été tempérées par celles de courants musicaux venus de l'île de Taïwan ainsi que d'autres pays d'Asie de l'Est, qui correspondent bien davantage aux goûts ainsi qu'à la sensibilité du Shanghai moderne.

La plupart des groupes rock-pop chinois ne connaissent pas encore de succès hors de Chine, mais quelques-uns méritent tout de même d'être mentionnés, tels le groupe Banana Monkey, qui propose un son funk très dansant, Mademoiselle Tan, qui interprète les mélodies douces et tristes du groupe de rock shanghaien Booji, ou encore Xiao Yao, qui chante pour le groupe éponyme de musique techno.

Le stade de Shanghai (80 000 places), sur la Xaoxi Beilu, accueille les grands groupes de rock mondiaux. Les Rolling Stones s'y sont produits en 2006, avec toutefois l'interdiction de chanter des chansons au contenu sexuel comme « Beast of Burden » et « Let's Spend the Night Together ». Des concerts de musique rock et pop se donnent également au stade Hongkou, dans le nord de la ville, et dans celui de Changning,

Jeunes acrobates sur la scène du Shanghai Center Theater dans Nanjing Donglu.

Scène du film *Shanghai Triad* de Zhang Yimou (1995), avec l'actrice Gong Li (au centre).

dans l'ouest de Shanghai. Les salles plus petites connaissent une fréquentation assez erratique, mais la ville possède de nombreuses discothèques et dancings – actuellement Ark Live House, Yuyintang et Bandu Music comptent parmi les plus populaires – et chaque année s'ouvrent de nouveaux établissements à Shanghai.

LE CINÉMA

Shanghai est incontestablement le berceau du cinéma chinois. Le premier court-métrage du pays, *Un couple difficile* (*Nanfu nanqi*), y est tourné en 1913, le premier long-métrage, *Un orphelin sauve son grand-père* (*Gu'er jiu zuji*), en 1923. Dans les années 1930, l'industrie cinématographique chinoise y a établi son centre et produit des vedettes comme la poignante Ruan Lingyu (1910-1935). Première star du cinéma muet chinois, elle tourne dans plus de 15 films, dont *La Pagode du nuage blanc* (*Baiyun Ta*, 1928), *La Déesse* (*Shennu*, 1934) et *La Nouvelle Femme* (*Xin nuxing*, 1934), avant de se suicider à 24 ans. Zhou Xuan, charmante actrice qui doit sa célébrité à *L'Ange de la rue* (1937), meurt tragiquement d'encéphalite à 39 ans. Mais l'actrice la plus tristement célèbre du cinéma chinois est sans contexte Jiang Qing, future femme de Mao Zedong et chef de la Bande des quatre qui, pendant la Révolution culturelle (1966-1976), porta un coup fatal à toutes les expressions artistiques et intellectuelles.

Le cinéma shanghaien a évidemment souffert du diktat communiste mais, depuis le milieu des années 1980, la ville retrouve peu à peu ses galons de capitale chinoise du cinéma et accueille même les tournages occidentaux. Le célèbre Steven Spielberg y a filmé *L'Empire du soleil* en 1987 et, plus récemment, les productions Merchant Ivory y ont tourné *La Comtesse blanche*, un film sorti en 2005 qui raconte l'histoire d'une Russe blanche forcée de survivre dans le Shanghai des années 1930. La production locale rattrape enfin son retard, comme en témoignent le film de Zhang Yimou, qui se déroule lui aussi dans les années 1930, *Shanghai Triad* (1995) avec l'actrice Gong Li, et celui du réalisateur Lou Ye, *Suzhou River* (2002), récit d'un amour impossible ayant pour décor les berges de la rivière de Suzhou. En 2004, l'Académie du film de Shanghai ouvrait ses portes – un autre signe que Shanghai pourrait bien être en train de renouer avec sa glorieuse vocation cinématographique d'il y a 80 ans.

LA LITTÉRATURE

Si Shanghai a peu contribué à la littérature chinoise classique, la ville a donné aux lettres modernes certains de ses meilleurs écrivains dans la première moitié du XXᵉ siècle. Elle a inspiré aussi bien des écrivains révolutionnaires comme Lu Xun - aujourd'hui considéré comme le père de la littérature chinoise moderne –, qui a publié dans les années 1920 *La Véritable Histoire de Ah Q*, son œuvre la plus célèbre, et comme Mao Dun, auteur de *Minuit*, que des écrivains plus romantiques comme Eileen Chang et Shao Xunmei. Lu Xun et sa Ligue des écrivains de gauche ont fait la célébrité du quartier de Hongkou, dans le nord de la ville, où la rue piétonne Duolun et ses alentours lui rendent aujourd'hui honneur.

Le nom de Shanghai est également associé à celui de quelques auteurs et dramaturges étrangers. Le Britannique Noel Coward (1899-1973) y écrivit son roman *Private Lives* (1930) durant son séjour au Cathay Hotel. Le romancier français André Malraux choisit Shanghai pour décor de son roman *La Condition humaine*, qui raconte la terreur imposée aux communistes par Tchang Kaï-chek et ses comparses de la Bande verte en 1927. Plus récemment, le romancier britannique d'origine japonaise, Kazuo Ishiguro, situait à Shanghai la première partie de son roman *Quand nous étions orphelins* (2000).

LA PEINTURE ET LES ARTS GRAPHIQUES

Dans la Chine traditionnelle, la peinture et son expression la plus haute, la calligraphie, ont toujours eu la faveur de la Cour et des cercles intellectuels. Ces disciplines étaient pratiquées par des érudits et des mandarins ayant acquis suffisamment de maîtrise et disposant d'assez de temps pour cet art très exigeant. Les œuvres originales des calligraphes de renom ont de tout temps été très

Deux figures de la littérature shanghaienne : l'écrivain, philosophe et révolutionnaire chinois Lu Xun (en haut) et André Malraux (en bas).

appréciées en Chine. Ces calligraphies sont marouflées sur des rouleaux de soie ou de papier et accrochées aux murs comme de véritables tableaux.

Depuis la dynastie Tang, la peinture traditionnelle s'attache pour l'essentiel à traduire la simplicité et la rusticité de la nature, ainsi que les effets complexes des paysages sur l'âme humaine. La région de Shanghai, dont les villes de Hangzhou et Suzhou, jouit d'une longue et prestigieuse tradition pictu-

rale. L'école de peinture de Songjiang remonte à la dynastie Ming, alors établie à Suzhou. Elle emprunte à la fois aux techniques de la peinture chinoise traditionnelle, à la calligraphie et à la poésie. On peut en admirer quelques exemples au musée de Suzhou.

L'école de peinture de Shanghai est née à la fin de la dynastie Qing, au XXe siècle. Elle rompait avec les thèmes classiques de l'art chinois pour en introduire de nouveaux tout en conservant la manière des maîtres an-

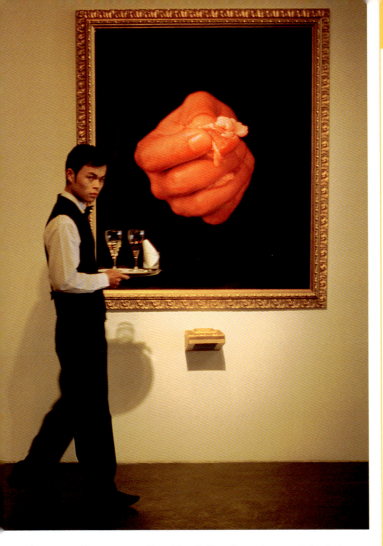

ciens et en raffinant ou en améliorant les techniques existantes.

Dès la prise du pouvoir par les communistes, en 1949, Mao Zedong introduisit l'idéal pictural stalinien, le réalisme socialiste (*voir p. 126*), qui domina les arts visuels chinois durant trois décennies. Apparurent alors ces représentations d'ouvriers musculeux dressant des poteaux électriques, de vaillants soldats de l'Armée populaire de libération brandissant leur baïonnette devant le tigre de papier de l'impérialisme américain, de paysans éternellement réjouis rapportant une énième récolte abondante. Ces conventions rigoureusement respectées, si elles ont eu à l'époque des conséquences désastreuses pour la création artistique, présentent du moins aujourd'hui un certain intérêt historique. Le Centre de l'affiche de

Le luxe

Au début des années 1990, après 40 années de rigorisme – où la tenue Mao bleue, grise ou noire avec son inévitable casquette était la règle pour tout le monde, les femmes proscrivant tout maquillage ou accessoire de mode –, Shanghai se revendique à nouveau comme le centre de la mode en Chine. Avant la prise du pouvoir par les communistes en 1949, la ville avait déjà introduit en Chine une version modernisée de la *qipao*, longue robe près du corps, ainsi que les bas de soie, les chaussures à hauts talons et la permanente.

Il est dit depuis longtemps (et avant tout par les Shanghaiens eux-mêmes) que « tout le monde cherche à imiter Shanghai mais c'est peine perdue ; le temps d'imiter un style, Shanghai est déjà passé à autre chose ». L'adage n'a jamais été aussi vrai qu'aujourd'hui, où l'industrie de la mode est en plein essor. Les couturiers comme les stylistes s'efforcent de faire de Shanghai un gigantesque carrefour de la mode, comme à Paris ou à Milan, et ils y parviennent. Il ne se passe pas une journée sans un défilé où de graciles mannequins présentent aussi bien des *qipao* version XXIe siècle et des modèles mélangeant les influences chinoise et occidentale que de la haute couture internationale. Les créateurs Lu Kun et Wang Yi Yang, le premier plus novateur, le second plus traditionnel, connaissent une renommée mondiale.

Les boutiques de luxe de Huaihai Lu donnent le diapason de la mode dans le reste du pays. Les magazines occidentaux comme *Marie Claire*, *Harper's Bazaar*, *Elle* et *Vogue* sont en vente dans tous les kiosques, tandis que le *Shanghai Tatler* pose chaque mois un œil très informé et très contemporain sur l'actualité de la mode shanghaienne. L'une des tendances récentes, la « Shanghai fusion », qui cherche à mêler la mode chinoise contemporaine aux styles occidentaux, est particulièrement intéressante.

La *qipao* shanghaienne

Le meilleur exemple de fusion entre Orient et Occident est la transformation de la *qipao* traditionnelle. Les Occidentaux ont tout d'abord découvert cette longue robe au col montant à

Hong Kong, où elle est appelée *cheongsam* – nom aujourd'hui généralement employé en anglais ; en réalité, *cheongsam* désigne plutôt la robe de mandarin, tandis que la longue robe de femme doit être appelée *qipao* (*zanshi* en dialecte shanghaien).

Les *qipao* originelles sont très amples, confortables et pratiques et dissimulent les formes, ne laissant visibles que la tête, les mains et les pieds. Avec le temps, le vêtement s'est fait plus ajusté. La *qipao* moderne – ou du moins son prototype – apparut pour la première fois à Shanghai vers 1900. Près du corps, avec un col montant, elle était alors volontairement conçue pour valoriser le corps féminin et sa sensualité.

Dans les années 1920 et 1930, la *qipao* shanghaienne est partout : dans les salles de danse et les restaurants, sur les paquets de cigarettes et les calendriers (dont on vend aujourd'hui des reproductions), et dans le très décadent Great World de Shanghai (*voir pp. 78-79*) : plus on monte dans les étages de l'établissement, plus la *qipao* révèle les formes. Arrivé au 5ᵉ étage, on trouve des « robes échancrées jusqu'aux aisselles ».

Dès les années 1940 apparaît le style *yangjingbang* (*voir p. 17*) qui ouvre la voie à l'influence occidentale : la *qipao* shanghaienne se présente désormais sous la forme d'une robe au col montant, tantôt sans manches, tantôt avec des manches ballon, et bordée de dentelle noire. Naît ensuite la version noire transparente, avec son corsage en perles et la cape de velours. Cette nouvelle *qipao* moulante se porte aisément sous un manteau à l'occidentale ou une étole, ajoutant une touche de modernité à la tenue des élégantes de Shanghai.

En 1949, les communistes, intransigeants, condamnent la *qipao*, trop frivole à leurs yeux et symbole de la domination occidentale. Mais l'étau se desserre au début des années 1990 et fait réapparaître ce vêtement, qui prend enfin sa revanche : on assiste aujourd'hui à son retour dans la rue comme dans les défilés. La voilà plus hybride et plus sexy que jamais. ∎

Lors de la semaine de la mode, les mannequins présentent les dernières créations des couturiers shanghaiens.

propagande (*voir p. 126*), à Huaihai, expose des peintures et des affiches de cette période.

Libérée du carcan du réalisme socialiste, la scène artistique shanghaïenne connaît aujourd'hui un nouvel essor. Des galeries d'art et des ateliers s'ouvrent partout, en particulier dans le quartier de Moganshan et autour de Xintiandi et du parc de Fuxing. La Foire d'art de Shanghai, qui se tient chaque année en novembre à Hongqiao, est la plus grande de ce genre en Asie et attire plus de 500 exposants venus de toute la Chine et d'autres régions du monde.

Parmi les artistes chinois contemporains, citons Han Lei (art vidéo), Yang Fudong (photographie) et Zhu Yu (performances). Bien connus en Chine, ils doivent maintenant se faire connaître sur la scène internationale. L'art contemporain chinois est diversement apprécié. L'opinion générale s'accorde à penser que la peinture et la sculpture de Shanghai, en dépit de quelques

Jeunes artistes venus visiter une exposition dans une galerie de Moganshan Lu.

tentatives intéressantes, sont essentiellement commerciales et n'apportent rien de vraiment original. Marchandises destinées à la spéculation, elles s'adressent à une clientèle de parvenus qui privilégient l'apparence plutôt que le contenu. C'est sans doute vrai mais, comparée à ce qu'elle était il y a une dizaine d'années, la scène artistique shanghaienne est plus libre, plus inventive et semble toucher une frange de la population plus importante que dans le passé.

Pour découvrir l'art de Shanghai, ancien et contemporain, une visite au musée des Beaux-Arts de Shanghai et au vieux musée d'Art de Shanghai s'impose. Tous deux sont situés près du parc du Peuple. Le musée d'Art du Bund Center (*voir p. 77*) présente également une très importante collection de chefs-d'œuvre chinois et occidentaux. ■

Festivals

La Chine, comme presque toute l'Asie de l'Est, respecte un double calendrier de fêtes. Les jours fériés traditionnels et les fêtes religieuses suivent le calendrier lunaire chinois, comme dans les pays voisins – Corée, Vietnam, Singapour et Malaisie –, tandis que les fêtes civiles modernes et les fêtes chrétiennes importées suivent le calendrier grégorien. Les fêtes musulmanes des minorités Hui et Ouïgour de Shanghai s'alignent sur le calendrier lunaire islamique, mais ne sont pas célébrées officiellement par la municipalité. Vous trouverez ci-dessous une description des principales fêtes, religieuses et civiles, classées par ordre chronologique dans le calendrier lunaire (*voir aussi p. 262*).

LES FÊTES TRADITIONNELLES ET RELIGIEUSES CHINOISES

Le nouvel an chinois

Événement majeur du calendrier chinois, le nouvel an, ou fête du Printemps, ou encore la fête des trois jours de Chunjie, commence le premier jour du premier mois lunaire, qui tombe généralement fin janvier ou début février. Le premier jour, les familles se réunissent à la maison pour un repas de fête. C'est l'occasion de s'acquitter de ses dettes, de faire le grand ménage, de porter de nouveaux vêtements et d'offrir aux enfants des enveloppes rouges contenant de l'argent, les *hong bao*. À Shanghai, le temple de Longhua organise des célébrations particulières ainsi que la traditionnelle foire bouddhiste.

La fête des Lanternes

Célébrée le 15e jour du premier mois lunaire, la fête des Lanternes, ou Yuanxiao Jie, marque la fin officielle de l'hiver et la venue du printemps. Les Chinois suspendent des lanternes rouges à leur porte en hommage au Seigneur du Ciel, divinité taoïste appelée aussi Empereur de jade. À Shanghai, les festivités se déroulent pour l'essentiel au jardin Yu, où l'on vend des spécialités traditionnelles, dont les *tangyuan*, des raviolis au riz sucré. La rue adjacente est éclairée d'une multitude de lanternes rouges.

L'anniversaire de la déesse de la Miséricorde

Guanshiyin Shengri, fête anniversaire de Guanyin, déesse de la Miséricorde et avatar féminin du Bodhisattva Avalokitesvara, se déroule le 19e jour du deuxième mois lunaire. Les bouddhistes se rendent dans les temples pour faire des offrandes à la déesse et implorer sa bénédiction. Les célébrations les plus ferventes prennent place sur l'île de Putuoshan, dans la baie de Hangzhou, lieu supposé de l'illumination, ou *bohimanda*, de Guanyin, et sa demeure spirituelle.

La fête du Balayage des tombes de Qingming

Cette fête, consacrée au culte des ancêtres, se tient chaque année le 4 ou le 5 avril. Les familles nettoient les tombes de leurs ancêtres et y déposent des fleurs et de l'encens. Elles brûlent en leur honneur des cadeaux symboliques, des faux billets et des bouts de papier où sont imprimées les images de divers biens de consommation tels que téléviseurs, réfrigérateurs, voitures, motos ou autres biens désirables. Qingming est célébrée avec une ferveur certaine à Shanghai, où plus de 8 millions de personnes se rendent sur les tombes de leurs parents.

La foire du temple de Longhua

C'est la foire la plus importante et la plus ancienne de Shanghai. Elle remonte à la dynastie Ming et se tient le troisième jour du troisième mois lunaire, généralement en avril ou en mai. La légende veut qu'un dragon capable d'exaucer les vœux visite le temple ce jour-là, qui coïncide en principe avec la floraison des pêchers du parc de Longhua. Lors de cette foire en plein air, un culte est rendu au bouddha Maitreya. De la nourriture végétarienne, des produits d'artisanat local et des spectacles de théâtre et d'opéra de Pékin sont proposés.

Lanternes rouges suspendues dans les jardins Yu de Shanghai à l'occasion de la fête du Printemps.

L'anniversaire de Mazu

Le 23e jour du troisième mois lunaire, qui tombe en général fin avril ou début mai, les Shanghaiens se rendent sur la côte chinoise, à Taïwan et au Vietnam, afin d'honorer Mazu, reine du ciel, déesse de la Mer et sainte patronne des marins, qui est tout particulièrement vénérée à Fujian. À Shanghai, les festivités se déroulent au temple de Longhua, où les visiteurs viennent déposer des fleurs, de l'encens et de l'argent. On donne à cette occasion des représentations théâtrales en l'honneur de la déesse.

L'anniversaire du Bouddha Sakyamuni

Le 8e jour du quatrième mois lunaire, qui tombe en général en mai, les bouddhistes Mahayana célèbrent l'anniversaire du bouddha Sakyamuni (Gautama, le bouddha historique). À Shanghai, les plus belles célébrations se déroulent au temple de Jingan, consacré à Sakyamuni. Les moines bouddhistes récitent des mantras en s'accompagnant d'instruments rituels, tandis que les fidèles nettoient les nombreuses effigies de Bouddha et déposent des offrandes.

La fête des Bateaux-Dragons

La fête des Bateaux-Dragons, en chinois Duan Wu, a lieu chaque année en mai sur les berges de la rivière Suzhou et du Huangpu Jiang. Elle célèbre la mort du poète Qu Yuan, conseiller du roi Huai, qui vécut au IIIe siècle av. J.-C. et se jeta dans la rivière Milo pour

protester contre la corruption des Royaumes combattants. Des courses de bateaux-dragons sont organisées sur la rivière et sur le fleuve. On sert à cette occasion des friandises, des gâteaux de riz, les *zhongzi*, farçis d'œufs, de porc ou de pâte de haricot.

La fête de la Mi-automne

La fête de la Mi-automne de Zhongqiu Jie, appelée également fête de la Lune, est célébrée le 15ᵉ jour du huitième mois lunaire, qui tombe en général en septembre ou en octobre. C'est une fête familiale. Traditionnellement, on raconte aux enfants un conte séculaire, l'histoire d'une fée qui vit sur la lune en compagnie d'un lapin de jade. Les enfants savourent des gâteaux de

lune (et toutes sortes d'autres délicieuses spécialités), assistent à des feux d'artifice et se couchent tard.

LES FÊTES CIVILES
Le nouvel an occidental

Ajouté depuis peu au calendrier des fêtes chinoises, le nouvel an occidental, ou Yuandan, est célébré le 1ᵉʳ janvier avec enthousiasme à Shanghai et peu dans le reste du pays. À la différence du nouvel an chinois, que l'on fête chez soi en famille, les Shanghaiens vont dîner au restaurant ou prendre un verre dans un bar et, comme un peu partout sur le globe, assistent à des feux d'artifice. Le temple de Longhua fait sonner ses cloches et l'on vient prier pour que la nouvelle année apporte chance et prospérité.

La Saint-Valentin

Cette fête, qui n'appartient pas à la tradition chinoise, est célébrée le 14 février. Les puristes ont beau protester de son succès grandissant, nulle part la Saint-Valentin n'est aussi populaire que dans le Shanghai occidentalisé.

Le festival littéraire international

Chaque année en mars ou en avril, ce festival qui s'étale deux semaines présente les talents locaux et donne l'occasion à des écrivains de renommée internationale de visiter Shanghai et de rencontrer les grands écrivains chinois. En 2007, par exemple, l'Indienne Kiran Desai, la Sino-américaine Amy Tan et l'Américain Simon Winchester comptaient parmi les invités. L'événement se tient d'habitude au Glamour Bar, au n° 5 du Bund.

Le festival des cerfs-volants d'Anting

Ce festival doublé d'une compétition de cerfs-volants se déroule en avril à Anting, situé au sein du quartier de Jiading, dans la banlieue nord-ouest de Shanghai. Ce passe-temps est très populaire à Shanghai et il ne se déroule pas une journée sans que les mordus viennent faire voler leur cerf-volant sur les berges de la rivière Suzhou. Pour

La fête des Bateaux-Dragons commémore le poète patriote Qu Yuan.

Fillettes en costume traditionnel pour la fête des Bateaux-Dragons.

remporter le concours d'Anting, il faut faire voler son cerf-volant le plus haut possible.

La fête des fleurs de pêcher de Nanhui

À Nanhui, dans le sud-est de Pudong, se déroule chaque année en avril la fête des fleurs à pêcher. Elle dure dix jours et célèbre la magnifique floraison des pêchers. Chaque année, des milliers de Shanghaiens viennent les contempler et participer à quantité d'activités – Nanhui possède des hectares de vergers réputés pour la qualité de leur production. Les festivaliers sont invités à prendre part à diverses danses folkloriques, dont la danse du lion et la danse sur échasses, ainsi qu'à goûter à certaines spécialités locales.

Le festival international du thé

Ce festival se déroule en avril de chaque année près de la gare de Shanghai dans le quartier de Zhabei. Il célèbre le thé produit depuis des générations dans la région. Les amateurs et les spécialistes venus de toute la Chine et de plus loin encore participent aux festivités. Les visiteurs sont invités à des dégustations ; ils peuvent assister à des cérémonies du thé, visiter des expositions sur la culture du thé et prendre part à des visites

organisées des plantations, en particulier celles de Hangzhou et de Moganshan.

La fête du 1er Mai

Cette fête internationale du travail se prolonge aujourd'hui en Chine pendant sept jours. Durant cette « semaine d'or », comme pour le nouvel an, les Chinois voyagent en masse à travers le pays, saturant les transports. À Shanghai, on tire un grand feu d'artifice dans le parc Daning Lingshi.

La fête nationale

Cette fête célèbre l'anniversaire de la fondation de la République populaire de Chine, le 1er octobre 1949. Elle donne le coup d'envoi à une semaine de vacances et des centaines de milliers de personnes ayant quitté leur région d'origine en profitent pour retourner chez elles. Il est très difficile de se déplacer dans le pays à cette période, tant les transports sont pris d'assaut.

Noël

Bien qu'étant non-officiel, Noël est fêté partout à Shanghai, et pas seulement par les chrétiens. Les Shanghaiens vont dîner au restaurant, fêtent Noël au bureau et à la maison et profitent de l'occasion pour s'offrir des cadeaux et écouter des chants de Noël. ■

Avec ses beaux édifices datant de l'époque des concessions étrangères, le quartier commerçant qui s'active entre le Bund et le parc du Peuple reste le cœur vibrant de Shanghai.

Du Bund à Renmin Gongyuan

Un adepte du monocycle sur le Bund.

Du Bund
à Renmin Gongyuan

Du Bund (Waitan) à Renmin Gongyuan (parc du Peuple), le long des berges du fleuve, s'élèvent quelques-uns des édifices les plus prestigieux de la ville. Le quartier se prolonge dans Nanjing Donglu, une rue très commerçante qui mène à Renmin Guangchang (place du Peuple). Cette place où se rassemblent les bâtiments municipaux, les théâtres et les musées constitue le centre culturel de la ville.

Après 1842, quand Shanghai émergea de la première guerre de l'opium sino-britannique en tant que grand port international, la rive occidentale du Huangpu Jiang, juste au sud du Suzhou, sembla vouée à devenir le centre commerçant de la ville. Bien que les docks fussent situés plus en aval, à Wusong, près du confluent du Huangpu Jiang et du grand fleuve Yangzi Jiang, les Anglais victorieux décrétèrent que cet emplacement – le meilleur disponible à l'époque – servirait de devanture à la nouvelle concession britannique.

Les Anglais donnèrent à la route qui longe la rive le nom de Bund, du mot persan signi-

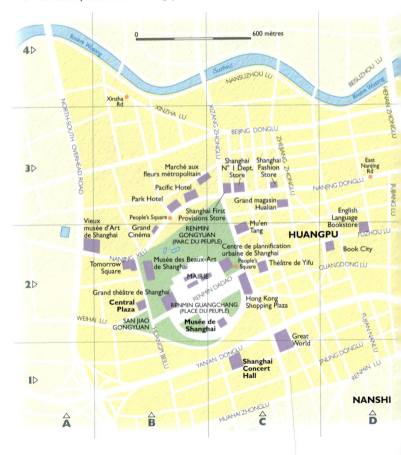

fiant « quai ». Le cœur de la concession britannique était alors traversé par Nanjing Lu. Aujourd'hui, cette artère se prolonge à l'ouest vers l'hippodrome, qui fut fermé lors de la victoire communiste de 1949 et dont certaines parties sont encore visibles aujourd'hui.

Si le régime communiste a largement purgé le Bund (et la ville en général) de ses in-

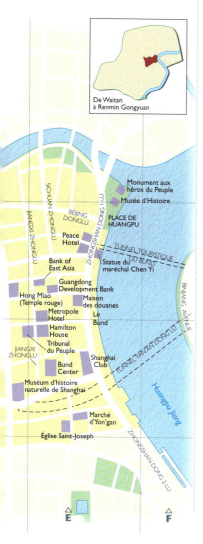

De Waitan à Renmin Gongyuan

SICHUAN ZHONGLU

JIANGXI ZHONGLU

BEIJING DONGLU

ZHONGSHAN DONG YI LU

Monument aux héros du Peuple

Musée d'Histoire

PLACE DE HUANGPU

Peace Hotel

Bank of East Asia

Statue du maréchal Chen Yi

TUNNEL TOURISTIQUE DU BUND

Guangdong Development Bank

Hong Miao (Temple rouge)

Maison des douanes

Metropole Hotel

Le Bund

Hamilton House

Tribunal du Peuple

JIANGXI ZHONGLU

Bund Center

Shanghai Club

TUNNEL YAN'AN DONG LU

Muséum d'histoire naturelle de Shanghai

BINJIANG AVENUE

Huangpu Jiang

Marché d'Yon'gan

Église Saint-Joseph

ZHONGSHAN DONG 2 LU

E   F

égalités sociales et raciales, il a aussi privé l'artère commerçante de sa prospérité. Cependant, depuis que Shanghai s'est rouvert au commerce international en 1990, le Bund, rebaptisé Waitan, intégré au district de Zhongshan Donglu, est plus que jamais redevenu le microcosme de la métropole, le cœur du Shanghai moderne.

Environ à mi-parcours, le Bund croise Nanjing Donglu, une rue piétonnière commerçante particulièrement animée où se presse une foule bigarrée, entre sculptures, trains miniatures et bateleurs donnant des représentations d'opéra chinois.

À l'ouest de Nanjing Donglu, l'ancien champ de course forme aujourd'hui le Renmin Gongyuan (parc du Peuple), tandis qu'au sud s'étend Renmin Guangchang (place du Peuple). Tout comme à Nanjing Lu, il règne dans cette zone extraordinairement prospère, encerclée par de splendides bâtiments à vocation administrative, une ambiance détendue.

Tôt le matin, avant que les chalands n'envahissent les nouvelles galeries marchandes climatisées et les étals à l'ancienne, le lieu attire les adeptes du taï-chi qui viennent y faire leurs exercices, et il n'est pas rare d'y apercevoir quelques couples de danseurs.

Abritant les plus beaux musées de la ville et le théâtre de Shanghai, le quartier du Renmin Gongyuan est un véritable aimant culturel qui draine les Shanghaiens de tous horizons autant que les touristes en provenance du monde entier. Ici, on peut remonter aux origines de la florissante métropole internationale et en retracer l'évolution. De nobles bâtiments municipaux témoignant des splendeurs de l'époque coloniale se blottissent à l'ombre de tours futuristes en verre et en acier qui, depuis quinze ans, semblent vouloir défier le ciel.

Juste à l'ouest de la place du Peuple, le petit San Jiao Gongyuan (parc de San Jiao ou parc du Triangle), plus tranquille et moins peuplé que Renmin Gongyuan, attire un public plus âgé qui se retrouve ici pour bavarder, lire les journaux, jouer aux échecs ou au mah-jong, faire de l'exercice ou admirer les oiseaux en cage qu'ils exhibent les uns ou les autres. C'est une halte paisible pour conclure l'exploration du centre-ville foisonnant de Shanghai. ∎

Waitan, le Bund

Le Bund
Plan p. 63, E2-E4
et p. 69

Le Bund abrite une kyrielle d'édifices qui se sont construits le long du Huangpu Jiang (la célèbre « rivière Jaune » de Shanghai) après le traité de Nankin (Nanjing) en 1842. Signé à bord du vaisseau HMS *Cornwallis* par des représentants de l'empereur Qing Daoguang et sir Henry Pottinger, l'émissaire de la reine Victoria, ce traité permettait à l'Occident (et plus tard au Japon) d'imposer à la Chine des mesures arbitraires. Il contraignait le pays à ouvrir cinq ports – Fuzhou, Guangzhou (Canton), Ningbo, Xiamen et Shanghai – au commerce international et à autoriser l'établissement de résidents et de consulats étrangers. (Le traité de Nankin cédait aussi, théoriquement à perpétuité, l'île de Hong Kong à la Grande-Bretagne.)

Comme ces promeneurs sur le Bund, de plus en plus de Shanghaiens affichent un air de prospérité.

LES SUITES DU TRAITÉ

Dans les mois qui suivirent la signature du traité, les marchands et les marins britanniques, avec, dans leur sillage, leurs comparses d'Asie du Sud – soldats, domestiques, prostituées –, commencèrent à affluer par le plus important des cinq ports visés vers le traité : Shanghai. Ils accostèrent au Bund et établirent leurs bases au sud et à l'ouest de la rivière Suzhou, sur les berges de laquelle le consulat britannique sera érigé par la suite. Ils construisirent des pontons sur le Huangpu Jiang, le long du Bund, pour faciliter l'embarquement et le débarquement de marchandises. (Ces plates-formes flottantes ont été démantelées il y a bien longtemps.)

La concession britannique doubla littéralement de taille entre 1843 et 1848, faisant des émules parmi d'autres nations occidentales avides de profiter à leur tour des richesses du commerce chinois. Les États-Unis et la France se réclamèrent de traités non moins arbitraires pour s'assurer des concessions à d'autres endroits de Shanghai.

Cependant, grâce à son activité commerciale, le Bund resta l'épicentre de l'essor de Shanghai. Les navires chargés de richesses sillonnaient l'océan Pacifique jusqu'en Amérique, puis revenaient par la route des Indes, les soutes remplies d'opium. Les Britanniques contrôlaient la majeure partie du trafic de drogues (qui se poursuivit après le début du XXᵉ siècle). Mais, tandis que les Occidentaux prospéraient, la Chine et le peuple de Shanghai n'en tiraient pas de bénéfices.

Bientôt, le commerce entreprit de se diversifier. Bien que fondées sur l'argent de la drogue, des sociétés cherchèrent à s'acheter une légitimité en s'implantant dans des secteurs plus respectables tels que la banque, les assurances, les transports maritimes et l'immobilier. Pour ce faire, elles avaient besoin de bases en Chine. À Shanghai, le lieu de prédilection était le Bund.

En 1863, la concession britannique fusionna avec la concession américaine, implantée sur la rive nord de la rivière Suzhou, donnant

naissance à la concession internationale. Dès le début du XXᵉ siècle, les banques du Bund représentaient plusieurs nations dont la Grande-Bretagne, les États-Unis, la Russie, le Japon, etc. Les Français, quant à eux, s'en tinrent à leur territoire.

Les bastions du commerce établis par des géants britanniques de la banque transformèrent peu à peu le Bund en une version réduite (et très chinoise) de la place financière londonienne. Contre toute attente, ces édifices en marbre et en pierre ont survécu au communisme.

Détail du gigantesque monument aux héros du Peuple, dans le parc de Huangpu.

Qu'est-ce qu'un nombre?

Les Chinois considèrent que certains nombres portent chance, contrairement à d'autres. Cette croyance populaire, réprouvée par le communisme pur et dur mais à nouveau très vivace aujourd'hui, repose sur l'intonation de la langue chinoise, qui veut que le sens des mots monosyllabiques varie selon la façon dont on les prononce.

Les nombres fastes comprennent le 2, ou èr, parce que les bienfaits viennent généralement par deux (double bonheur, etc.). Le chiffre 6 est favorable parce que le son du 6, ou liù, ressemble à liú, qui signifie « fluide ». Alors qu'en Occident le 666 est perçu comme étant néfaste, voire satanique dans certaines cultures, il est, en

Chine, tenu comme hautement bénéfique. Le chiffre 8 est aussi porte-bonheur car il est prononcé bā et sonne comme fā, qui désigne la richesse. Quant au 9, il est considéré comme étant de bon augure car sa prononciation, jiŭ, est proche de jiŭ, qui veut dire durable. En revanche, le chiffre 4 est néfaste. En mandarin, il se prononce sì, dont le son ressemble beaucoup à celui du mot sĭ, « mort ». C'est pourquoi certaines rues, dont le Bund, n'ont pas de numéro quatre et il n'existe pas de quatrième étage dans de nombreux hôtels et d'immeubles. La superstition a même gagné la téléphonie mobile: aucune des lignes de l'opérateur Nokia ne commence par un quatre. ■

DÉCOUVRIR LE BUND

Les étrangers qui se rendaient jadis à Shanghai arrivaient par bateau, débarquant à Wusong, à la jonction du Yangzi Jiang et du Huangpu Jiang, ou remontant ce dernier jusqu'au Bund. Dans une Chine chroniquement appauvrie, exploitée ou en guerre, il est certain que la vision d'un Shanghai prospère et sophistiqué devait éblouir les voyageurs.

Aujourd'hui, les impressions ne sont pas moins fortes, mais elles sont suscitées, à l'arrivée, par la vision de l'imposant nouvel aéroport international de Pudong, d'où le Maglev transporte les passagers en un éclair jusqu'à Shanghai avant de les déposer près d'un métro ou d'une autoroute. Les fastueux immeubles du Bund paraissent sans doute bien petits face aux gigantesques tours de Pudong, mais le Bund reste un lieu à visiter, de jour comme de nuit. Il n'est pas de moment plus magique pour se pro-

mener le long de cette partie légendaire des berges du Huangpu Jiang que très tôt le matin, quand l'air est vif et que les sirènes fantomatiques des navires résonnent dans la brume. Les soirées se révèlent également enchanteresses, lorsque les foules se pressent sur les quais de la rive droite du Hangpu Jiang, maintenant renforcés et restaurés, pour voir le soleil couchant éclairer les gratte-ciel et les autres constructions de Pudong.

À mesure que l'obscurité s'installe, les lumières sur les deux rives illuminent la ville – au sens propre comme au figuré. Le spectacle des deux moitiés de Shanghai fascine : à l'est Pudong, dont la ligne d'horizon change au gré de la construction de nouvelles tours, et à l'ouest Puxi, qui a retrouvé, et peut-être surpassé, sa grandeur d'autrefois. Le diptyque qu'elles forment est la quintessence de la ville la plus riche et la plus progressiste de la Chine actuelle. ∎

Bank of Communications

Maison des douanes

Siège d'HSBC (Hong Kong & Shanghai Banking Corporation)

Promenade le long du Bund

Le Huangpu Jiang d'un côté, les immeubles historiques de l'autre, cette promenade le long du Bund offre une introduction idéale à la découverte de Shanghai. En route, vous pourrez faire une pause dans les espaces verts de Huangpu Gongyuan ou à l'un des multiples étals offrant d'appétissants marrons chauds et autres en-cas.

Partez du nord, aux abords de la rivière Suzhou et du **pont Waibaidu** ❶. Cette vénérable structure, autrefois en bois mais remplacée en 1907 par un tablier d'acier, est si basse que l'on s'étonne à l'idée que même les sampans à fond plat aient pu passer dessous. Longtemps polluée, la rivière a été assainie et ses rives attirent désormais les amateurs de cerfs-volants.

En vous dirigeant vers le sud, vous trouverez à votre gauche le **Huangpu Gongyuan** (parc Huangpu). Dans le parc, à la jonction de la rivière Suzhou et du Huangpu Jiang, se dresse l'impressionnant **monument aux héros du Peuple**. Le parc abrite également le **musée d'Histoire du Bund** ❷ *(Waitan Lishi Jinianguan, ouvert 9h-16h15)* qui expose des photographies anciennes de la célèbre voie et de ses abords. En face, sur le côté ouest de la route (le plus animé), vous verrez l'ancien consulat britannique, le plus vieil édifice du Bund, qui date de 1873. Occupé par des services municipaux, il est en général fermé au public.

Vient ensuite une succession de constructions néoclassiques. Elles sont particulièrement belles la nuit, vues de la promenade le long du Huangpu Jiang. Sachez cependant que, pour les admirer de plus près, il vous faudra affronter le flot de circulation de Zhongshan Donglu, ce qui n'est pas une mince affaire.

Au n° 29, vous verrez le vieux bâtiment de l'ancienne **banque française de l'Indochine**, au nom si évocateur (devenu la banque Everbright), et, au n° 28, les locaux de ce qui fut la compagnie maritime **Glen Line Steamship** (aujourd'hui une station de radiodiffusion). Au n° 27, la Shanghai Foreign Trade Corporation occupe maintenant l'ancien **Jardine Matheson Building** ❸, dont les colonnes corinthiennes témoignent encore de la richesse passée de son ancien propriétaire. Le n° 26 abrita un temps le consulat du Danemark et la chambre de commerce italienne, remplacés maintenant par l'**Agricultural Bank of China**. La toiture et les motifs géométriques sur la façade du n° 23 (**l'immeuble de la**

Anciens locaux du *North China Daily News*

Bank of Taiwan

Chartered Bank of India, Australia & China

Palace Hotel

Cathay Hotel

Russo-Asiatic Bank

LE BUND ET SES PREMIERS OCCUPANTS

Bank of China) en font le seul édifice d'inspiration chinoise important sur le Bund.

Aux nᵒˢ 20 et 19, on trouvait autrefois le Cathay Hotel et le Palace Hotel. Ils ont fusionné par la suite pour former le **Peace Hotel**, à la fameuse architecture Art déco, où de nombreuses célébrités – de Charlie Chaplin à Song Qingling, la femme de Sun Yatsen – ont séjourné. Ce majestueux édifice est en cours de rénovation et doit rouvrir en 2009 sous le nom de Fairmont Shanghai. Sur le mur extérieur de l'ancien Palace Hotel, on peut voir, si les travaux ne la masquent pas, une plaque de bronze commémorant la réunion, en 1909, de la Commission internationale de l'opium, qui marqua le premier véritable effort concerté pour mettre un terme au trafic de cette drogue.

Le magnat Victor Sassoon construisit, décora et habita le Cathay Hotel.

En face du Peace Hotel, à l'extrémité est de Nanjing Donglu, près de la jetée, se dresse une grande **statue du maréchal Chen Yi** 🔴 (1901-1972), qui commanda la Nouvelle Quatrième Armée communiste puis devint maire de Shanghai. Visé par la purge pendant la Révolution culturelle du prolétariat, en 1967, il se mit sous la protection de son vieux camarade Zhou Enlai, mais en vain, car il finit exécuté par les Gardes rouges en 1972.

Au sud de Nanjing Donglu, au n° 18, se dresse le **Chun Jiang Building**, connu simplement comme le 18 du Bund. Autrefois siège de la Chartered Bank of India, Australia & China, il abrite maintenant les bureaux de divers créateurs de mode occidentaux. Au Bar rouge, au 6ᵉ étage, vous pourrez boire un verre en admirant le panorama sur le Bund et le Huangpu Jiang jusqu'à Pudong.

L'immeuble voisin, au n° 17, était celui du *North China Daily News*, un quotidien en langue anglaise qui ferma ses portes en 1951. Ensuite, il fut longtemps occupé par une administration communiste, qu'est venue remplacer l'American International Assurance Company – autre manifestation du retour en grâce du capitalisme à Shanghai.

Les bâtiments réputés continuent de se succéder : au n° 16, celui de la Bank of Taïwan, devenue la **China Merchants Bank** 🔴, et au n° 15, la **Bourse de l'or de Shanghai** (anciennement la Banque russo-asiatique). La Banque des communications, au n° 14, a aujourd'hui fait place au **Shanghai Trade Union Building**, le siège des syndicats.

Au n° 13 vous remarquerez l'imposante **Maison des douanes**. Construite en 1925 dans un style néoclassique, elle est surmontée d'une tour dont l'horloge évoque Big Ben, ce qui lui vaut le nom de Big Ching.

Au n° 12, vous trouverez l'immeuble le plus connu du Bund, celui de l'imposante **Shanghai Pudong Development Bank** 🔴. Précédemment, cette imposante bâtisse hébergeait la banque de Hong Kong et de Shanghai (HSBC). Autrefois, deux lions en bronze gardaient l'entrée principale. Ils ont été déboulonnés pendant la Révolution culturelle car il incarnait le triomphe du capitalisme et de l'impérialisme. Des copies y ont été réinstallées pour la plus grande joie des enfants. Il n'est pas rare d'apercevoir un

Shanghaien caresser le museau d'un des lions dans l'espoir de s'attirer de grandes richesses et la sécurité matérielle. Prenez le temps d'entrer pour admirer les immenses mosaïques au sol et au plafond (ce dernier montre les grandes places financières du monde) ou pour faire une halte au charmant café du premier étage.

À l'extrémité sud du Bund, au-delà de Guangdong Lu, l'ancien **Shanghai Club**, au n° 2, est aujourd'hui à l'abandon. Autrefois, le lieu accueillait les *taipan* (nom désignant les hommes d'affaires occidentaux). La clientèle était exclusivement masculine, aucun Chinois ne pouvait y pénétrer.

Vous pourrez constater aisément l'absence du n° 4 (*voir encadré p. 65*). Ensuite, vous retraverserez le Bund pour rejoindre la

- ⛰ Voir plan p. 63
- ▶ Pont Waibaidu
- 🚇 Henan Zhonglu
- ↔ 1,5 km
- 🕐 1h30
- ▶ Tour de l'observatoire du Bund

À NE PAS MANQUER

- Jardine Matheson
- Maison des douanes
- Shanghai Pudong Development Bank

tour de l'observatoire du Bund 7 et admirer encore une fois la fabuleuse vue sur le Huangpu Jiang et sur Pudong. ∎

Cinq minutes de plongée surréaliste sous le Huangpu Jiang.

Le tunnel touristique du Bund

LE TUNNEL TOURISTIQUE MONTRE UN ASPECT INATTENDU, QUOIQU'ASSEZ réducteur, du Bund. Cette fantaisie d'un goût douteux part de la statue du maréchal Chen Yi, au nord, passe sous le Huangpu Jiang pour déboucher près de la tour de télévision Oriental Pearl, à Pudong. Pour atteindre l'entrée du tunnel, vous pouvez prendre le métro sur le côté ouest Bund, à la hauteur de l'immeuble Chun Jiang (n° 18).

Le tunnel touristique du Bund
(Waitang Guangguang Suidao)
🅿 Plan p. 62, E3-F3 et p. 69
✉ Le Bund, au niveau du n° 18
🕐 8h-22h30
€ € l'aller, €€ l'aller-retour

Selon la publicité, ce tunnel touristique, long de 647 m, est « le premier tunnel panoramique artificiel subaquatique de la Chine ». Les passagers embarquent dans des « compartiments entièrement automatiques et d'une technologie respectueuse totalement de l'environnement », largement vitrés pour leur permettre de profiter des lumières stroboscopiques projetées sur les parois du tunnel, sur un fond de musique au son haute fidélité.

Cette surprenante attraction présente des images retraçant l'histoire de Shanghai et de la Chine, des portraits de personnalités, des images des réalisations culturelles, scientifiques et technologiques, et des photos des plus beaux sites naturels du pays, le tout dans une lumière psychédélique.

Le tunnel touristique du Bund est un moyen facile et sûr de traverser le célèbre Huanpu Jiang, et il conduit directement à plusieurs sites très intéressants ou insolites du quartier de Pudong, telle l'**Exposition de la culture sexuelle chinoise** *(voir p. 131)*.

Quant à savoir si cette expérience à la fois désuète et surréaliste vous ravira, c'est une autre affaire. Le trajet dure environ cinq minutes. Au terminus de Pudong, un ascenseur vous remonte à la surface, non loin de la tour de télévision Oriental Pearl. ■

Nanjing Donglu

À MI-PARCOURS DU BUND ET MENANT AU RENMIN GONGYUAN (PARC Renmin), Nanjing Donglu est la rue commerçante la plus connue de Chine. Les Shanghaiens y viennent en masse, certains pour le shopping, d'autres simplement pour y flâner ou se montrer. Longtemps engorgée par la circulation, Nanjing Donglu est devenue récemment piétonnière – une première dans le pays. C'est un endroit agréable et sûr où se promener et faire ses achats – à condition de ne pas se faire renverser par l'un des petits trains qui arpentent la rue.

Nanjing Donglu

🅰 Plan pp. 62-63,
C3-E3

Du petit matin jusqu'à tard dans la nuit, à la lumière des néons, la zone piétonnière de Nanjing Donglu, le nouveau cœur marchand de Shanghai, donne une impression de perpétuelle effervescence. Comme pour le Bund, rien ne vaut la marche pour la découvrir (en cas de fatigue, on peut toujours embarquer à bord d'un des petits trains pour touristes). Les commerces, parmi lesquels quatre grands magasins, y débordent de marchandises et des rangées entières de panneaux publicitaires vantent les mérites des derniers produits de luxe. La partie la plus animée s'étend du Bund jusqu'au croisement avec Henan Zonglu. Artistes de rue, yuppies et individus très branchés à la limite de l'étrange en ont fait leur scène.

La zone piétonnière débute de manière incongrue par un sex-shop impossible à manquer bien que très petit et dont la présence, sur le côté sud non loin du Peace Hotel, témoigne de l'abandon récent de certains interdits. En poursuivant votre chemin vers l'ouest, vous ne manquerez pas d'occasions de vous asseoir sur un banc de pierre où observer à loisir le spectacle de la rue, ou bien de vous restaurer à l'une de ses multiples échoppes. L'architecture, un peu moins fastueuse que celle du Bund, rappelle le Shanghai des années 1930 mais l'ambiance est résolument celle du XXIe siècle post-communiste. Ici sont glorifiés la libre entreprise et le profit ; la ville fait étalage de sa prospérité et rares sont les mendiants.

Dans cette portion piétonnière de Nanjing Donglu, jusqu'au carrefour avec Henan Zonglu, vous ne rencontrerez pas encore de grands magasins ni de galeries marchandes mais seulement une multitude de petits commerces qui vendent de tout : soieries, vêtements à la mode, instruments de musique ou matériel photographique.

LES QUATRE GRANDS

Le secteur des grands magasins commence plus à l'ouest, après le carrefour avec Zhejiang Zhonglu. Le premier d'entre eux, **Hualian Department Store** (635 Nanjing Donglu), qui a été rénové pour recréer l'ambiance européenne du Shanghai d'autrefois, ouvrit ses portes en 1918 (sous le nom de Wing On), à l'initiative de Guo Lesheng, un millionnaire chinois qui avait fait fortune en Australie. Guo y créa une sorte de prototype pour les autres grands magasins de Shanghai en vendant des produits usuels, de la nourriture, des cigarettes et des cosmétiques au rez-de-chaussée ; des tissus et des vêtements au premier ; des montres, des bijoux et des accessoires au deuxième ; enfin, des meubles au troisième. Aujourd'hui, une belle terrasse complète l'ensemble ; c'est l'endroit idéal pour boire un verre en contemplant les flots de piétons qui se déversent dans Nanjing Donglu.

Shanghaiennes arpentant Nanjing Donglu, l'une des principales rues commerçantes de la ville.

Presque en face du Hualian, sur le côté nord de la rue, se dresse un autre grand magasin, le **Shanghai Fashion Store** *(479 Nanjing Donglu ; en Chine, le système de numérotation des immeubles par côté pair et côté impair n'existe pas)*. Autrefois appelé le Sincere, il fut fondé par Ma Yingbiao, une riche amie et alliée de Sun Yat-sen qui résidait en Australie. Bien que le Sincere ait précédé d'un an l'ouverture du Hualian, Ma Yingbiao ne tarda pas à copier l'aménagement intérieur de ce dernier. Comme le Hualian, le Shanghai Fashion Store a été rénové pour rappeler l'atmosphère de l'époque précommuniste.

Un peu plus à l'ouest, presque à Renmin Gongyuan et sur le trot-toir nord de la rue, vous atteignez le troisième des quatre grands magasins de Nanjing Donglu, le **Shanghai n° 1 Department Store** *(800 Nanjing Donglu)*, ouvert le 10 janvier 1936. Pour damer le pion à ses concurrents, le Sun (comme il s'appelait à l'origine) fut le premier à se doter d'ascenseurs. À l'inauguration, le succès dépassa les prévisions : une foule de clients hypothétiques prit d'assaut le magasin pour le seul plaisir de monter à bord de ces surprenants engins.

Enfin, au 729 Nanjing Donglu est installé le **Shanghai First Provisions Store**, qui ouvrit en 1925 sous le nom de Sun Sun.

Bien que ces quatre grands magasins coloniaux se ressemblent beau-

coup, ils sont très intéressants à visiter car leur décor recrée parfaitement le Shanghai des années 1920 et 1930. Tous proposent néanmoins un très grand choix d'articles contemporains, tant importés que produits en Chine. Chacun a bien évidemment ses adeptes, mais le meilleur reste probablement le Hualian.

Juste à l'ouest du Shanghai First Provisions Store, Nanjing Donglu devient Nanjing Xilu et longe le côté nord de Renmin Gongyuan, où la rue devient un peu moins commerçante.

Vu dans sa totalité, le secteur de Nanjing Donglu est un lieu réellement fascinant, même si vous n'êtes pas un adepte du shopping. Cette artère permet de prendre la mesure des transformations que la Chine connaît depuis une vingtaine d'années et qui se poursuivent encore aujourd'hui à un rythme frénétique. Le fait que les dirigeants de la ville se soient associés aux plus fortunés des hommes d'affaires locaux afin de restaurer généreusement l'héritage colonial du quartier témoigne de l'intérêt grandissant des Shanghaiens pour le riche passé de leur ville.

AU-DELÀ DE NANJING DONGLU

Poursuivez votre promenade en tournant à gauche dans Xizang Zonglu (Route centrale du Tibet). À un peu moins de 100 m, vous atteignez une église appelée **Mu'en Tang** ou Moore Memorial Church (*316 Xizang Zhonglu*), du nom du riche Américain qui finança sa construction dans les années 1920. Transformée en école après la Révolution de 1949, l'église est redevenue un lieu de culte depuis 1979.

Vous pouvez poursuivre la promenade en vous rendant dans Fuzhou Lu (*voir p. 77*), l'une des rues parallèles à Nanjing Donglu, au sud de celle-ci. Cette rue constitue le cœur du district de Huangpu, qui présente un intérêt plus historique que commercial. Les amateurs de livres y trouveront néanmoins les deux meilleures et plus grandes librairies de la ville : **City of Books** (*465 Fuzhou Lu*), la plus moderne, et **Foreign Language Book Store** (*390 Fuzhou Lu*), offrant toutes deux un large choix de livres en anglais. On peut y flâner à loisir et il n'est pas rare de voir des dizaines de personnes – pour la plupart des étudiants – assises ou allongées par terre, plongées dans leur lecture des heures durant. ∎

La « rivière Jaune » de Shanghai

Les flots du Huangpu Jiang, surnommé la « rivière Jaune » par l'espion britannique James Davidson-Houston, rythment depuis toujours la vie commerçante de Shanghai. Certes, ce n'est de loin ni le plus long ni le plus large fleuve du monde, mais il n'en demeure pas moins important sur le plan économique et reste tout autant fascinant d'un point de vue historique.

Huangpu Jiang signifie littéralement « rivière de la rive jaune », mais ce fleuve doit probablement son nom à la couleur jaune de ses eaux.

Long d'à peine 97 km, il prend sa source au lac Dianshan, près de la ville d'eau de Zhouzhuang *(voir pp. 198-199)*, à l'ouest de Shanghai. Il coule en direction du sud-est, puis vers le nord, parcourt les districts périphériques de Qingpu, de Songjiang et de Minhang, et traverse le cœur de la ville, *via* le district de Baoshan, avant de mêler aux eaux du Yangzi Jiang à Wusong, à la hauteur de l'île de Chongming.

Pour résumer le Huangpu Jiang en quelques statistiques, on dira qu'il mesure en moyenne 400 m de large et 9 m de profondeur, mais surtout qu'il fournit à Shanghai

70 % de son eau potable. Cet apport est si vital qu'il a été entrepris, en 1996, de détourner en partie le cours du Yangzi Jiang pour alimenter le haut Huangpu Jiang.

Le passé et le présent

Jalousement préservé aujourd'hui parce qu'il permet à Shanghai de ne pas manquer d'eau potable, le Huangpu Jiang jouait surtout, par le passé, un rôle précieux de voie d'accès à la mer. Au IXᵉ siècle, Shanghai n'était qu'un village sous la juridiction du comté de Song-jiang dans la préfecture de Suzhou. Cependant, il connaissait déjà une activité portuaire car il était préservé des crues du Yangzi Jiang et des tempêtes de la mer de Chine du Sud.

Mais ce n'est qu'après le début de la dynastie Qing, en 1644, que la ville est devenue un port maritime de première importance pour deux provinces voisines, Jiangsu et Zhejiang.

Au XVIIIᵉ siècle, ce havre de paix situé non loin de l'embouchure du Yangzi Jiang attira les expéditions maritimes occidentales, en dépit du fait que les autorités Qing interdisaient formellement tout commerce international. Au XIXᵉ siècle, le Huangpu Jiang allait concourir à la fortune de Shanghai ainsi qu'à sa mauvaise réputation auprès du reste du pays. Pendant la première guerre de l'opium, en 1842, les forces navales britanniques remontèrent la « rivière Jaune » pour occuper d'abord Wusong, puis Shanghai. Elles firent du Bund la plaque tournante de leurs opérations commerciales dans la vallée du Yangzi Jiang, assurant la sujétion coloniale de Shanghai en tant que port. En 1937, le Hangpu Jiang assura une nouvelle fois la disgrâce interne de Shanghai, en permettant à l'armée impériale japonaise d'y accéder et de l'occuper jusqu'en 1945.

Après la prise de contrôle, en 1949, de la Chine continentale par les communistes, le Huangpu Jiang cessa de servir de colonne de Troie aux agressions étrangères pour devenir une simple artère commerciale permettant l'influx d'importations et surtout, depuis le début des années 1990, l'exportation massive de produits dont la ville et ses alentours inondent le reste du monde.

Le fleuve divise aussi la métropole en deux secteurs bien distincts : celui de Puxi (*à l'ouest du [Huang] pu*) et celui, plus grand et plus récent, de Pudong (*à l'est du [Huang]-pu*). Le besoin de relier les deux rives a inspiré une série d'exploits en matière de génie civil, notamment les tunnels routiers de Dalian, de Yan'an, de Fuxing et de Dapu ainsi que les ponts Yangpu, Nanpu et Lupu. Les ingénieurs creusèrent, en 2005, un tunnel routier sous l'embouchure du fleuve, permettant à un nouveau périphérique de passer sous les eaux du Huangpu Jiang et de contourner la ville. ∎

Avec pour toile de fond la vue spectaculaire de Pudong, paquebots, barges et remorqueurs se fraient un chemin le long des rives du Huangpu Jiang.

Des squelettes de dinosaures exposés au muséum d'Histoire naturelle.

Huangpu

 Plan p. 63-64

Huangpu

Le district de Huangpu, du nom du célèbre fleuve qui le borde, s'étend vers l'ouest depuis le bas du Bund et au sud de Nanjing Donglu jusqu'à l'énorme route de Yan'an Donglu, une voie en surplomb. Délimité à l'ouest par Renmin Gongyuan (parc du Peuple), il reste l'un des plus petits districts de Shanghai, mais aussi l'un des plus importants d'un point de vue historique. En 2000, Huangpu a fusionné avec Nanshi *(voir p. 91)*, la vieille ville de Shanghai, pour constituer le Nouveau Huangpu, un district de 12 km², qui avec ses 600 000 habitants, constitue l'une des zones urbaines les plus densément peuplées du globe.

Les grandes artères de Huangpu — Nanjing Donglu et Yan'an Donglu — vont d'est en ouest, prenant en étau un labyrinthe de plus petites rues valant la peine d'être explorées. Juste à l'ouest du Bund, au n° 261 Sichuan Zhonglu, l'immeuble de la **Guangdong Development Bank** a été conçu dans les années 1930 par le grand architecte hongrois Ladislav Hudec. Curieusement, le 7ᵉ étage abrite une boîte de nuit, le **Tropicana**, au décor évoquant les nuits débridées du Cuba prérévolutionnaire ; des artistes européens (russes pour la plupart) s'y produisent et dansent chaque soir dans des tenues très extravagantes au son de la rumba et de la salsa. Même si ce Tropicana ne représente qu'une pâle copie de celui de la Havane, le simple fait qu'il existe sou-

ligne à quel point Shanghai a changé au cours des deux dernières décennies *(voir encadré p. 111)*.

En poursuivant votre chemin vers l'ouest, vous arriverez à Jiangxi Zhonglu. Sans le caractère résolument shanghaien de la vie dans la rue, on pourrait se croire à New York. Cette impression déconcertante est renforcée par la présence, à l'intersection de Jianxi et de Jiujiang Lu, d'une église gothique datant de 1866, connue sous le nom de **Hong Miao** (temple rouge) et devenue un bâtiment administratif. Au sud, Jiangxi Zhonglu est bordée d'élégants édifices coloniaux, dont deux constructions de style Art déco : **Metropole Hotel** *(180 Jiangxi Zhonglu)*, de 13 étages, et, à côté, **Hamilton House**, un immeuble résidentiel. Pour compléter ce tableau d'inspiration très new-yorkaise, se dresse non loin de là, 209 Fuzhou Lu, le **tribunal du Peuple**, un bâtiment de brique rouge construit dans le style géorgien, construit en 1924 afin d'héberger l'American Club.

Contraste saisissant, le **Bund Center**, 222 Yan'an Donglu, une tour étincelante de 49 étages achevée en 2002, est coiffé d'une couronne censée rappeler les pétales d'une fleur. L'immeuble abrite le Shanghai Westin Hotel et le musée d'Art du Bund Center, qui possède plus de 2 000 chefs-d'œuvre chinois et occidentaux. La nuit, le centre de la couronne projette un faisceau laser au-dessus de la ville, illuminant au passage le **musée d'Histoire naturelle de Shanghai**. Ce bâtiment de style néoclassique datant de 1923 était autrefois le siège de la Bourse du coton.

Que ce soit du Bund Center ou du musée, la flèche gothique du clocher de l'**église Saint-Joseph** (Ruose Tang, *36 Sichuan Nanlu*) est facile à repérer. À l'est de ce monument, dans Jinning Donglu, vous trouverez le **marché de Yongan** (Yongan Shichang), où il est préférable de venir tôt le matin. Très animé, ce marché vend surtout des produits frais : fruits, légumes, viande et poisson. À noter que pour y parvenir, il vous faudra traverser la redoutable Yan'an Donglu, qui exige la plus grande prudence, même lorsque les feux sont au rouge.

FUZHOU LU

Vers l'ouest, en direction de Renmin Gongyuan, la foule se fait plus dense, tandis que l'architecture perd de son raffinement, à l'exception du **théâtre Yifu** (*Yifu Wutai, 701 Fuzhou Lu, tél. : 6351-4668*) où se joue chaque soir à 19h15 une représentation de l'opéra de Pékin (Jingji, *voir p. 44*).

Le petit Xinjiang

En 1949, alors que l'Armée populaire de libération envahissait la province de Xinjiang à l'extrême ouest de la Chine, seuls 5 % de la population de la région appartenaient à l'ethnie chinoise han, le reste étant constitué de musulmans ouïgours. Aujourd'hui, en raison des émigrations forcées, la situation a changé, et il semblerait que les Chinois han y soient majoritaires.

Cependant, les mouvements de population ne se sont pas faits en sens unique. Depuis la victoire communiste, des milliers de musulmans ouïgours de langue turque se sont aventurés vers l'est pour tenter leur chance à Shanghai. Beaucoup s'établirent à l'ouest de Huangpu, autour de Zhejiang et Guangdong. Aujourd'hui, il se dégage du quartier, surnommé le petit Xinjiang, une atmosphère résolument ouïgoure : les emblèmes turcs d'Asie centrale sont omniprésents, de même que les musiques aux accents moyen-orientaux, les délicieux currys accompagnés de nans et de nouilles laghman et, dominant le tout, les saveurs de kebabs et de ragoûts.

Malheureusement, le petit Xinjiang change car les prix de l'immobilier flambent, forçant les restaurants ouïgours à s'installer ailleurs. Savourez cette cuisine pendant qu'il en est encore temps.∎

Muséum d'histoire naturelle de Shanghai
(Shanghai Ziran Bowuguan)
✉ 260 Yan'an Donglu
🕐 9h-16h30
fermé lun.
€ €

Avant la Révolution, la zone autour de Fuzhou Lu était un quartier chaud appelé Huileli (bonheur persistant). En 1949, lorsque l'Armée populaire de libération envahit la ville, le nombre de maisons closes avait déjà chuté. Aujourd'hui, il n'en reste plus, mais vous pourrez vous documenter sur cette époque dans les librairies de Fuzhou Lu (*voir p. 73*), qui, malgré tous les changements, ont réussi à survivre. ∎

Du les Grandes Oreilles et le Great World

L'une des figures les plus hautes en couleur – et cependant l'une des moins sympathiques – du vieux Shanghai était Du Yuesheng (1888-1951), mieux connu sous le sobriquet Du les Grandes Oreilles.

Vers la fin du XIXᵉ et le début du XXᵉ siècle, la situation particulière de Shanghai en faisait le quartier général de gangsters de tout poil, qui n'avaient aucun mal à échapper à la justice chinoise en se fondant dans la concession française ou internationale. De tous les truands qui bâtirent leur fortune sur le jeu, la contrebande d'opium, la prostitution et le racket, le plus redouté était Du Yuesheng.

Né dans la misère dans les bas-fonds de Pudong, Du était un voyou mû par l'ambition de devenir un magnat du crime organisé. En 1902, âgé d'à peine 14 ans, il fut embauché par Huang Jinrong (1868-1963), *alias* Huang le vérolé, le cerveau de la Bande verte. Huang entretenait des relations privilégiées avec les Français – il faisait partie de la police de la concession française –, ce qui lui permettait de limiter la criminalité dans ce secteur, tout en l'orchestrant ailleurs dans la ville. Il était si habile dans ses manœuvres qu'il fut nommé chef des agents chinois de la police française.

De son côté, Du prospérait aussi. L'un de ses plus grands titres de gloire fut de récupérer un chargement d'opium volé à la femme non officielle de Huang, une tenancière de maison close appelée tantôt miss Gui, tantôt sœur Voyou. Sous l'égide de Huang, il en vint à posséder, dès le début des années 1920, tout un réseau de maisons de passe, de fumeries d'opium, de salles de jeux et de restaurants dans la concession française. En 1924, Du intervint dans un conflit opposant Huang à un seigneur de la guerre local, Long Yongxiang, et négocia une trêve, ce dont il se prévalut pour évincer Huang à la tête de la mafia de Shanghai. Cet Al Capone chinois terrorisait ses hommes de main, qui le surnommaient à son insu Du les Grandes Oreilles en raison de la taille peu commune de ces dernières.

À cette époque, Du fit la connaissance d'un jeune général d'armée du nom de Tchang Kaï-chek (1887-1975), ancien employé de la Bourse de Shanghai, et, comme le révélèrent les enquêtes menées des années plus tard, membre probable de la Bande verte. Du et ses sbires servirent les intérêts de Tchang en 1927 lorsqu'ils s'allièrent aux forces nationalistes de ce dernier pour réprimer sauvagement un soulèvement du parti communiste chinois, encore embryonnaire (ce qu'André Malraux relate avec brio dans *La Condition humaine*). Tchang récompensa Du, trafiquant de drogue à ses heures, en le nommant au conseil d'administration du bureau de suppression de l'opium.

Une ambition sans bornes

Du était devenu le truand le plus riche et le plus puissant de Chine. Ses ambitions étaient sans limites. En 1931, il acheta Da Shijie, le « Great World » (le vaste monde), le plus grand lieu de divertissement de la ville, un immeuble de cinq étages à l'intersection de ce que sont aujourd'hui Yan'an Donglu et Xijang Nanlu (*voir p. 90*). D'après les chroniques de l'époque, le premier étage, où évoluaient des chanteuses en robe de soie fendue jusqu'à la cuisse, était le monde du jeu ; le deuxième, celui des restaurants et des comédiens ; au troisième, on admirait « un troupeau de filles en fourreau à col montant, ouvert de façon à révéler leurs hanches ». Au quatrième étage, on trouvait d'autres tables de jeu et des services de massages. Enfin, au cinquième, où les femmes arboraient des tenues « échancrées jusqu'aux aisselles », on pouvait assister à des *peep-shows*. Ce dernier étage abritait également un temple bouddhiste.

Sous la direction de Du, le Great World en vint à symboliser Shanghai, qui s'était fait la réputation d'être la « putain de l'Orient ». Le truand aux grandes oreilles sortit indemne de la Seconde Guerre mondiale, auréolé de surcroît d'une image de patriote anti-japonais. Au moment de la victoire communiste en 1949, il était déjà installé à Hong Kong où il mourut paisiblement dans son sommeil en 1951.

Après 1949, les autorités communistes prirent le contrôle du Great World, qu'elles rebaptisèrent Centre de divertissement populaire. Fermé au début de la Révolution culturelle, il rouvrit en 1974 sous l'appellation de palais de la jeunesse. En 1987, le Great World reprit son nom d'origine. ■

Les caïds de la Bande verte, Du Yuesheng (à gauche), Zhang Xiaolin (au centre) et Huang Jinrong (à droite), posent pour cette photo non datée.

Tandis que les lumières s'allument dans Renmin Gongyuan, les banlieusards font la queue en attendant le bus qui les ramènera chez eux.

Le quartier de Renmin Gongyuan

RENMIN GONGYUAN (PARC DU PEUPLE) ET, JUSTE À CÔTÉ, RENMIN Guangchang (place du Peuple) constituent le cœur de Shanghai sur le plan des divertissements. C'était déjà le cas autrefois, quand le lieu était occupé par un parc et un champ de courses. Ce dernier fut démantelé par les communistes en 1949, qui y voyaient un symbole de la corruption et de la frivolité capitalistes.

Renmin Gongyuan
Plan p. 62, 2B-2C

À partir de 1952, les communistes transforment le quartier en un centre culturel, y créant d'abord le musée de Shanghai. Ce développement marque le pas pendant la Révolution culturelle (1966-1976), lorsque la ligne dure du Parti communiste chinois, dirigée par la Bande des quatre (*voir p. 103*), fait de Shanghai son quartier général et que des centaines de milliers de Gardes rouges déferlent sur la ville pour exprimer leur volonté de poursuivre la révolution mondiale. On peut encore voir des vestiges du champ de courses : le périmètre vaguement circulaire du parc du Peuple en rappelle le parcours, tandis que le musée des Beaux-Arts de Shanghai, surmonté de sa tour et de son horloge néoclassiques, occupe aujourd'hui l'ancien Jockey-Club.

Ne vous pressez pas trop : il faut du temps pour découvrir tous les sites intéressants autour de Renmin Gongyuan. À lui seul, le musée de Shanghai vaut bien une journée. Mais avec ses jardins impeccablement tenus et sa superbe architecture, le secteur tout entier mérite que l'on s'y attarde, ne serait-ce que pour y passer un agréable moment de détente. Aussi, entre deux visites culturelles, accordez-vous une pause dans les espaces verts, pour rencontrer les Shanghaiens ou simplement pour le plaisir de vous allonger dans l'herbe en admirant les édifices environnants.

LE PARC DU PEUPLE

Le quartier de Renmin Gongyuan est coupé en deux sur un axe est-ouest par une large avenue, Renmin Dadao (avenue du Peuple), au nord de laquelle s'étend le parc et, au sud, la place du Peuple. Sous cet ensemble se déploient la plus importante station de métro de Shanghai ainsi qu'un vaste centre commercial (voir ci-après). À l'est, Xizang Zhonglu (Route centrale du Tibet) sépare le quartier de Renmin Gongyuan de celui, plus urbanisé, de Huangpu. Au centre se dresse la **mairie** (Shanghai Renmin Zhengfu), dont la structure massive et imposante exprime la puissance et le prestige de la ville. Cependant, ce n'est pas un bâtiment touristique mais un site administratif fermé au public.

De part et d'autre de la mairie, deux édifices importants occupent les extrémités de Renmin Dadao. À l'est, le **centre de planification urbaine de Shanghai** s'abrite dans un bâtiment futuriste de quatre étages. À l'intérieur est racontée l'histoire de Shanghai depuis le petit village de pêcheurs des origines, vers 1600, jusqu'à nos jours, en passant par l'époque du colonialisme et celle de la Révolution, et l'avenir est y même envisagé. L'immeuble, à la fois musée, bureau d'urbanisme et vitrine du formidable essor de la métropole, a été conçu par l'archi-

tecte Xing Tonghe, également l'auteur de l'impressionnante structure située plus au sud et abritant le musée de Shanghai (voir pp. 84-89).

Le sous-sol du centre mène directement à l'énorme galerie commerciale souterraine Xianggang Guangchang (**Hong Kong Shopping Plaza**), remplie de nombreux magasins et d'éventaires détaillant tous les biens de consommation imaginables. Elle offre l'accès aux différentes lignes de métro, ainsi qu'à de nombreux passages pour piétons qui débouchent dans les rues au-delà de Renmin Gongyuan.

En contrepoint, à l'ouest de la mairie et plus saisissant encore que celle-ci, se dresse le **Grand Théâtre de Shanghai**, conçu par l'architecte français Jean-Marie Charpentier et achevé en 1998. Haut de neuf étages et équipé d'une salle de 1 800 places, il fait pendant au centre de planification urbaine de Shanghai, bien qu'étant de style très différent. Alors que ce dernier est doté d'un toit plat et carré, le théâtre de Jean-Marie Charpentier est coiffé d'une structure en arc de cercle remontant vers le ciel, version contemporaine des toitures chinoises. Le théâtre abrite à la fois le Ballet de Shanghai et l'Orchestre symphonique de la ville, et propose un programme régulier de concerts de musique classique, d'opéras et de ballets – du Lac des cygnes et de Casse-Noisettes au Détachement féminin rouge, l'œuvre révolutionnaire préférée de Mme Mao. (La demande croissante de ces spectacles désuets évoquant le passé récent de la Chine témoigne de l'évolution des mentalités.)

Au nord du théâtre, 325 Nanjing Xilu, vous trouverez le **musée des Beaux-Arts de Shanghai**, qui occupe l'ancien Jockey-Club, construit en 1933. Il s'étend sur trois niveaux : on peut voir, au rez-de-chaussée, des expositions tem-

Centre de planification urbaine de Shanghai
(Chengshi Guihua Zhenshiguan)
🕐 9h-17h lun.-jeu.
9h-18h ven.-dim.
💶 €

Grand Théâtre de Shanghai
(Shanghai Dajuyuan)
🕐 9h-16h30
💶 Entrée pour les spectacles avec un ticket; € audioguide

Musée des Beaux-Arts de Shanghai
(Shanghai Meishuguan)
✉ 325 Nanjing Xilu
☎ 6327 2829
🕐 9h-17h
💶 €€

poraires d'art contemporain; au premier étage, une installation permanente d'art moderne et, au second, des peintures de l'école de Shanghai (*voir p. 50*). Les œuvres sont bien mises en valeur et entretenues avec soin. Si vous commencez à ressentir des signes de fatigue, reprenez des forces à la caféteria du second étage ou au restaurant en terrasse, d'où vous pourrez apprécier la vue sur Renmin Gongyuan.

Les rénovations de 1999 ont effacé beaucoup de vestiges de l'époque coloniale mais les initiales SRC du Shanghai Racing-Club au-dessus de l'entrée sont toujours visibles, de même que les lustres Art déco, les têtes de cheval en fer ornant les rampes et la tour de l'horloge datant de 1933. (Les Anglais la surnommèrent Big Bertie, sans doute pour la différencier de Big Ching, sur le Bund, et du fameux Big Ben de Westminster, à Londres.)

À L'EXTÉRIEUR DU PARC

En quittant le musée des Beaux-Arts, traversez Nanjing Xilu en direction du nord. Vos pas vous guideront vite vers des sites d'excursion, présentés ici dans l'ordre où vous les rencontrerez en allant d'est en ouest. Le **marché aux fleurs métropolitain** (Dadu Shixianhua Shichang), inauguré en 2000, vend des fleurs coupées et des plantes d'intérieur produites en Chine ou importées de ces paradis floraux que sont la Thaïlande et les Pays-Bas. Même si le marché est ouvert de 7h à 18h30, allez-y de préférence tôt le matin, quand les fleurs sont encore très fraîches.

Vient ensuite, au n° 108 Nanjing Xilu, le **Pacific Hotel** (Jinmen Dajiudian), surmonté d'une tour avec une horloge. À sa construction en 1924, cet édifice massif, à l'origine l'Union Insurance

Building, était le plus haut de Shanghai. Un an plus tard, il se voyait dépassé par le **Park Hotel** (Guoji Fandian, *170 Nanjing Xilu*), un chef-d'œuvre de style Art déco de 23 étages en grès brun signé Ladislav Hudec. Depuis, des gratte-ciel dignes de Manhattan les ont tous deux éclipsés.

En suivant Nanjing Xilu vers l'ouest, vous verrez le **Grand Cinéma** (Daguangming Dianyingyuan), au n° 216. Cette autre création de Ladislav Hudec datant de

Des artistes, aidés par les employés du musée des Beaux-Arts de Shanghai, montent une nouvelle exposition.

1928 s'appelait alors le cinéma de l'Extrême-Orient. Plus loin, vous ne manquerez pas le très moderniste et menaçant **Tomorrow Square** (*Mingtian Guangchang, 399 Nanjing Xilu*), qui domine le côté sud de Renmin Gongyuan. Culminant à 285 m – mais seulement quatrième immeuble de Shanghai par la hauteur –, il abrite l'hôtel Marriott et de nombreux appartements privés. Selon les imaginations, Tomorrow Square fait penser tantôt à un stylo au design ultramoderne tantôt à un instrument dentaire gigantesque et terrifiant.

À l'ouest de Tomorrow Square, se trouve le **vieux musée d'Art de Shanghai**, 456 Nanjing Xilu (qu'il est facile de confondre avec le musée des Beaux-Arts plus récent, 325 Nanjing Xilu). Le qualificatif « vieux » prête d'autant plus à confusion que le bâtiment est tout neuf, mais cela tient au fait qu'il expose surtout des œuvres d'art traditionnel chinois. ∎

Vieux musée d'Art de Shanghai
(Lao Shanghai Meishuguan)

✉ 456 Nanjing Xilu

🕐 9h-17h

💶 €

Il se dégage une
grande sérénité
de ce bouddha
doré de la
dynastie Song
(960-1279).

**Musée de
Shanghai**
(Shanghai Bowuguan)
www.shanghaimuseum.net/
en/index.asp

Plan p. 62, 2B

201 Renmin Dadao

6372 3500

9h-17h lun.-ven.;
9h-18h sam.

€

Le musée de Shanghai

DE TOUS LES ÉDIFICES DE LA PLACE DU PEUPLE, LE MUSÉE DE SHANGHAI (Shanghai Bowuguan), au sud de Renmin Dadao, est le plus remarquable, non seulement en raison de l'élégance de son architecture mais surtout par la richesse de ses collections et la façon extraordinaire dont celles-ci sont présentées. Le lieu recèle des trésors du patrimoine artistique et historique chinois. Il compte plus de 120 000 pièces, représentant près de cinq millénaires de civilisation.

L'architecte shanghaien Xing Tonghe, qui a conçu le bâtiment, s'est inspiré de l'antique *da ke ding*, le chaudron tripode en bronze exposé au musée. Il a également intégré la géométrie sacrée de Yuanqiu, l'autel circulaire du temple du Paradis (Tiantan) de Pékin. Sa base carrée représentant la Terre est surmontée d'une superstructure circulaire figurant le paradis. Bien que l'institution ait été fondée en 1952, l'édifice ne fut achevé qu'en 1996, après trois ans de travaux. Ses quatre niveaux occupent alors une surface de 39 200 m², contenant des merveilles.

Devant le musée, l'élégante esplanade, avec son bassin rond et son jeu de fontaines très sophistiqué, attire une foule d'enfants, d'amoureux et de personnes âgées. Comme beaucoup de monuments de Renmin Gongyuan, elle est illuminée tout au long de la nuit.

La véritable attraction est le musée lui-même, qui ne possède pas moins d'une dizaine de galeries consacrées à ses collections permanentes et de trois salles pour les expositions temporaires. Pour vous y préparer, commencez par une visite sur le site internet de l'établissement. Sachez que les photographies au flash sont autorisées à l'intérieur, sauf dans les salles où les œuvres – peintures ou calligraphies – pourraient en pâtir. Si vous comptez utiliser un trépied, vous devrez demander une autorisation préalable au bureau d'accueil. À moins de lire couramment le chinois, il vous faudra louer un audioguide, disponible en huit langues dont le français (caution ou passeport exigés). L'excellente boutique du musée vend des catalogues et de belles reproductions de quelques-

d'animaux et de scènes pastorales, et des toutes premières représentations de l'habitat en Chine. Cet âge du bronze a atteint son apogée entre la fin de la dynastie Shang et le début de la période Zhou (environ 1700-771 av. J.-C.). Les objets étaient alors ornés de dessins élaborés, d'animaux ou de motifs religieux.

Parmi les instruments de musique à ne pas manquer, figure une série de cloches très bien conservées.

Le rez-de-chaussée abrite également une galerie de **sculptures chinoises anciennes**, où sont ex-

unes des pièces les plus prestigieuses. Une cafétéria et un restaurant complètent l'ensemble.

REZ-DE-CHAUSSÉE

La galerie la plus réputée du musée de Shanghai est celle des **bronzes chinois anciens**. Vous y admirerez plus de 400 pièces dont certaines datent de plus de quatre millénaires jusqu'à la fin de la dynastie Xia, au XXIe siècle av. J.-C. Elle recèle quantité de magnifiques spécimens de récipients, d'armes, d'instruments et d'objets funéraires, minutieusement décorés de personnages,

posés des exemples de la statuaire et de l'iconographie bouddhistes provenant de toute la Chine et au-delà. Vous y verrez des objets retrouvés au Tibet, en Mongolie et en Asie centrale (aujourd'hui Xinjiang), le long de la célèbre route de la Soie. Les inscriptions sur les stèles confucéennes sont des décrets impériaux et des récits de victoires dont il n'existerait aucun témoignage s'ils n'étaient pas gravés sur ces vieilles pierres (ou, parfois, sur des carapaces de tortue). Elles couvrent une période allant de l'ère des Royaumes combattants (475-

L'architecture originale du musée rappelle les représentations classiques du temple du Paradis à Pékin.

MUSÉE DE SHANGHAI

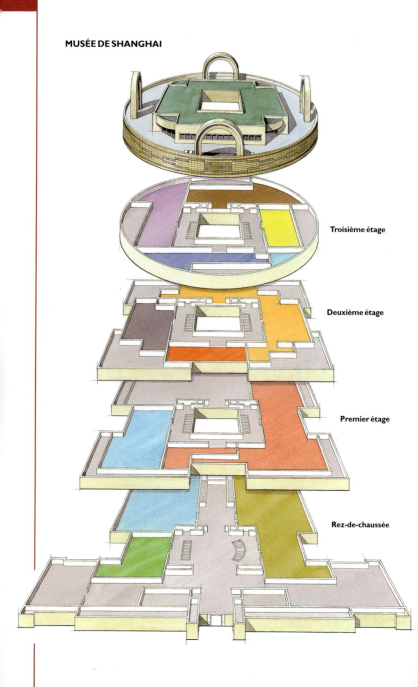

Troisième étage

Deuxième étage

Premier étage

Rez-de-chaussée

221 av. J.-C.) jusqu'à la dynastie Ming (1368-1644). À ce niveau, vous trouverez également la boutique du musée.

- ■ **Exposition temporaire**
- ■ **Céramique**
- ■ **Bronze**
- ■ **Sculpture**
- ■ **Calligraphie**
- ■ **Peinture**
- ■ **Art des minorités**
- ■ **Mobilier**
- ■ **Jade**
- ■ **Monnaie**
- ■ **Sceau**
- ■ **Espace non destiné à l'exposition**

PREMIER ÉTAGE

Cet étage est celui de la **galerie des céramiques chinoises anciennes,** allant du néolithique à la fin de la dynastie Qing (1644-1911), autrement dit jusqu'au début du XXᵉ siècle. Plus de 500 pièces y sont exposées, parmi lesquelles les remarquables céladons datant de l'époque de la proto-porcelaine et les poteries polychromes soigneusement émaillées de la dynastie Tang (618-906). Vous apprendrez tout sur les célèbres fours de Jingdezhen, au nord-est du Jiangxi, le centre de la production chinoise de 1279 à 1911. Connue dans le monde entier, la porcelaine bleu de cobalt et blanche, qui atteignit son apogée au cours des dynasties Ming et Qing, est particulièrement bien représentée.

DEUXIÈME ÉTAGE

Trois galeries occupent cet étage, dont celle de la peinture chinoise, où l'éclairage est superbe. Chaque œuvre s'illumine automatiquement dès que vous vous en approchez, et se fond de nouveau dans l'obscurité à mesure que vous

Un visiteur absorbé dans la contemplation des jeux auxquels se livrent les personnages de cette peinture exposée au deuxième étage.

Visiteurs admirant les trésors du musée de Shanghai.

vous en éloignez. Il ne s'agit pas d'un gadget à l'intention des touristes mais d'un dispositif de technologie de pointe conçu pour éviter que les œuvres anciennes ne s'altèrent à la lumière. Vous admirerez ici de nombreux paysages, mais aussi de ravissants portraits. Plus de 120 chefs-d'œuvre sont exposés, dont les premiers datent du début de la dynastie Tang.

La **galerie de la calligraphie chinoise**, aussi à cet étage, bénéficie du même système d'éclairage. Sur les parchemins et les manuscrits remontant à la dynastie Tang, vous verrez des exemples des différentes écritures : celle des sceaux (*zhuanshu*), celle des clercs (*lishu*), l'écriture cursive (*xingshu*), le style d'herbe (*caoshu*) et l'écriture standard (*kaishu*). Même ceux qui lisent couramment les caractères chinois modernes ont beaucoup de mal à déchiffrer cette calligraphie, surtout celle du style d'herbe. Il n'est cependant pas nécessaire d'être un spécialiste des antiquités asiatiques pour apprécier l'élégance et la sophistication extraordinaires qui ont marqué l'évolution de l'écriture chinoise au cours des siècles.

toujours accordé une grande valeur. La plupart des jades proviennent du Khotan, dans la lointaine province du Xinjiang, ou de la région de Myitkyina, au Myanmar (le nouveau nom de la Birmanie). Les pièces exposées illustrent le travail des tailleurs de jade chinois au summum de leur art, de l'époque des Zhou jusqu'à celle des Qing.

Peut-être plus familière aux yeux du public occidental, la **galerie du mobilier ming et qing** recrée le décor d'intérieurs chinois de cette époque. Les meubles sont disposés avec goût de manière à donner l'impression, comme l'explique la documentation du musée, que « vous vous trouvez dans une maison traditionnelle chinoise, dont vous apercevez le jardin par les fenêtres grillagées ».

La **galerie des monnaies** réunit quelque 7 000 pièces qui retracent l'évolution des moyens de paiement chinois à travers les âges. Les numismates amateurs ou éclairés y verront sans doute l'un des secteurs les plus fascinants du musée.

Enfin, la **galerie des arts des minorités chinoises** tente vaillamment de rendre justice aux nombreuses minorités nationales (*shaoshu minzu*). Elle consacre 700 m² à la vie quotidienne des peuples non Han de la République populaire de Chine : costumes, textiles, broderies, ustensiles en métal, sculptures et poteries. Cependant, compte tenu de l'extrême diversité ethnique de la Chine – pas moins de 55 groupes reconnus officiellement –, seuls les plus importants en nombre (Ouïgours, Mongols, Tibétains, Zhuangs et Mandchous) et, à l'opposé, les plus rares (Hanis, Miaos, Bais, Naxis) sont représentés dans cette galerie. ∎

Enfin, la troisième galerie permet de découvrir de beaux spécimens de **sceaux chinois** (*yin*), allant de la dynastie Zhou à celle des Qing (environ 700 av. J.-C. jusqu'à 1911 de notre ère). Le musée en possède plus de 10 000 mais, limité par les contraintes d'espace, n'en expose jamais plus de 500 à la fois.

TROISIÈME ÉTAGE

Quatre galeries se partagent le troisième et dernier étage du musée. La première est celle des **jades anciens**, une pierre à laquelle la civilisation chinoise a

Autres sites à visiter

CENTRAL PLAZA

Parmi les plus prestigieux de Shanghai, cet immeuble de bureaux de 25 étages, tout de verre et d'acier étincelants, se dresse à l'extrémité ouest de Renmin Gongyuan. Si ce n'est par sa taille, le Central Plaza (Zhongqu Guangchang) est facile à repérer par son architecture. Deux énormes arcs-boutants enserrent les flancs de la façade principale de ce monolithe conçu par Ling Chang et associés et achevé en 1998. Ses différents bars et restaurants offrent une vue panoramique sur Renmin Gongyuan et sur le parc de San Jiao *(voir ci-après)*.

✉ 227 Huangpi Beilu (Huangpi Road North) ☎ 3212 0931 🚇 Renmin Place (Renmin Guangchang)

GREAT WORLD (DA SHIJIE)

Da Shijie n'est plus le palais des plaisirs qu'il fut du temps de Du Yuesheng, dit Du les Grandes

L'Allée sanglante

Dans les années 1930, il existait un passage qui menait du fleuve à la concession française. Les Européens le surnommaient l'allée sanglante. Cette ruelle, depuis balayée par la vague de modernisation, était le symbole même de la décadence de Shanghai. Véritable coupe-gorge, elle fourmillait de maisons closes et de bars louches fréquentés par des marins en quête de sensations fortes.

Ralph Shaw, un Anglais écrivit que dans cette allée grouillait « une armée de Chinoises, de Coréennes, d'Annamites, de Russes, de Philippines et de femmes venues de Formose », qui battaient le pavé à l'affût de proies : « Écossais en kilt, solides marins américains, matelots arrivés de Liverpool sur des navires interlopes et grenadiers français. » Tous ces hommes, ajoutait Shaw, « n'avaient d'oreille que pour les filles qui s'accrochaient à eux dans la pénombre des alcôves de dancings ».

L'allée sanglante portait bien son nom. Mais depuis, la ville a mis un point d'honneur à se refaire une vertu. En effet, vous y chercherez longtemps aujourd'hui un tel lieu « voué, nuit après nuit, à la beuverie, aux femmes, aux paillardises et à la luxure ». ∎

Oreilles, le parrain de la mafia chinoise *(voir pp. 78-79)*. L'ancienne maison close a conservé sa structure qui la faisait ressembler à une grosse pièce montée, mais ses activités n'ont plus rien de licencieux. Aujourd'hui, le Da Shijie offre des prestations honorables, parmi lesquelles des spectacles d'acrobaties, des jeux vidéo, un espace restauration ainsi qu'un hall d'exposition voué au *Guinness des records*. Le lieu n'est pas aussi haut en couleur qu'à l'époque où les prostituées le hantaient mais, maintenant que plus aucun joueur malchanceux ne se jette du toit, l'ambiance est plus sereine.

✉ 1 Xizang Nanlu (Tibet Road South) ☎ 6326 3760 🚇 Renmin Guangchang ⏰ 9h30-18h30 💰 €-€€€€ selon l'activité

PARC DE SAN JIAO (SANJIAO GONGYUAN)

À l'extrémité ouest de Renmin Gongyuan, ce parc est avant tout un havre de paix. Comme c'est souvent le cas en Chine, les personnes âgées et les retraités sont dispensés de la somme modique demandée à l'entrée. C'est pourquoi beaucoup d'entre eux, surtout des hommes, se retrouvent ici pour comparer les mérites respectifs des oiseaux chanteurs. Ils les transportent amoureusement dans de jolies cages en bois, qu'ils suspendent aux branches des arbres pendant qu'ils échangent des souvenirs ou lisent les journaux.

✉ Près de Renmin Gongyuan/Renmin Guangchang ⏰ Ouvert de l'aube au crépuscule 💰 €

SHANGHAI YINYUE TING

Construite dans les années 1930, le Concert Hall de Shanghai (Shanghai Yinyue Ting) était si important que les autorités décidèrent de l'épargner quand le quartier fut remodelé vers 1990. Grâce au génie civil, il fut soulevé et déplacé de 67 m vers le sud. Cette transplantation n'a en rien affecté sa formidable acoustique, dont la pureté attire Isaac Stern, Yo-Yo Ma, l'Orchestre de chambre de Philadelphie et le Philharmonique de Hong Kong.

✉ 523 Yan'an Donglu (Yan'an Road East) ☎ 6386 5772 ⏰ 9h-17h30 (guichet) 💰 €-€€€€ selon les représentations 🚇 Renmin Guangchang ∎

Nanshi est le quartier le plus vieux et le plus chinois de Shanghai. Ses ruelles et ses marchés ainsi que la présence des jardins Yu et des lieux de culte des trois religions anciennes contribuent à maintenir la tradition.

Nanshi : la vieille ville

Les paisibles jardins Yu, où nature, horticulture et architecture se conjuguent en une belle harmonie.

Une fleuriste colporte sa marchandise dans les rues de Nanshi.

Nanshi: la vieille ville

NANSHI CONTRASTE BEAUCOUP AVEC L'ANCIEN QUARTIER COLONIAL DE HUANGPU ET l'ultramoderne Pudong. Ses principaux attraits sont Fangbang Zhonglu, la rue principale soigneusement restaurée, les traditionnels jardins Yu (Yu Yuan) et le bazar de Yu Yuan attenant, les temples confucéens et bouddhiques et les surprenantes mosquées de la minorité musulmane Hui.

Nanshi évolue rapidement, mais la plupart de ses habitants vous diront que c'est dans le bon sens. Si le quartier peut faire penser à un parc thématique consacré à la dynastie Ming ou Qing, du moins est-il devenu propre, sûr et prospère. En outre, malgré l'augmentation exponentielle des prix de l'immobilier, il est probable qu'il conservera son charme d'autrefois. La population locale commence à prendre conscience de la valeur de son patrimoine non seulement à cause des devises qu'y apportent les touristes, mais aussi du fait de son intérêt culturel, historique et social auprès des Shanghaiens du XXIᵉ siècle.

Le nom de Nanshi signifie « ville méridionale », mais à Shanghai, il est synonyme de vieille ville. Nanshi était jadis une cité protégée par des murs d'enceinte, dont l'ancien tracé délimite aujourd'hui le périphérique –

Renmin Lu au nord et Zhonghua Lu au sud – qui encercle la vieille ville.

Le premier mur fut construit en 1553, du temps de la dynastie Ming. À cette époque, le village de pêcheurs du comté de Songjiang était déjà devenu un port assez grand et assez riche pour faire obstacle aux pirates japonais, ou *wako*, qui dévastaient la côte chinoise depuis 1350. Les remparts assurèrent à la ville de Shanghai une protection remarquable pendant les 289 années qui allaient suivre, mais elles furent sans grand effet contre les assauts des troupes britanniques, qui en vinrent à bout en une seule journée de juin 1842. L'impérialisme occidental entraîna une migration du centre de Shanghai vers le Bund, au nord-est, marquant le déclin de Nanshi. Les Européens ne se préoccupèrent guère de la vieille ville, mais leur artillerie empêcha néanmoins les armées de Taiping de l'assaillir en 1860, en protégeant les murs d'enceinte de 4,8 km de long et 8 m de haut. Ceux-ci furent détruits lors de la modernisation de la ville en 1913-1914.

Les récits de l'époque indiquent que les étrangers voyaient en Nanshi un lieu sale et dangereux, bastion des révolutionnaires anti-Qing et des malfaiteurs de tout acabit. Que de changements en quelques décennies ! Aujourd'hui, on accède à Nanshi par Henan Nanlu, qui croise Renmin Lu à l'endroit où s'élevait la vieille porte nord. Au-delà, Fangbang Zhonglu, jadis un canal insalubre, a été comblée pour devenir une artère animée au cœur de la vieille ville. Vous y

goûterez une délicieuse cuisine locale et trouverez quantité d'objets souvenirs des époques impériale et révolutionnaire. Arrêtez-vous sous l'avant-toit en pagode d'un magasin traditionnel de Fangbang Zhonglu et regardez en direction de l'est : en regardant scintiller au loin les tours de verre et d'acier de Pudong, vous aurez la sensation que le passé et le présent se télescopent.

Le long de Fangbang Zhonglu, à l'est et au nord, autour des traditionnels jardins Yu (Yu Yuan), les vieux bazars ont été restaurés, voire recréés de toutes pièces. Si vous ne craignez pas la foule, vous pouvez aussi visiter la célèbre maison de thé (Huxinting Chashi), construite au milieu d'un petit lac artificiel. ■

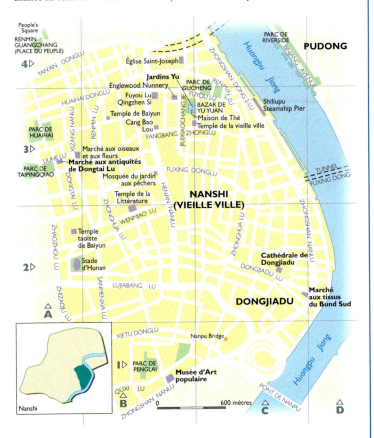

Dans Fangbang Zhonglu, vous trouverez des sacs et vêtements brodés et des reproductions d'affiches des années 1930.

Fangbang Zhonglu et ses alentours

EN PARTANT DE HENAN NANLU EN DIRECTION DE L'EST, FANGBANG Zhonglu mène aux jardins Yu, aux bazars, aux restaurants et aux temples de la vieille ville réhabilitée.

Fangbang Zhonglu
Plan p. 93, B3-C3

Cang Bao Lou
✉ 457 Fangbang Zhonglu
🕐 5h-17h30

La partie de Fangbang Zhonglu qui est située à l'ouest du carrefour avec

Théière de Yixing

La ville de Yixing, à 192 km au nord-ouest de Shanghai, est connue depuis l'époque des Song (960-1279) pour son argile violette appelée *zishayao*. Elle sert à confectionner des théières réputées dans toute la Chine pour leur capacité à retenir et à restituer l'arôme de chacun des thés qui sont préparés dans ses récipients. En effet, à en croire la légende, une théière de Yixing bien culottée peut donner un breuvage délicieux sans que l'on y ajoute de feuilles de thé.

N'étant pas émaillées, ces théières présentent une surface rugueuse aussi bien à l'intérieur qu'à l'extérieur. Autrefois, chacun transportait sa théière pour son propre usage, d'où sa petite taille. N'oubliez pas les bols assortis et le coffret pour compléter l'ensemble. ∎

Jiuxiaochang Jie a été rénovée et rebaptisée Lao Jie (vieille rue). On y accède par une arche de style traditionnel, mais récente. Vous trouverez dans cette zone, devenue piétonnière, des souvenirs et des reproductions d'antiquités d'une qualité honorable.

Commencez par ici si vous cherchez ce type d'objets : attirail du fumeur d'opium ou pots en porcelaine bleue et blanche de Jingdezhen, copiés de ceux de la dynastie Qing ; portraits idéalisés des beautés shanghaiennes qui figuraient sur les calendriers des années 1930 ; livres du président Mao, badges à son effigie ou affiches de propagande de la Révolution culturelle. L'ambiance est bon enfant et il est amusant de voir une foule de Chinois aisés redécouvrir tant de témoignages de leur passé réunis en un lieu. Les fans de shopping iront à **Cang Bao Lou**. Ce marché – qui fournit une grande partie des magasins de souvenirs et d'antiquités de Fangbang Zhonglu – offre un choix fabuleux. Marchandez (c'est la règle du jeu) et vous ferez de bonnes affaires. ∎

Le bazar de Yu Yuan
et la maison de thé

UNE FOULE TRÉPIDANTE SE PRESSE DANS LE BAZAR DE YU YUAN (YU YUAN Shangchen), manifestement décidée à poursuivre ses courses jusqu'à l'épuisement. Du nom des célèbres jardins Yu voisins, ce marché, reconstruit dans le style ming, est très apprécié des habitants du quartier. Il regroupe des magasins en tous genres, ainsi qu'un centre commercial vendant des produits artisanaux chinois : remèdes traditionnels, baguettes chinoises et soieries, parasols, parapluies et cannes, meubles en rotin et en bambou, céramiques et poteries (dont les théières de Yixing ; *voir encadré ci-contre*). Signe des temps, un café Starbucks y a aussi ouvert ses portes.

Bazar de Yu Yuan
(Yu Yuan Shangchen)
Plan p. 93, B3

**Huxinting
Chashi**
✉ 257 Yu Yuan Lu
🕐 8h30-22h

Si Starbucks n'est pas votre tasse de thé, c'est à **Huxinting Chashi** (littéralement, le pavillon de thé au milieu du lac) qu'il vous faut aller. Trônant au centre d'un lac artificiel situé entre le bazar de Yu Yuan et les jardins clos qui le jouxtent, cette construction vieille de plus de quatre siècles n'a été transformée en maison de thé qu'en 1855. Avant de devenir une entreprise à part entière, elle dépendait des jardins de la dynastie Ming. Pour l'atteindre, on doit traverser le lac en empruntant une chaussée de pierre formant un parcours à angles droits (**Jiu Qu Qiao**, ou pont aux Neuf Détours). Cette approche en zigzag n'est pas conçue pour vous décourager, mais pour confondre les mauvais esprits et les fantômes malveillants, qui, bien sûr, ne peuvent avancer qu'en ligne droite.

La maison de thé de Huxinting est généralement comble. Comme vous, les autres clients ont été séduits par son architecture classique, ses avant-toits en pagode et ses motifs géométriques traditionnels. Le pavillon n'est pas construit sur une île mais repose sur des piliers en pierre émergeant du lac. De grosses carpes dorées frétillent dans l'eau et affleurent la surface pour attraper de la nourriture vendue sur place, que le public leur jette par poignées.

Ce n'est pas l'endroit meilleur marché de Shanghai pour boire un thé, mais c'est sans conteste le plus réputé. Sachant que la reine Elisabeth II, Jimmy Carter, Bill Clinton et Gerhard Schröder y ont fait une halte, vous jugerez peut-être que cela en vaut la peine. Du premier étage, on peut apprécier la vue sur les saules et les étangs des ravissants jardins Yu tout proches. Le thé est accompagné de petits en-cas (*xiaochi*) offerts par la maison. Au dernier étage, des musiciens jouent de la musique traditionnelle, du vendredi au dimanche à partir de 18h30 et le lundi de 14h à 17h. ■

Rutilante, la maison de thé (Huxingting Chashi) invite les promeneurs à venir se désaltérer et se délasser.

Promenade dans la vieille ville

Le circuit qui traverse le nord et le centre de Nanshi est un enchantement. Le cœur de la vieille ville a été tellement restauré et reconstruit qu'il n'en reste plus rien d'ancien, et pourtant le quartier a su conserver une incroyable authenticité. C'est aussi l'endroit où vous goûterez la meilleure cuisine de la ville à des prix très abordables.

Partez du bazar de **Yu Yuan** ❶ (qui sera aussi votre point d'arrivée, *voir p. 95*). Si vous prenez un taxi pour vous y rendre, le chauffeur comprendra où vous voulez aller même si votre chinois est des plus rudimentaire. Suivez Fangbang Zhonglu en direction de l'ouest, en vous arrêtant en chemin pour regarder les produits que vendent les magasins et les éventaires le long de **Lao Jie** (vieille rue). L'architecture ming restaurée est pratiquement aussi ancienne que la place du Peuple, mais peu importe : rien n'est plus authentique à Nanshi que Lao Jie.

À l'entrée ouest de Lao Jie, près du marché de **Cang Bao Lou** ❷, tournez à droite dans Henan Nanlu et parcourez environ 135 m vers le nord jusqu'au croisement entre Dajing Lu et Zihua Lu. Prenez maintenant à gauche (ouest) dans Dajing Lu. Sur les quelque 300 m qui vous conduiront jusqu'au **temple Baiyun** (Baiyun Guan, *voir p. 99*) ❸, vous traverserez un secteur connu autrefois pour ses fumeries d'opium.

Après la visite de Baiyun Guan, l'un des plus beaux temples taoïstes de Shanghai, poursuivez encore un peu jusqu'à atteindre Renmin Lu. Là, vous vous trouvez à peu près à l'emplacement de la porte ouest de la vieille ville (Lao Ximen), dont il ne subsiste aucune trace. En revanche, juste au nord, se dresse la **tour Dajing** (Dajing Ge, *269 Dajing Lu, €, ouvert 9h-16h*), le seul véritable vestige du mur d'enceinte de la vieille ville (*voir p. 27*). Ce petit pavillon datant de 1815 expose des photographies anciennes de Nanshi et une maquette de la vieille ville telle qu'elle était à l'origine (*les commentaires sont uniquement en chinois*).

Prenez **Renmin Lu** vers le sud : vous remarquerez à votre gauche les arches de pierre ou *shikumen* (*voir pp. 20 et 100-101*) qui mènent à d'étroites ruelles bordées de maisons traditionnelles chinoises, dont l'architecture est en voie de disparition dans la partie moderne de Shanghai. Renmin Lu devient bientôt Zhonghua Lu et, au-dessus des toits rouges des dernières habitations *shikumen*, se profilent la toiture en

Des cuisiniers préparent des raviolis *xiao long bao* et des *dim sun* dans un restaurant de Nanshi.

0   300 mètres

Marché aux antiquités
du dimanche matin

PARC DE
GUCHENG

HENAN NANLU

Fuyou Lu
Qingzheng Si

Marché
de la vieille ville

BAZAR DE
YU YUAN

Maison de Thé

départ

Tour de
Dajing

Temple
de Baiyun

ZIHUA LU

1

DAJING LU

**Cang Bao
Lou**

2

Chenghuang
Miao

RENMIN LU

LAO JIE

(VIEILLE RUE)

FANGBANG ZHONGLU

GUANGQI LU

Théâtre
Zhongua

**NANSHI
(vieille ville)**

Mosquée
du jardin
aux pêchers

5

XUEYUAN LU

SANPAILOU LU

FUXING DONGLU

WANGYUN LU

ZHONGHUA LU

MEHGHUA JIE

Temple de
Wen Miao

4

WENMIAO LU

HENAN NANLU

NINGHE LU

GUANGQI NANLU

Marché aux livres
de Wenmiao

PENGLAI LU

DAJING JIE

Voir plan p. 93
Bazar de Yu Yuan
4 km
2 à 3 heures
Bazar de Yu Yuan

À NE PAS MANQUER
- Lao Jie
- Temple de Baiyun
- Wen Miao

tuiles grises et les têtes de dragon ornementales de **Wen Miao** (temple de la littérature) **4** (*ouvert 9h-16h30, €*), le temple confucéen le plus vénérable de la ville. Entrez par la porte de derrière, qui donne dans Menghua Jie. Pour y accéder, vous devrez vous frayer un passage entre les éventaires du **marché aux livres de Wen Miao**.

Du temple, poursuivez dans Wen Miao Lu jusqu'à l'intersection avec Henan Nanlu, puis tournez à gauche (vers le nord). Passé le n° 52, vous verrez la **mosquée du Jardin aux pêchers** (Xiataoyuan Qingzhen Si) **5**. Elle est ouverte à tous sauf à l'heure de la prière. Celle-ci vous sera indiquée par l'appel du muezzin et les rangées régulières de musulmans Hui prosternés vers l'ouest, en direction de La Mecque.

Continuez le long de Henan Nanlu vers le nord jusqu'au croisement avec Fangbang Zhonglu. Tournez à droite pour revenir sur vos pas dans Lao Jie, en vous arrêtant en chemin pour goûter les *xiao long bao* (*voir encadré p. 165*). Spécialité locale, ces raviolis au porc seront cuits sous vos yeux sur le seuil de nombreux restaurants de Nanshi (bien avant de les voir, vous serez guidés par leur fumet). Parmi eux, le plus connu est le Shanghai Lao Fandian (restaurant du vieux Shanghai), 242 Fuyou Lu. ∎

Les jardins Yu

Dans l'espoir de se voir exaucer, les Chinois enveloppent leurs vœux dans de petits morceaux de tissu rouge et les lancent dans le célèbre arbre à souhaits des jardins Yu.

Jardins Yu
(Yu Yuan)
- Plan p. 93, B3
- 218 Anren Jie
- 8h-17h30
- €

À L'EST DE LA MAISON DE THÉ (HUXINTING CHASHI), ATTENANTE AU bazar de Yu Yuan, les jardins Yu (Yu Yuan) sont un parfait exemple de jardin chinois classique de style Suzhou (*voir pp. 212-213*).

Créés par un dignitaire ming en 1559, les Yu Yuan (Jardins délassants) ont nécessité près de deux décennies de travaux. Ils ont subi de nombreux dommages au fil des siècles, notamment de la part des troupes britanniques (1842), françaises (1853) et japonaises (1942). Restaurés entre 1956 et 1961, ils ont retrouvé leur splendeur d'antan.

Comme la plupart des jardins de style Suzhou, les Yu Yan sont classiques et conventionnels. Ils donnent une illusion d'espace alors qu'ils sont en réalité assez petits – et toujours pleins les weekends et les jours fériés. Ils s'étendent sur un terrain de 2 ha entouré d'un mur en haut duquel ondule un dragon à quatre griffes (les dragons à cinq griffes étant réservés à l'empereur) et comportent six secteurs paysagés et 30 pavillons, reliés entre eux par des sentiers et des ponts extravagants.

L'idée de départ était de recréer un monde miniature, avec des montagnes, des vallées, des lacs, des forêts et des grottes. Les jardins Yu avaient également pour fonction d'offrir à leurs propriétaires – leur fondateur, Pan Yunduan, son père âgé et d'autres membres de sa famille – un havre de paix et de sérénité, en apparence loin, mais en réalité tout proche, des machinations du gouvernement.

La **grande rocaille** (*Dajiashan*), un «massif montagneux» de plus de 12 m de haut en pierres de Huangshi, transporté de Hubei à l'époque Ming, a été conçue pour évoquer les sommets calcaires de la Chine du Sud. L'**exquis rocher de Jade** (*Yulinglong*) aurait été acquis par la famille Pan quand le bateau qui devait le livrer à la cour impériale à Pékin fit naufrage près de Shanghai.

Il est intéressant de se rendre jusqu'à la **tour des Mille Fleurs** (*Wanhua Lou*) et aussi au **pavillon de l'Annonce du printemps** (*Dianchun Tang*). De 1853 à 1855, au cours de la Grande Révolte des Taiping, le second bâtiment abrita le quartier général de la Société des petites épées, qui cherchait à renverser l'empereur de la dynastie Qing. ■

Les temples de Nanshi

LE QUARTIER LE PLUS ANCIEN ET LE PLUS TRADITIONNEL DE SHANGHAI, Nanshi, possède un grand nombre de temples. Dans la vieille ville, les principaux cultes chinois – bouddhisme, taoïsme et confucianisme – sont largement représentés.

Temple Baiyun
(Baiyun Guan)
Plan p. 93, A2 et p. 97
239 Dajing Lu
9h-17h
€

Au nord-ouest de Nanshi, le **temple Baiyun** abrite le siège de l'association taoïste de Shanghai. Le moine taoïste Xi Zicheng quitta le temple du Nuage Blanc (Baiyun Guan) de Pékin, le centre du taoïsme en Chine. Il arriva au temple de l'Ancêtre du Tonnerre (Leizu Guan), à Nanshi, en 1882. Six ans plus tard, il fit venir les 8 000 écritures saintes taoïstes de Pékin à Shangai ; en l'honneur de l'événement, le temple Leizu fut rebaptisé Baiyun.

Constitué de trois salles, le temple Baiyun est dédié à sept divinités taoïstes, dont la plus importante est l'Empereur de jade (*Yuhuang Dadi*). Les Gardes rouges saccagèrent le temple lors de la Révolution culturelle mais, depuis, il a été magnifiquement restauré.

Le centre local du bouddhisme est situé plus à l'est, au couvent de **Chenxiangge An** (couvent du Bois aux aigles, *29 Chenxiangge Lu, €*), près du bazar de Yu Yuan. Ce petit temple ocre abrite plusieurs effigies impressionnantes de Bouddha, 348 figurines représentant ses disciples, et une communauté de 40 religieuses en habit marron.

Non loin de là, taoïsme et bouddhisme se rejoignent dans le **temple du Dieu de la ville** (*Chenghuang Miao*), consacré à Huo Guang, général de la dynastie Han, et au dieu Qin Yubo, le saint patron de Shanghai. Érigé à cet endroit au cours du règne de l'empereur Yongle (1403-1425), ce majestueux édifice fut transformé en usine pendant la Révolution culturelle mais il a également été restauré depuis.

Le confucianisme, le troisième des *san jiao* (trois enseignements) chinois encore en vigueur aujourd'hui, est représenté par le **temple de la Littérature** (Wen Miao), ceint

Une statue de Confucius sous l'auvent du temple Wen Miao de Nanshi.

par un mur jaune vif, au sud-ouest de la vieille ville. Wen Miao, comme beaucoup d'autres temples confucéens en Chine, est relativement peu fréquenté, le confucianisme n'ayant pas connu le même renouveau que le bouddhisme et le taoïsme au cours des 30 dernières années. Cependant, il est plus animé en juillet, le mois des inscriptions aux universités ; les étudiants et les parents angoissés viennent alors invoquer « maître Kong » (Confucius) afin qu'il leur accorde le succès aux examens d'entrée. ■

Temple du Dieu de la ville
(Chenghuang Miao)
Plan p. 93, B3
249 Fangbang Zhonglu
8h30-17h
€

Temple de la Littérature
Plan p. 93, B2
215 Wenmiao Lu
9h-16h30
€

L'architecture *shikumen* : déclin d'une tradition

Il n'y a pas si longtemps, le fleuron de l'architecture shanghaienne était un style appelé *shikumen*. Ce mot désigne les arches en pierre par lesquelles on accédait à ces habitations. Aussi représentatives de Shanghai que les venelles et les *hutong* l'étaient de Pékin, ces maisons se font de plus en plus rares. À l'exception de quelques enclaves restaurées, comme celles du quartier chic de Xintiandi (*voir pp. 116-117*), elles pourraient bientôt n'être plus qu'un souvenir.

Les *shikumen* doivent leur essor aux relations étroites que la ville entretenait avec les Occidentaux par le biais des concessions étrangères. Mélange de styles chinois et européens, l'habitat *shikumen* est aligné le long de ruelles étroites appelées *longtang*, auxquelles on accède par des arches de pierre stylisées, les *shikumen*, qui ont donné leur nom à ce style. Ces maisons, qui firent leur apparition à Shanghai vers 1860, abritaient 80 % de la population à la fin des années 1930. Ce pourcentage s'est depuis considérablement réduit et la tendance n'est pas près de s'inverser de nouveau étant donné la hausse vertigineuse des prix du terrain et la demande croissante d'une population qui s'enrichit peu à peu pour des logements plus confortables et plus modernes.

Les habitations chinoises traditionnelles (dont les *hutong* de Pékin sont l'archétype) sont construites autour d'une cour, où les familles peuvent se détendre, cultiver de petits jardins et suspendre leurs cages à serins. Les *shikumen* sont en quelque sorte un compromis entre le respect de ces traditions et les contraintes d'espace qui s'imposaient à Shanghai au XIXᵉ siècle : les cours, minuscules, apportent une bouffée d'air à ces logements mais n'autorisent guère que la culture de quelques plantes en pot.

Au début du XXᵉ siècle, même si beaucoup de gens s'y entassaient, ces maisons basses ne suffirent plus à contenir une population en augmentation constante. Elles furent alors divisées puis subdivisées, jusqu'à ce qu'il n'y eût plus d'autre recours que de construire en hauteur. (Certains Chinois vous diront que ce qui a précipité le déclin du style *shikumen* est la passion que les Shanghaiens vouent au changement, et il est vrai que les nouvelles tendances et idées sont adoptées ici avec un engouement inégalé ailleurs.) Quel qu'en ait été exactement le moteur, l'avènement de l'économie de marché, dans les années 1990, allait

signer la fin de l'habitat *shikumen*. Rares sont les Shanghaiens qui vivent encore dans ces maisons. Les *longtang* ont quasiment disparu ; les venelles ont fait place à de grands immeubles, et la plupart des Shanghaiens habitent un appartement dans une tour. Les vrais riches, quant à eux, émigrent en banlieue, dans des ersatz de résidences Tudor ou autres châteaux français. Quelques pâtés de maisons *shikumen* subsistent encore, notamment à Xintiandi et à Huaihai, mais la valeur de ces demeures restaurées ou entièrement reconstruites atteint des sommes astronomiques. La plupart ont été converties en clubs, restaurants et boutiques de luxe.

À Shanghai, il est fréquent que des édifices archaïques et voués à la démolition redeviennent chics et dignes de sauvegarde. Cette dynamique permettra sûrement la préservation des dernières maisons *shikumen*. Elle pourrait même encourager les architectes à incorporer dans leurs créations des éléments de ce style. ■

Les habitants de rares *shikumen* subsistant à Shanghai se réunissent dans leur venelle pour jouer aux cartes.

Les mosquées de Nanshi

Fuyou Lu
Qingzhen Si

Plan p. 93, B3
et p. 97

378 Fuyou Lu

8h-19h

LE FAIT EST PEUT-ÊTRE PEU CONNU HORS DE CHINE, MAIS LES MUSULMANS ont gardé une forte présence dans l'empire du Milieu depuis leur arrivée par la mer (et, plus tard, le long de la route de la Soie) au VIIᵉ siècle. Parce que l'islam a été introduit par le négoce plutôt que par les conquêtes guerrières, ses adeptes se sont regroupés autour des grands centres marchands, ce que Shanghai ne devint vraiment qu'au milieu du XIXᵉ siècle. C'est pourquoi l'islam s'y implanta beaucoup plus tard qu'à Xian, à Guangzhou et à Pékin. Aujourd'hui, cette communauté continue de se développer, surtout à Nanshi, où se situent les deux plus vieilles mosquées de la ville.

À Nanshi, ces musulmans Hui se retrouvent après la prière pour échanger quelques mots.

Mosquée du Jardin aux pêchers

(Xiaotaoyuan Qingzhen Si)

Plan p. 93, B3
et p. 97

2 Xiaotaoyuan Lu

8h-19h

Les musulmans Hui de Shanghai

Parmi les 55 minorités nationales officiellement reconnues en Chine, pas moins de 10 sont musulmanes mais seul un groupe, les Hui, parle chinois. Le dernier recensement, en 2000, dénombre 9,8 millions de Hui répartis sur l'ensemble des provinces de Chine.

Les musulmans Hui de Shanghai constituent une minorité peu nombreuse mais clairement définie. Ils se distinguent notamment par leur apparence (calot et barbe pour les hommes, mais pas de voile pour les femmes), par leurs lieux de culte (les mosquées dites *qingzhen Si*, ou « temples de la pure vérité ») et par leurs restaurants *qingzhen* (*halal*), très fréquentés. ∎

La plus ancienne mosquée de Nanshi, datant de 1853, est celle de **Fuyou Lu Qingzhen Si**, construite par les marchands Hui (*voir encadré ci-dessous*) qui s'établirent à Nanshi dans le sillage de la concession française. Accueillants et amicaux, les Hui de Chine cohabitèrent paisiblement avec les bouddhistes et les taoïstes pendant plus d'un millénaire. Ils sont connus pour leur sens des affaires et leur cuisine spécifique.

L'entrée de la mosquée est gratuite, mais il est impératif de s'habiller correctement (pas de short ni de robe courte, ni de bras nus, et ne pas oublier de se déchausser) et, par politesse, il vaut mieux éviter l'heure de la prière, qui a lieu cinq fois par jour. L'architecture hybride de la mosquée, où fusionnent le Moyen-Orient et l'Europe, est remarquable, de même que le spectacle inattendu des fidèles du prophète Mahomet, barbus et coiffés d'un calot blanc, à des milliers de kilomètres de La Mecque.

La seconde mosquée de Nanshi, qui porte le joli nom de **Jardin aux pêchers** (*Xiaotaoyuan Qinzhen Si*) fut fondée en 1917 par le Conseil des musulmans de Shanghai. Huit ans plus tard, elle fut reconstruite dans un style où les fenêtres rondes de style Art déco se mêlent à l'architecture traditionnelle occidentale, islamique et chinoise. ∎

Le marché aux antiquités
de Dongtai Lu

CE FASCINANT BAZAR QUI PROPOSE DES ANTIQUITÉS, SITUÉ À QUELQUES PAS à l'ouest de Renmin Lu et de l'ancienne enceinte de la vieille ville, complétera votre découverte de Nanshi. Ses échoppes et ses nombreux magasins vous offriront de quoi chiner tout un après-midi.

Toutefois, n'espérez pas trop : vos chances de découvrir de véritables antiquités sont faibles. Il n'est pas impossible de dénicher quelques pièces authentiques, mais elles se font de plus en plus rares. La plupart des objets en vente – bric-à-brac ou souvenirs de la Révolution –, sont les mêmes reproductions que vous pourrez trouver dans Fangbang Zhonglu (*voir p. 94*). Cependant, vu la taille du marché, le choix est beaucoup plus large ici.

Fouillez sous les incontournables reliques de Mao et les calendriers illustrés de beautés des années 1930 pour dénicher ces chaussures minuscules et brodées que portaient autrefois les Chinoises aux pieds bandés. Vous trouverez aussi des *tanka* tibétains et de belles peintures. Choisissez-les de préférence en rouleau, plus faciles à transporter qu'un buste de Mao.

Sur le côté est de Dongtai Lu, vous verrez le **marché aux oiseaux et aux fleurs** (Wanshang Niao Hua Shichang). Les Shanghaiens viennent y acheter des animaux, non seulement des chiots et des chatons mais aussi, plus insolites, des criquets musicaux dans leur cage artisanale, compagnons de prédilection des hommes âgés à Shanghai depuis des siècles. ∎

Marché aux antiquités de Dongtai Lu
(Dongtai Lu Guwan Shihchang)
🅜 Plan p. 93, A3
✉ Carrefour de Dongtai Lu et Liuhe Lu
🕐 10h-17h

Marché aux fleurs et aux oiseaux
(Wanshang Niao Hua Shichang)
🅜 Plan p. 93, A3
🕐 7h-19h

Lin Biao, Mao Zedong et Jiang Qing, son épouse, applaudissant lors d'un meeting politique, quand la Révolution culturelle battait son plein en 1967.

Mme Mao et la Bande des quatre

Jiang Qing (1917-1991), quatrième épouse du président Mao Zedong, était le pivot de la Bande des quatre, ces dirigeants communistes investis de la mission de purger le Parti de ses bureaucrates véreux et de donner un souffle nouveau à la Révolution. Au lieu de quoi, la grande Révolution culturelle (1966-1976) saccagea l'économie chinoise et fut responsable de la mort d'un demi-million d'individus. En 1966, sous les ordres de son mari et en accord avec le vice-président Lin Biao (1907-1971), Mme Mao s'allia à trois durs du Parti et fit de Shanghai son bastion ; malgré le pouvoir qu'elle exerça et à cause du chaos qui s'ensuivit, elle ne parvint jamais à gagner la confiance de la ville ni celle de la nation. La mort de Mao Zedong en 1976 mit un terme à la Révolution culturelle et à ses abus. La Bande des quatre fut arrêtée et Mme Mao condamnée à mort (cependant sa peine fut commuée en réclusion à perpétuité). Son flirt avec le pouvoir s'acheva : la veuve du Grand Timonier se suicida dans les sanitaires de sa prison en 1991. ∎

Autres sites à visiter

CATHÉDRALE DE DONGJIADU

La cathédrale de Dongjiadu (Dongjiadu Tianzhutang) est l'un des rares édifices présentant un intérêt architectural au sud-ouest de Nanshi. Ce quartier d'immeubles construits par le gouvernement est dans l'ensemble dénuée de charme. Toutefois, si vous avez l'occasion d'y passer, par exemple pour vous rendre au marché aux tissus du Bund sud (*voir plus bas*), la cathédrale catholique surmontée de deux flèches qui s'y niche mérite d'être visitée. Construite en 1853 par des jésuites espagnols dans un style baroque séduisant, elle est dotée de quatre toits d'argile en arcade et de huit colonnes. La cathédrale est un lieu de culte, où la messe du dimanche est célébrée à 7h30.

🅰 Plan p. 93, C2 ✉ 185 Dongjiadu Lu
☎ 6378 7214 🚇 Zhongshan Nanlu ;
bus 65 et 305

MUSÉE D'ART POPULAIRE

Le musée d'Art populaire (Minjian Shoucangpin Chenlieguan) est l'un des musées les plus farfelus de la ville. Si vous êtes aux alentours, visitez-le. Les objets exposés sont pour le moins éclectiques et, pour certains, on peut se demander s'ils méritent vraiment d'êtres érigés au rang d'art populaire. Les minuscules chaussures brodées des femmes aux pieds bandés (le summum de la perfection étant le « lotus d'or ») y ont leur place, mais les collections de papillons ou d'étiquettes de paquets de cigarettes des années 1930 vous laisseront peut-être perplexe. Cependant, la présentation est soignée et le bâtiment lui-même – qui abritait une ancienne salle communautaire construite en 1909 par des marchands de la province de Fujian – offre un bel exemple de l'architecture traditionnelle. Les toits en pagode reposent sur des poutres sculptées, les chevrons sont peints de couleurs vives et la scène est ornée de remarquables motifs ouvragés.

🅰 Plan p. 93, B1 ✉ 1551 Zhongshan Nanlu
☎ 6313 5582 🕐 9h-16h 🅴 €
🚇 Zhongshan Nanlu

PONT NANPU

Construit en 1991, le pont Nanpu (Nanpu Daqiao) est l'un des emblèmes de la nouvelle ville de Shanghai. Ce pont suspendu d'une longueur de 3 920 m fut le premier à franchir le Huangpu Jiang pour relier le quartier de Huangpu, sur la rive ouest, à Pudong, sur la rive est. On accède à cet ouvrage d'art, admirable à tous égards, à la fois de Zhongshan Nanlu et de Lujiabang Lu, sur la rive ouest, par un gigantesque échangeur en spirale.

Un ascenseur vous amènera en quelques secondes à un belvédère au sommet de la tour ouest, d'où vous jouirez d'une vue incomparable sur la ville et sur les eaux très fréquentées du Huangpu Jiang. Si incroyable que cela puisse paraître, à l'époque (récente) où le pont fut construit, la rive n'était pour l'essentiel qu'un vaste terrain marécageux accessible uniquement par ferry. Aujourd'hui, au contraire, Pudong s'étend sur une superficie supérieure à celle de Puxi, et son horizon est hérissé de tours étincelantes et d'une armée de grues d'une taille vertigineuse. La route à six voies qui franchit le pont pour relier les deux rives enjambe l'impétueux Huangpu Jiang à 46 m de hauteur, laissant passer des navires qui peuvent atteindre pas moins de 55 000 t.

🅰 Plan p. 93, C1 🕐 8h30-16h
🅴 € 🚇 Zhongshan Nanlu

MARCHÉ AUX TISSUS DU BUND SUD

Autrefois appelé Dongjiadu Shichang et situé au croisement de Dongjiadu Lu et de Zhongshan Banlu, le marché aux tissus du Bund sud (Nanwaitan Mianliao Shichang) a été déplacé en 2006 pour s'établir non loin de là, à Lujiabang Lu, dans une halle climatisée de 9 300 m² répartis sur trois niveaux. Il demeure le plus connu des marchés textiles de Shanghai et offre un grand assortiment de tissus de toute nature, du coton à la soie en passant par le cachemire, vendus au mètre. Vous y trouverez aussi des produits finis – nappes, serviettes de bain, draps et rideaux – et une profusion d'échoppes de tailleurs qui travaillent à la commande, dans des délais très courts et à des prix étonnamment modiques. Comptez 24 heures pour un costume, une robe *qipao* ou pour *cheongsam*, ou d'autres vêtements sur mesure. ∎

🅰 Plan p. 93, C2 ✉ 399 Lujiabang Lu
🕐 9h30-17h30 🚇 Zhongshan Nanlu ∎

Dans l'ancienne concession française, les quartiers de Fuxing et Huaihai ont conservé un certain charme latin. Vous y trouverez de bons restaurants, des boîtes de nuit, le célèbre quartier piétonnier de Xintiandi ainsi que la bibliothèque historique de Shanghai.

De Fuxing à Huaihai

La pagode de Longhua se dresse au-dessus du temple de Longhua, dans le sud de Shanghai.

De Fuxing à Huaihai

À L'OUEST DE LA VIEILLE VILLE, LA ZONE QUI S'ÉTEND DU PARC DE FUXING AU CENTRE DE Huaihai correspond plus ou moins à l'ancienne concession française. Relié autrefois aux berges du Huangpu Jiang et au quai de France par la rue du Consulat – aujourd'hui Jinling Donglu –, ce secteur entièrement rénové conserve des vestiges de son ambiance française. C'est le quartier chic de Shanghai par excellence, qui, chaque soir après la tombée de la nuit, se remplit de jeunes cadres dynamiques venus s'y divertir.

À l'époque coloniale, la concession française de Shanghai incarnait à la fois tout ce qui faisait le prestige et la mauvaise réputation de cette ville. Pas un personnage illustre ni un scélérat qui n'y ait vécu ou sévi à un moment ou à un autre. Dans la première catégorie, citons Sun Yat-sen (1866-1925), considéré comme le père de la Chine moderne, Song Qingling, sa femme (1893-1981), et Zhou Enlai (1898-1976), premier président de la République populaire de Chine et figure de proue du Parti communiste chinois (PCC). Dans la seconde, les truands sont représentés par Huang Jinrong (1868-1953) et Du Yuesheng (1888-1951) dit Du les Grandes Oreilles (*voir pp. 78-79*).

Le quartier de Fuxing-Huaihai est également associé à d'autres personnalités ayant joué un rôle de premier plan dans la politique chinoise moderne. C'est notamment le cas de Tchang Kaï-chek (1887-1975), dirigeant du parti nationaliste Guomindang (KMT), haï en Chine communiste mais vénéré sur l'île de Taïwan, et du président Mao Zedong (1893-1976), que beaucoup – hormis au PCC, dont la ligne révisionniste le qualifie de « bon à 70 % et mauvais à 30 % » – considèrent aujourd'hui comme un monstre.

Ce quartier a vu aussi s'épanouir la grande majorité, sinon la totalité, des artistes, écrivains et peintres de Shanghai. En même temps, il a drainé proxénètes, prostituées, escrocs et policiers véreux. Autrement dit, pour autant qu'on ait de l'argent – « un billet de retour », comme l'écrivait le célèbre romancier Graham Greene de son ton désabusé –, la vie dans la concession française était aventureuse et palpitante. Et, pour tout dire, elle reste encore aujourd'hui passionnante, même si les lieux sont beaucoup plus sûrs et plus prospères que du temps de la concession.

Le grand axe de ce secteur est Huaihai Zhonglu, la rue qui part de Renmin Lu et du nord-ouest de Nanshi pour aller jusqu'à Hongqiao Lu, au sud-est. En chemin, Huaihai Zhonglu croise le quartier historique qui se déploie autour des parcs de Huaihai

et de Fuxing, le quartier rénové de Xintiandi, très commerçant, et celui, autour de Maoming Lu, qui s'ouvre à la vie nocturne. Après l'intersection avec Changshu Lu, Huaihai Zhonglu longe la résidence de Song Qingling et se pour-

suit jusqu'à l'université de Jiaotong, tandis que Hengshan Lu se dirige vers Xujiahui et le sud de Shanghai, en bordant Caoxi Beilu pour atteindre le temple de Longhua, le plus grand monastère bouddhique de la ville. ■

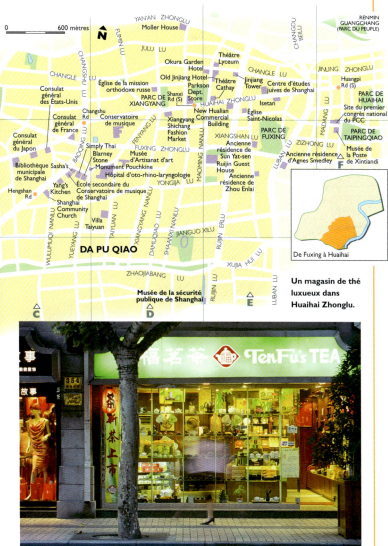

0   600 mètres

N

YAN'AN ZHONGLU

RENMIN GUANGCHANG (PARC DU PEUPLE)

Moller House

FUMIN LU

CHANGDU BEILU

JULU LU

CHANGLE LU

Théâtre Lyceum

Okura Garden Hotel

Old Jinjiang Hotel

Théâtre Cathay

Jinjiang Tower

Centre d'études juives de Shanghai

JINLING ZHONGLU

Huangpi Rd (S)

PARC DE HUAIHAI

Église de la mission orthodoxe russe

Parkson Dept. Store

Shanxi Rd (S)

HUAIHAI ZHONGLU

Isetan

PARC DE XIANGYANG

Consulat général des États-Unis

CHANGSHU LU

New Hualian Commercial Building

Église Saint-Nicolas

Site du premier congrès national du PCC

PARC DE TAIPINGQIAO

Consulat général de France

Changshu Rd

Conservatoire de musique

Xiangyang Shichang Fashion Market

FENYANG LU

MAOMING NANLU

XIANGSHAN LU

PARC DE FUXING

ZIZHONG LU

MADANG LU

Musée de la Poste de Xintiandi

Consulat général du Japon

BAOQING LU

FUXING ZHONGLU

Ancienne résidence de Sun Yat-sen

LUBAN LU

Ancienne résidence d'Agnes Smedley

F

Simply Thai

Blarney Stone

Musée d'Artisanat d'art

Ruijin Guest House

Bibliothèque municipale de Shanghai

Sasha's

Monument Pouchkine

Hôpital d'oto-rhino-laryngologie

YONGJIA LU

Ancienne résidence de Zhou Enlai

Hengshan Rd

Yang's Kitchen

École secondaire du Conservatoire de musique de Shanghai

Shanghai Community Church

YUEYANG LU

Villa Taiyuan

XIANGYANG NANLU

TAIYUAN LU

XIANGYANG NANLU

JIANGUO XILU

WULUMUQI NANLU

DA PU QIAO

DAPUQIAO LU

SHAANXI NANLU

RUIJIN ERLU

ZHAOJIABANG LU

XUJIA HUI LU

RUIJIN LU

LUBAN LU

C

D

Musée de la sécurité publique de Shanghai

E

De Fuxing à Huaihai

Un magasin de thé luxueux dans Huaihai Zhonglu.

Le parc de Fuxing
et ses alentours

Parc de Fuxing
(Fuxing Gongyuan)
🗺 Plan p. 107, E4
🕐 6h-18h

Le bulbe de l'église Saint-Nicolas domine le parc de Fuxing.

LES FRANÇAIS CRÉÈRENT LE PARC FUXING EN 1909 POUR OFFRIR AUX résidents de la concession française un havre de verdure où ils pouvaient se promener et se détendre loin de l'agitation et des désagréments d'autres quartiers. Aujourd'hui encore, le parc attire un large public – jeunes amoureux, joueurs d'échecs et de dames, adeptes du taï-chi, du jogging et même de la danse de salon.

Comme beaucoup de parcs en Chine, celui de Fuxing possède des aires de jeux spécialement aménagées pour les enfants. Depuis quelques années, il est devenu aussi la scène de concerts de rock sur fond de lumière laser. Même si les statues massives de Karl Marx et de Friedrich Engels, qui dominent toujours les jardins, restent de marbre, il est probable que les pères fondateurs du communisme verraient d'un très mauvais œil ce genre de débordements.

Épicentre du quartier le plus élégant et le plus cossu de Shanghai, le parc de Fuxing (Fuxing Gongyuan) l'est aussi d'une foule de sites intéressants, rapidement accessibles à pied. Emblématique de la récente évolution de cette enclave résolument capitaliste, l'**église Saint-Nicolas** (*16 Gaolan Lu*) a été reconvertie en un restaurant affichant des prix à la hauteur de sa cuisine gastronomique. Il fut un temps où elle était fréquentée par l'importante communauté des Russes blancs (*voir encadré p. 120*). D'un style russe orthodoxe très reconnaissable avec sa série d'arcs surmontés d'un petit bulbe, l'église fut construite en 1932 par le général en exil Sergei Glebov en hommage au « tsar martyr » Nicolas II (1868-1918). La plupart des Russes blancs ont fui Shanghai dans les derniers jours de la guerre civile entre communistes et nationalistes, abandonnant l'église à une succession de fonctions séculières. Ainsi, au moment où elle servit d'entrepôt, on peignit un portrait du président Mao Zedong au-dessus du portique principal. Il y est toujours.

À L'EST ET AU SUD DU PARC

À l'est de Fuxing Gongyuan, après Chongqing Nanlu, s'élève un bâtiment d'une importance considérable dans l'histoire de la République populaire de Chine car il accueillit le **premier congrès national du Parti communiste chinois**. C'est dans cet édifice gris, typique de l'architecture *shikumen* (*voir p. 20 et pp. 100-101*), que le PCC fut établi officiellement le 23 juillet 1921. Ce congrès fondateur comptait

Des photos et des documents datant du début de la lutte des communistes sont exposés sur le site du premier congrès national du Parti communiste chinois.

Site du premier congrès national du Parti communiste chinois
(Zhonggong Yidahuizhi Jinianguan)
🅰 Plan p. 107, F4
✉ 76 Xingye Lu
🕐 9h-17h
€ €

Les quatre filles de M. Song

S'il est une famille au destin exceptionnel dans la Chine du XXe siècle, c'est bien celle des Song. Charlie Song (1863-1918), fils de modestes négociants de l'île de Hainan, se convertit au christianisme à 15 ans. À la fin de ses études de théologie à la prestigieuse Vanderbilt University à Nashville, dans le Tennessee aux États-Unis, Song rentra en Chine et s'établit à Shanghai où il se distingua comme imprimeur de Bibles, importateur et homme d'affaires.

Song et sa femme, Ni Guizhen, donnèrent naissance à une progéniture illustre. L'aînée de leurs trois filles, Song Ailing (1889-1973) épousa en 1914 H. H. Kung, l'homme le plus riche de Chine à cette époque. Kung devint président de la République de Chine de 1938 à 1939. La cadette des filles Song, Qingling, épousa Sun Yat-sen en 1915 ; moins de quarante ans après, elle fut nommée vice-présidente de la République populaire de Chine (1949). Quant à la benjamine, Song Meiling, elle se maria avec le dirigeant nationaliste Tchang Kaï-chek en 1927 et le suivit en exil à Formose en 1949, où elle continua à jouer son rôle de première dame de la République de Chine jusqu'à la mort de son époux en 1975.

Le couple eut également un fils qui est devenu célèbre, T. V. Song (1894-1971), qui occupa successivement les fonctions de ministre des Finances, ministre des Affaires étrangères et enfin Premier ministre de la République de Chine. ∎

Le musée d'Artisanat d'art de Shanghai.

Ancienne résidence de Sun Yat-sen
(Sun Zhongshan Guju)
🅰 Plan p. 107, E4
✉ 7 Xiangshan Lu
🕐 9h-16h30
€ €

13 délégués dans ses rangs, dont un jeune représentant de la province du Hunan du nom de Mao Zedong. Le bâtiment est devenu un sanctuaire du PCC où des photos et des documents datant du début de la lutte des communistes pour le pouvoir sont exposés. Un diorama du congrès place stratégiquement Mao sur le devant de la scène.

Moins connue mais méritant ne serait-ce qu'un coup d'œil, **la maison d'Agnes Smedley** (*185 Fuxing Zhonglu*) occupe l'angle sud-est du parc. Smedley (1892-1950) était issue d'une famille de fermiers d'Osgood, dans le Missouri, aux États-Unis. Après son divorce en 1918, elle quitta la Californie pour New York, où elle devint journaliste pour la *Birth Control Review* (la Revue du contrôle des naissances). En 1929, elle s'installa à Shanghai comme reporter pour le compte du *Manchester Guardian* et du *Frankfurter Zeitung*. Dans le cadre de ses reportages sur la guerre civile chinoise, elle fut autorisée à accompagner aussi bien l'Armée de la huitième route que la Quatrième nouvelle armée, et devint une *pasionaria* du PCC. Elle publia par la suite six ouvrages relatant la montée du communisme chinois et comportant, entre autres, la classique *Longue Marche* et une biographie du commandant de l'armée populaire de libération Zhu De. Les cendres d'Agnes Smedley ont été inhumées à Babaoshan, le cimetière des martyrs de la Révolution, à Pékin.

l'invasion japonaise en 1937. Le dirigeant du Guomindang (KMT), Tchang Kaï-chek, y était en terrain connu : c'est ici, en effet, qu'il avait rencontré pour la première fois la jeune sœur de Qingling, Meiling (1897-2003), sa future épouse (voir encadré p. 109).

Également près du parc de Fuxing, vers le sud, s'élève un autre bâtiment historique, chargé de symbole pour le PCC : **l'ancienne résidence de Zhou Enlai** (1898-1976). Le vice-président de Mao – un homme très raffiné mais qui pouvait se mon-

Ancienne résidence de Zhou Enlai

(Zhou Enlai Gongguan)

🅰 Plan p. 107, E4

✉ 173 Sinan Lu

🕐 9h-16h

💶 €

Agitation nocturne

À l'ouest de Ruijin Erlu (donc pas très loin à pied du parc de Fuxing) se trouve une rue autrefois tranquille et bourgeoise qui, dans les années 1930, s'appelait rue Cardinal Mercier. Sa notoriété tenait alors au fait que le théâtre Cathay et le cercle sportif français y étaient tous deux logés, mais aujourd'hui Maoming Nanlu est surtout réputée pour ses pubs, ses boîtes de nuit et sa vie nocturne effrénée.

C'est ici que l'actuelle jeunesse riche, dorée et souvent rebelle de Shanghai vient faire la fête jusqu'au petit matin au son d'une musique disco et techno assourdissante. Ces soirées sont abondamment arrosées d'alcool et, de plus en plus, de drogue, en particulier, semble-t-il, d'ecstasy.

Les nuits de *rave party* dans Maoming, les individus sous l'emprise d'ecstasy ou d'amphétamines sont faciles à repérer, notamment pour la police shanghaienne, qui a entrepris récemment une campagne de répression musclée. Les bars connus pour tolérer la consommation de toutes sortes de drogues se sont ainsi vus infliger six mois de fermeture ainsi qu'une amende de 100 000 yuans (environ 10 000 €). ∎

À l'ouest du parc de Fuxing, près de l'église Saint-Nicolas, en se dirigeant vers le sud, on atteint **l'ancienne résidence de Sun Yat-sen**. Le père de la Chine moderne y vécut avec sa femme Song Qingling (voir encadré p. 109) de 1918 à sa mort, en 1925. L'intérieur est le principal intérêt de cette maison de pierre grise sans prétention. Les meubles, les ornements et la bibliothèque sont tels que Sun Yat-sen les laissa. Une statue du grand homme, les mains négligemment fourrées dans les poches, se dresse dans le jardin.

Sous le regard implacable des fonctionnaires de police de la concession française et des agents nationalistes du Guomindang (KMT), la veuve de Sun Yat-sen, Song Qingling, continua à vivre dans cette demeure jusqu'à

Ruijin
Guesthouse
(Ruijin Bingguan)
- Plan p. 107, E4
- 118 Ruijin Erlu

Conservatoire
de musique
(Yinyue Xueyuan)
- Plan p. 107, D4
- 20 Fenyang Lu
- 6431 0334

Musée
d'Artisanat d'art
(Shanghai Gongyi
Meishu Bowuguan)
- Plan p. 107, D4
- 79 Fenyang Lu
- 6437 3454
- 9h-17h
- €

Villa Taiyuan
(Taiyuan Bieshu)
- Plan p. 107, D4
- 160 Taiyuan Lu
- 6471 6688

trer d'une cruauté sans bornes – l'occupa en 1946-1947, en qualité de chef de la section shanghaïenne du PCC. Le bureau de Zhou Enlai, simple mais élégant, a été préservé. Un bâtiment annexe abrite un petit musée sur sa vie. Dehors, les fleurs fraîches ornant sa statue témoignent de la considération dont cet homme est encore l'objet.

Légèrement à l'ouest de la résidence de Zhou Enlai et non loin du parc de Fuxing se trouve la **Ruijin Guesthouse**. Cette maison d'hôtes faisait autrefois partie d'un domaine composé d'un manoir et de cinq villas, tous construits en 1928, appartenant à H. E. Morriss Jr, fils du fondateur et propriétaire du prestigieux quotidien *North China Daily News*. Aujourd'hui, le complexe abrite un hôtel très chic, ainsi que des bars et des restaurants huppés. C'est un endroit agréable pour boire un verre en songeant au pouvoir que les magnats occidentaux exercèrent dans le Shanghai colonial.

PLUS LOIN
Plus loin, mais toujours dans le quartier de Fuxing, Fenyang Lu part de Huaihai Zhonglu vers le sud-ouest et va jusqu'au **musée d'Artisanat d'art**, en passant par le **Conservatoire de musique**, où ont lieu des concerts de musique classique tous les dimanches soir à 19h30. Le musée – un bâtiment signé par l'architecte hongrois Ladislav Hudec, qui a cherché à reproduire en plus petit la Maison-Blanche de Washington – comprend un institut de recherche sur l'artisanat d'art. Les visiteurs peuvent assister à diverses activités telles que la broderie, la fabrication de cerfs-volants, la sculpture de matériaux divers et la peinture. Beaucoup des créations réalisées sur place sont en vente à la boutique et il est aussi possible d'admirer de belles pièces dans le magasin d'antiquités au sous-sol. Juste au sud-ouest du musée, à l'intersection de Fenyang Lu et de

Yueyang Lu, vous apercevrez un petit buste du célèbre poète russe **Alexandre Pouchkine** (1799-1837, traduit Puxijin, en pinyin). Détérioré lors de la Révolution culturelle – peut-être les Gardes rouges ignoraient-ils que Pouchkine avait été condamné à l'exil par le tsar Alexandre Ier pour ses idées subversives –, il a été restauré depuis. La statue rend un hommage silencieux à l'accueil que Shanghai avait réservé aux Russes blancs ainsi qu'au cosmopolitisme culturel de la ville.

Faites une incursion au sud-est du monument dédié à Pouchkine, après l'ancien hôpital juif de Shanghai (devenu l'hôpital d'oto-rhino-laryngologie), pour voir la **villa Taiyuan**. Cet édifice sophistiqué, inspiré de l'architecture française de l'époque, fut construit dans les années 1920 par un aristocrate français, le comte de Marsoulies. Depuis, il a été le théâtre d'une quantité d'événements historiques. Pour commencer, selon une anecdote non authentifiée mais trop fascinante pour que l'on se prive de la rapporter, le comte de Marsoulies, qui était avocat à Shanghai, aurait été empoisonné par Du Yuesheng (*voir pp. 78-79*) à la suite d'une brouille. La comtesse, sa veuve, continua d'habiter la villa jusqu'à ce qu'éclate la guerre du Pacifique, en 1941.

En 1945, le général George C. Marshall, le chef d'état-major de l'armée américaine, en fit son QG lors d'une vaine tentative d'obtenir une trêve de onze heures entre le Guomindang (KMT) et le PCC pendant la guerre civile chinoise. Après la victoire des communistes en 1949, la maison fut réquisitionnée par la quatrième épouse de Mao Zedong, la redoutable Jiang Qing (*voir encadré p. 103*). Aujourd'hui, la villa Taiyuan est une luxueuse maison d'hôtes, très prisée des dignitaires du Parti communiste. En réservant longtemps à l'avance, il est possible d'occuper la suite qui servit un temps de pied-à-terre à Mme Mao.

HUAIHAI ZHONGLU

Huaihai Zhonglu, une rue bordée de platanes qui traverse l'ancienne concession française au nord du parc de Fuxing, est devenue l'artère commerçante la plus branchée du Shanghai moderne. Le côté sud de l'avenue est jalonné d'enseignes de contrefaçon jusqu'à sa fermeture – probablement définitive – en 2006 par les autorités municipales, qui sont décidées à réprimer énergiquement ce type d'activité et à faire respecter la propriété intellectuelle. Mais depuis cette interdiction, en réalité, bon nombre de commerçants qui exerçaient ici ont rouvert des boutiques au marché de Qipu Lu, à Zhabei (*voir p. 148*).

renom, parmi lesquels **Isetan** et le **New Hualian Commercial Building**, un grand magasin de proportions gigantesques qui vend de tout, des produits de luxe aux jouets.

Jusqu'à une période récente, Huaihai Zhonglu abritait également le marché de la mode (Xiangyang Shichang), vaste bazar bruyant et tapageur spécialisé dans les vêtements, l'électronique (particulièrement les CD et les DVD), les montres, les chaussures ainsi que les téléphones mobiles. Xiangyang Shichang a entretenu une réputation largement justifiée de paradis de la

De l'autre côté du parc Xiangyang (Xiangyang Gongyuan) en partant de Shaanxi Nanlu, sur le côté ouest de North Xiangyang Lu, un dôme bleu signale la présence de l'**ancienne église de la Mission orthodoxe russe** (Dongzhenjiao Shengmu Datang), construite en 1934 et consacrée cathédrale de la Sainte-Mère-de-Dieu. Bien qu'elle ait été abandonnée depuis des années, il semble que sa survie soit désormais assurée, mais sous une forme qui reste encore à définir. Deux facteurs importants de préservation y concourent : la rénova-

La villa Taiyuan, l'ancienne résidence du comte de Marsoulies, transformée en maison d'hôtes.

Théâtre Cathay
(Guotao Dianyingyuan)
🅼 Plan p. 107, E5
✉ 870 Huaihai
    Zhonglu
☎ 5404 0415

**Centre d'études
juives de Shanghai**
(Shanghai Youtai
Yanjiu Zhongxin)
🅼 Plan p. 107, E5
✉ 7 Lane 622
    Huaihai Zhonglu
☎ 5306 0606

Tour Jinjiang
(Xin Jinjiang Dajiudian)
🅼 Plan p. 107, E5
✉ 161 Changle Lu

Hôtel Jinjiang
(Lao Jinjiang Fandian)
🅼 Plan p. 107, E5
✉ 59 Maoming Nanlu
☎ 6258 2582

**Hôtel Okura
Garden**
(Huayuan Fandian)
🅼 Plan p. 107, E5
✉ 58 Maoming Nanlu
☎ 6451 1111

Théâtre Lyceum
(Lanxin Daxiyuan)
🅼 Plan p. 107, E5
✉ 57 Maoming Nanlu
☎ 6256 4738
🕐 Guichet 9h-19h

tion rapide du centre de Huaihai et
le récent engouement de la population shanghaienne pour le passé
cosmopolite de sa ville.

Du côté nord de Huaihai Zhonglu, en vous dirigeant vers le nord,
vous verrez alors l'énorme grand
magasin Parkson et le **théâtre Cathay**, à l'intersection de la rue avec
la trépidante Shaanxi Nanlu.

Toujours du côté nord de Huaihai Zhonglu, un autre site mérite un
coup d'œil, moins pour son intérêt
architectural que pour sa vocation :
le **Centre d'études juives de Shanghai**. Caché au fond d'une petite im-
passe, il abrite une bibliothèque ainsi
qu'un centre de documentation, et
organise aussi des visites guidées du
« Shanghai juif » (voir pp. 146-147).

CHANGLE LU ET AU-DELÀ
À une courte distance à pied en
prenant Changle Lu vers le nord-
ouest depuis le Centre d'études
juives de Shanghai, s'élève une tour
de 42 étages, la **tour Jinjiang**, dont
l'observatoire au dernier étage offre
un panorama très spectaculaire de
l'ancienne concession française.

Si vous poursuivez vers l'ouest et
que vous tournez au coin de la rue,
vous trouverez, au n° 59 de Maoming Nanlu, **l'hôtel Jinjiang**. À
l'origine, ce complexe érigé en 1928
par un magnat de Shanghai, Victor
Sassoon (1881-1961), portait le
nom de Cathay Mansions. Mis à
part sa façade Art déco, l'hôtel est
surtout connu pour avoir été le
théâtre des célèbres (et inattendus)
accords de Shanghai, que Zhou
Enlai et Richard Nixon signèrent en
1972, normalisant, pour la première
fois depuis 1949, les relations diplo-
matiques sino-américaines – un geste
qui, incidemment, allait précipiter la
fin de la guerre du Vietnam.

Juste en face de ce bâtiment se
situe **l'hôtel Okura Garden**. Lors
de précédents avatars, le bâtiment
abrita le prestigieux cercle sportif

français, puis la résidence shanghaienne du président Mao Zedong.
Œuvre de l'architecte français Paul
Veysseyre, contemporain et homo-
logue de Ladislav Hudec, la demeure,
datant de 1926, arbore le style Art
déco qui fut tellement en vogue à
Shanghai au temps des colonies, surtout au sein de la concession française. Aujourd'hui restaurée, elle a
retrouvé toute sa splendeur d'antan :
colonnes de marbre à profusion,
escaliers somptueux et salle de bal
grandiose. Elle est redevenue aujour-
d'hui un hôtel de luxe, dont la clientèle se compose plus particulièrement d'hommes d'affaires japonais.

Au n° 57 de Maoming Nanlu, de l'autre côté de Changle Lu par rapport à l'hôtel Jinjiang, se trouve le **théâtre Lyceum**, également de style Art déco. La ballerine britannique Margot Fonteyn (1919-1991) y dansa lorsqu'elle était jeune fille (son père travaillait pour la British Tobacco Company à Shanghai), mais aujourd'hui la production privilégie le théâtre traditionnel chinois, les concerts pop et les spectacles pour enfants.

Un petit trajet vers l'ouest le long de Changle Lu, qui se poursuit dans Shaanxi Nanlu vers le nord, vous mènera jusqu'à un autre exemple de l'architecture extravagante de la concession française au début du XXe siècle. Les deux tours pointues du **Moller House**, un majestueux manoir construit dans les années 1930 par un Suédois excentrique, magnat du transport maritime, dénotent un style résolument gothique. Ayant essuyé les rigueurs du communisme pur et dur avant 1990 – il abrita même pendant quelque temps le siège de la Ligue de la jeunesse communiste de Shanghai –, le petit château a depuis été transformé en un hôtel original et raffiné portant le nom de Hengshan Moller Villa. ∎

Moller House
(Male Bieshu)

🅰 Plan p. 107, D5

✉ 30 Shaanxi Nanlu

☎ 6247 8881

Le dimanche matin, les Shanghaiens se retrouvent nombreux à Fuxing ou dans d'autres parcs de la ville pour danser.

Promenade dans le quartier de Xintiandi

Xintiandi, un ensemble de *shikumen* réhabilités, de restaurants et de boutiques à la mode, n'occupe que deux pâtés de maisons. Il est délimité au nord par Taicang Lu, au sud par Zizhong Lu, à l'est par Huangpi Nanlu et à l'ouest par Madang Lu. Une promenade à travers ce quartier vous permettra de vous faire une idée du style et de la prospérité qui habitent la nouvelle Shanghai en ce début de millénaire. Même le nom est révélateur : Xintiandi signifie « nouveau paradis et terre ».

Xiantiandi est facile à atteindre. Il est à dix minutes à pied de la place du Peuple, à moins de prendre le métro jusqu'à la station **Huangpi Nanlu** ❶. À la sortie du métro, suivez Huangpi en direction du sud.

Tournez à droite dans Taicang Lu et entrez dans Xintiandi par le nord ; l'enseigne Starbucks qui distingue la ruelle (*longtang*) menant vers le sud vous aidera à vous repérer. Dans cette zone d'habitations *shikumen* (*voir p. 20 et pp. 100-101*) largement reconstruite, vous trouverez le **centre d'information de Xintiandi** ❷, où vous pourrez avoir une vue d'ensemble du complexe et vous renseigner sur ce que proposent ses innombrables bars et restaurants branchés (déjeuner en terrasse est très en vogue ici). En continuant vers le sud, vous croiserez deux allées latérales couvertes. Elles mènent à une *longtang* (ruelle) parallèle à l'est, jalonnée de restaurants.

Situé dans la partie nord de Xintiandi, sur la gauche, le **musée de la Maison *shikumen*** ❸ (Wulixiang Shikumen Minju Chenlieguan, *tél. 3307 0337, ouvert 10h-22h*) occupe une construction de type *shikumen* datant des années 1920 et abrite sept salles d'exposition. Il est consacré à l'architecture et au mode de vie du quartier avant son récent embourgeoisement. À travers de nombreuses photographies et des objets usuels, il présente ainsi un siècle et demi d'habitat traditionnel.

Poursuivez votre promenade vers le sud jusqu'à Xingya Lu et tournez en direction de l'est pour arriver à un autre musée également situé dans un *shikumen* typique, celui du **site du premier congrès national du Parti communiste chinois** ❹ (*voir p. 109*).

Traversez Xingya Lu pour emprunter l'unique *longtang* permettant d'accéder à la partie sud du complexe. Ici, vous trouverez la **galerie de l'Académie centrale des beaux-arts 5** (*local 5, 2/F 123 Xingye Lu, tél. : 6386 6161, ouvert 10h-22h*). Dirigée par un lauréat de l'école du même nom à Pékin, la galerie expose les œuvres d'artistes diplômés de cette école. Le local voisin abrite le minuscule **musée de la Poste de Xintiandi 6**, qui retrace l'histoire du courrier postal en Chine.

Pour l'essentiel, le reste du complexe sud est dédié aux plaisirs de la chère. Le choix est vaste, du restaurant le plus sophistiqué aux fast-foods importés d'Occident. Quittez le complexe par la ruelle menant à **Taipingqiao Gongyuan 7** situé de l'autre côté de Huangpi Nanlu, à l'est. Ce parc de loisirs est constellé de fontaines et agrémenté d'un lac artificiel de 4,5 ha (le plus grand de Shanghai), dont deux îlots, Magnolia et Unisson, émaillent la surface. Vous pourrez vous reposer un moment dans le parc et, le cas échéant, vous remettre de vos agapes dans le quartier de Xintiandi.

Si vous voulez voir d'autres exemples du Shanghai rénové, reprenez Xingya Lu vers l'ouest et traversez alors Chongqing Nanlu jusqu'à **Yandang Lu 8**. Le long de cette rue piétonne proposant « du divertissement 24/24h », vous trouverez aussi des maisons traditionnelles restaurées, ainsi que de nombreux bars et des restaurants. ■

- Voir plan p. 107
- Métro Huangpi Road
- 1,6 km
- 1 heure
- Yandang Lu

À NE PAS MANQUER
- Musée de la Maison *shikumen*
- Site du premier congrès national du Parti communiste chinois
- Taipingqiao Gongyuan

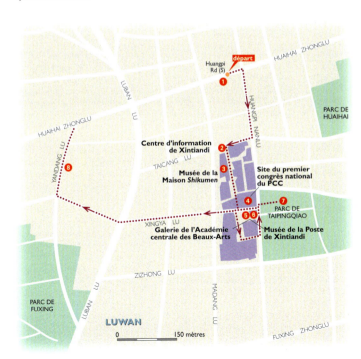

Huaihai et Hengshan

HUAIHAI LU ET HENGSHAN LU DÉLIMITENT LES FRONTIÈRES NORD ET ouest de l'ancienne concession française. Du temps des colonies, quand Huaihai Lu s'appelait avenue Joffre, c'était l'adresse de prédilection des notables. Sa partie ouest reste encore extrêmement sélecte aujourd'hui.

Consulat général de France
(Faguo Lingshiju)
Plan p. 107, C4
1431 Huaihai Zhonglu

Bibliothèque municipale de Shanghai
(Shanghai Tushuguan)
Plan p. 107, C4
1555 Huaihai Zhonglu
8h30-20h30

Ancienne résidence de Song Qingling
(Soongqingling Gugju)
Plan p. 106, B4
1843 Huaihai Zhonglu
6474 7183
9h-16h30
€

À l'ouest du croisement de Huaihai Lu avec Wulumuqi Zhonglu, le **consulat général de France** est le fleuron du quartier des diplomates. Cet édifice de style colonial français se niche au fond d'un grand jardin. Juste en face, **consulat général des États-Unis** (*1469 Huaihai Zhonglu*), qui arbore une façade blanche de style néoclassique, est loué depuis 1980 à un riche industriel de Shanghai. Également très intéressant, le **consulat général du Japon** date de 1900 et fut à un moment la propriété d'un puissant seigneur de la guerre du nord du pays. (Les consulats sont fermés au public.)

Une autre institution est logée un peu plus loin vers l'ouest : la **bibliothèque municipale de Shanghai**. Ouverte en 1996 et réputée pour être la plus grande de toute l'Asie, elle recèle des livres et des manuscrits chinois rares, ainsi que des photos et des documents de l'époque coloniale. Encore un peu plus à l'ouest, à l'endroit où Huaihai Zhonglu croise Wukang Lu et devient Huaihai Xilu, vous verrez un immeuble en brique rouge de sept étages, le **Normandie** (Nuomandi Gongyu), qui ressemble de façon frappante au Flatiron Building de New York. Directement en face se trouve l'**ancienne résidence de Song Qingling**, où la fille cadette de Charlie Song (*voir encadré p. 109*) passa son enfance. C'est une demeure particulièrement agréable et spacieuse, construite dans les années 1920 par un armateur grec. Jetez un coup d'œil aux photos et autres souvenirs de Song Qingling et de son mari (et héros révolutionnaire) Sun Yat-sen. Pour l'épouser, Qingling s'enfuit de chez elle en sautant par la fenêtre. Deux vieilles limousines de la grande époque communiste occupent le garage mais vous aurez sûrement plus de plaisir à découvrir le jardin planté de magnolias qui s'étend à l'arrière de la maison. ■

Xujiahui

ENVIRON 500 M AVANT LE DÉBUT DU QUARTIER DES CONSULATS, PRÈS DE LA station de métro Changshu Lu, Huaihai Zhonglu croise Baoqing Lu. Cette rue entame un bref trajet vers le sud, avant de bifurquer en direction du sud-ouest pour devenir Hengshan Lu. C'est l'artère qui mène vers Xujiahui et le sud de Shanghai.

Xujiahui

Plan pp. 106-107, A3-C4

LE DOMAINE DES SONG

Au n° 9 de Dongping Lu, l'**école secondaire du conservatoire de musique de Shanghai** (Shanghai Yinyue Xueyuan Zhongxueo) présente un intérêt à la fois musical, historique et culinaire. Le bâtiment de brique rouge recouvert de vigne vierge est entouré de jardins, dotés d'un étang au bord duquel s'ébattent des oies. Des sons de flûte, de violon, de piano et de violoncelle s'échappent des salles aux parquets de teck où les élèves répètent.

Charlie Song (*voir encadré p. 109*) acheta la maison pour sa fille Meiling en 1927, lors de son mariage avec Tchang Kaï-chek. Le couple, qui vivait à Nanjing, y habitait chaque fois qu'ils séjournaient à Shanghai, si bien qu'ici on continue (non sans réticences) à l'appeler l'**ancienne résidence de Tchang Kaï-chek**. Meiling raffolait de cette maison, à laquelle son mari donna le nom de *ai lu* (nid d'amour). Après la défaite nationaliste de 1949, le couple se réfugia à Taïwan, où il resta jusqu'à la mort de Tchang Kaï-chek en 1975. Meiling s'installa alors à Manhattan, où elle vécut, protégée par des gardes du corps, jusqu'à l'âge de 106 ans. Restaurée à deux reprises, la maison conserve les imposantes cheminées, les escaliers majestueux et les larges baies vitrées que Meiling aimait tant.

La résidence de Tchang Kaï-chek n'est qu'une des neuf villas composant l'ancienne propriété des Song dans Dongping Lu. Ce domaine est aujourd'hui devenu le fief des restaurants gastronomiques. Parmi eux, **Sasha**, 11 Dongping Lu, un restaurant français dont le bar est très en vogue; **Simply Thai**, au n° 5C; et, au n° 5A, **Blarney**

De hautes tours encadrent le paisible et verdoyant parc de Xujiahui.

Shanghai Community Church
(Guoji Libai Tang)
- Plan p. 107, C4
- 53 Hengshan Lu
- 6437 6576

Villa Rouge
(Xiao Hong Lou)
- Plan p. 107, B3
- 811 Hengshan Lu
- 6431 9811

Bibliothèque de Shanghai- Bibliotheca Zikawei
(Xujiahui Cangshulou)
- Plan p. 106, B3
- 80 Caoxi Beilu
- 6487 4072
- 9h-17h

Galerie d'art Wan Fung
- Plan p. 106, B3
- 80 Caoxi Beilu
  (dans la *Bibliothèque de Shanghai*)
- 6487 4072, poste 107
- 9h30-19h

Les Russes blancs

À la suite de la victoire bolchevique qui conclut la guerre civile russe (1918-1922), des dizaines de milliers d'anticommunistes émigrèrent. Beaucoup de ces « Russes blancs », comme on les appelait pour les distinguer des bolcheviks « rouges », se réfugièrent en Extrême-Orient, et particulièrement à Shanghai, dans la concession française, où ils se sentirent protégés par les lois européennes et américaines.

En 1932, environ 25 000 Russes vivaient à Shanghai. Pour certains, ce n'était qu'une étape vers les États-Unis. D'autres s'y établirent et réussirent à s'assurer une existence confortable. Cependant, la majorité alla grossir les rangs des ouvriers, gardes du corps, truands et prostituées. Les bouleversements des années 1940 affectèrent la communauté russe mais, maintenant que la Chine s'est ouverte à la libre entreprise et que l'Union soviétique n'existe plus, elle s'épanouit de nouveau. Aujourd'hui, Huaihai Lu est devenu le centre du quartier russe du vieux Shanghai, comme en témoignent les enseignes en caractères cyrilliques des restaurants et des bars russes qui vendent du bortsch, du pain noir et de la vodka. ∎

Stone, considéré comme « le pub le plus authentiquement irlandais » de Shanghai. Non loin (mais hors de l'ancien domaine des Song), **Yang's Kitchen** s'est fait une spécialité de la cuisine locale.

En suivant Hengshan Lu vers le sud, vous atteindrez le plus grand lieu de culte chrétien de la ville, la **Shanghai Community Church**. Construite en 1925 en brique et coiffée d'un toit en bois ouvragé, elle évoque une paisible église paroissiale anglicane ; en réalité, elle s'adresse à une communauté multiconfessionnelle.

AUTOUR DE XUJIAHUI GONGYUAN

Hengshan Lu se poursuit vers le sud-ouest jusqu'au parc de Xujiahui (Xujiahui Gongyuan, *ouvert 6h-18h*), qui se compose de grandes pelouses, de jardins fleuris bien entretenus et d'un lac. Vers le milieu du parc, à l'est, donnant sur Hengshan Lu, la **Villa rouge**, un édifice de brique rouge construit en 1921 et bien restauré, abrita pendant des années les studios d'EMI. Beaucoup de vedettes de la musique y enregistrèrent leurs disques. Aujourd'hui, c'est un restaurant français élégant, qui n'a cependant pas renié son héritage. Les propriétaires y ont créé un petit musée du disque et du matériel d'enregistrement datant de l'époque coloniale. En face du parc Xujiahui, sur le côté ouest de Hengshan Lu, se dresse un monolithe gris : le **siège du Parti communiste de Shanghai** (Zhonguo Gongchandang Shanghai Shiwei Yuanhui, *fermé au public*). Il suffit du court trajet vous séparant de l'extrémité sud-ouest du parc pour changer d'ambiance. Là, grands magasins et galeries commerçantes en pagaille professent une tout autre doctrine, non celle du communisme, mais celle de la consommation effrénée. Vous y trouverez **Hui Jin**, le **Pacific Department Store** (qui offre le plus de choix), le **Grand Gateway**, **Metro City**, le **Pacific Digital Plaza 2** et l'**Orient Shopping Center**.

L'HÉRITAGE DES MISSIONS

Les missionnaires jésuites, présents en Chine depuis le XVIe siècle, ont jeté leur dévolu sur Shanghai, et la ville conserve encore quelques vestiges fascinants de leur travail. Le plus important est la **Bibliotheca Zikawei**, dans Caoxi Beilu. Cette institution, fondée par des membres de la Compagnie de Jésus en 1847, recèle aujourd'hui plus d'un demi-million de volumes dans dif-

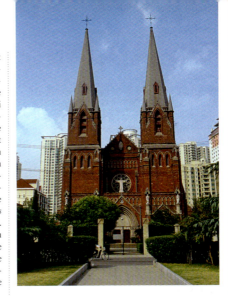

férentes langues, allant du latin et du grec au chinois. Fermée pendant la Révolution culturelle, la bibliothèque rouvrit en 2006 grâce au financement de l'Institut Ricci d'Histoire culturelle sino-occidentale, qui dépend de l'université de San Francisco. Matteo Ricci était un jésuite italien qui travailla en Chine de 1582 jusqu'à sa mort à Pékin en 1610. Il fut le premier Occidental à pénétrer dans la Cité interdite, et aussi à traduire dans une langue européenne les *Analectes* (morceaux choisis) de Confucius. Ce fut lui qui latinisa le nom du sage Kong Fuzi pour en faire Confucius. Il est donc le père de l'enseignement de la culture occidentale en Chine et de la culture chinoise en Occident.

La Bibliotheca Zikawei (ce mot est une transcription romanisée du XIXᵉ siècle, aujourd'hui obsolète, de Xujiahui) est un lieu splendide, aussi peut-on se demander pourquoi elle est l'un des moins visités de la ville. Elle est constituée de deux bâtiments, restaurés. Celui de deux niveaux abrite la bibliothèque principale. Commencez par l'autre, qui compte quatre étages ; les tables traditionnelles, les lampes de style fin XIXᵉ et les boiseries confèrent un côté suranné à la salle de lecture. Des visites guidées de la bibliothèque sont proposées le samedi de 14 heures à 16 heures, pour des groupes de moins de 10 personnes. Le rez-de-chaussée du bâtiment principal est occupé par la **galerie d'art Wan Fung**.

Autre témoignage de l'influence des jésuites : la cathédrale Saint-Ignace, érigée en hommage à saint Ignace de Loyola (1491-1556), le fondateur de la Compagnie de Jésus. Aujourd'hui, ce monument de style néogothique français est souvent appelé **cathédrale de Xujiahui** ; derrière ses deux flèches grises se profile une nef voûtée. Marchez cinq minutes vers le sud pour admirer la statue de pierre de Xu Guangqi (*voir encadré ci-dessous*) coiffé de la traditionnelle toque des mandarins, sur sa tombe dans le **parc Guangqi** (Guangqi Gongyuan, Xiyang Lu). ∎

Xujiahui

Xujiahui, qui signifie « village de la famille Xu », doit son nom au mandarin Xu Guangqi (1562-1633), le premier chinois que le jésuite Matteo Ricci parvint à convertir au christianisme.

Xu Guangqi se distingua également de bien d'autres façons. En effet, il se révéla un intellectuel de très haut vol. Après que Matteo Ricci l'eut nommé son secrétaire personnel, il collabora grandement à la traduction de l'ouvrage *Éléments* d'Euclide, du latin vers le chinois – un échange culturel international avant la lettre, lorsque l'on considère que Xu Guangqi contribua par ailleurs à porter les *Analectes* (morceaux choisis) de Confucius à la connaissance du monde occidental. ∎

Détruites par les Gardes rouges lors de la Révolution culturelle, les flèches surmontent de nouveau la cathédrale de Xujiahui.

Cathédrale de Xujiahui
(Tianzhu Jiaotang)
✉ 158 Puxi Lu
☎ 6469 0930

Les deux piliers du pouvoir

Les pères fondateurs du communisme chinois – le président Mao Zedong et son Premier ministre Zhou Enlai – sont tous deux indissociables de Shanghai. Toutefois, les souvenirs qu'ils laissent dans l'esprit des Shanghaiens ne pourraient pas être plus différents.

Mao était issu d'une famille paysanne plutôt prospère du village de Shaoshan, dans la province du Hunan. Lorsqu'il termina ses études à la première École normale provinciale du Hunan, il partit pour Pékin où il se rallia, en 1919, au Mouvement révolutionnaire du 4 mai. En 1921, il se rendit à Shanghai pour assister à la première session du congrès du Parti communiste chinois (PCC) ; deux ans plus tard, il siégeait à son Comité central. Il demeura un certain temps à Shanghai mais n'y assit jamais

son pouvoir. Il préféra retourner au Hunan où il affina son concept de révolution paysanne.

Zhou Enlai était le fils d'un mandarin de Huaian, dans la province du Jiangsu. Parce que sa famille aisée attachait une importance primordiale à l'éducation, elle l'envoya à la prestigieuse école Nankai à Tianjin. Il alla ensuite étudier à l'université à Tokyo mais rentra brutalement en Chine pour rejoindre le Mouvement révolutionnaire du 4 mai. Un an plus tard, il partit poursuivre ses études à Paris, où il adhéra, en 1922, à une cellule du PCC. Zhou retourna en Chine en 1924, cette fois à Shanghai, où il contribua à organiser la grève générale de 1926.

Manifestant dès son plus jeune âge une grande habileté politique, Zhou Enlai réussit à esquiver la « Terreur blanche » que Tchang Kaï-chek fit exercer par Du Yuesheng (Du les Grandes Oreilles ; *voir p. 78-79*) et ses nervis de la Bande verte contre le PCC et ses alliés. Zhou refit surface dans la région du Jiangxi, proclamée République soviétique de Chine. C'est là qu'il noua avec Mao Zedong une alliance qui durera toute leur vie. Ensemble, Mao et Zhou survécurent à la Longue Marche, puis ils organisèrent et dirigèrent la résistance anti-japonaise. Plus tard, ils affrontèrent Tchang Kaï-chek et l'armée du Guomindang (KMT) lors de la guerre civile chinoise, dont ils sortirent vainqueurs. Au cours des années où ils partagèrent le pouvoir – l'époque désespérée du Grand Bond en avant et celle, désastreuse, de la Révolution culturelle –, Zhou tempéra l'impulsivité de Mao. Il est regrettable que son influence ne se soit pas étendue à la famille de ce dernier : la quatrième épouse de Mao, Jiang Qing (*voir encadré p. 103*), fit de Shanghai son fief au début des années 1970 ; sous son autorité, la Bande des quatre provoqua la mort de plus d'un demi-million de Chinois et la débâcle économique du pays. Les deux hommes moururent à quelques mois d'intervalle en 1976, Zhou en janvier, d'un cancer, Mao en septembre, de la maladie de Charcot.

C'est là que s'arrêtent leurs points communs, car si Mao laisse le souvenir d'un homme imprévisible, au caractère irascible, Zhou était au contraire d'une affabilité exquise. En effet, bien que Mao soit aujourd'hui jugé officiellement « bon à 70 % et mauvais à 30 % », il reste, pour beaucoup de Chinois, un personnage difficile à cerner. Malgré le respect qu'il inspire pour avoir unifié le pays et évincé les envahisseurs, il est difficile d'oublier les conséquences catastrophiques de sa politique sociale. Zhou, en revanche, bien qu'il se soit montré parfois tout aussi inhumain, continue à susciter la vénération d'une majorité de Chinois. En témoignent les fleurs que des anonymes viennent déposer au pied de sa statue près du parc de Fuxing. ■

Zhou Enlai (deuxième en partant de la gauche) et Mao Zedong (au centre) dans les années 1950.

Longhua et ses alentours

**Temple
et pagode
de Longhua**
(Longhua Si
et Longhua Ta)
🅰 Plan p. 106, B1
✉ 2853 Longhua Lu
☎ 6457 6327
🕐 7h-17h
€ €

**Cimetière
des Martyrs
de Longhua**
(Longhua Lieshi Lingyuan)
🅰 Plan p. 106, B1
☎ 6468 5995
🕐 9h-16h

AU SUD DU PARC GUANGQI, XUJIAHUI SE FOND PEU À PEU DANS LE QUARTIER de Longhua, marqué notamment par la présence de grands magasins, de centres commerciaux et du stade de Shanghai. D'accès facile de Huaihai et Xujiahui par Caoxi Beilu, une artère orientée nord-sud (et par la ligne 3 du métro), le quartier mérite une visite pour la beauté de ses parcs et de ses jardins. Mais son principal intérêt reste le temple de Longhua, nimbé de nuages d'encens.

TEMPLE DE LONGHUALE

Le temple de Longhua s'étend au sud de Xujiahui et passe sous le Zhongshan Nanlu 2 (périphérique intérieur). Le **Longhua Lu** – le nom signifie en chinois « dragon lumineux » – est le plus grand lieu de culte bouddhiste de Shanghai. Il est composé de cinq pavillons – dont le principal est le grand pavillon du Trésor –, flanqués d'une tour traditionnelle abritant des cloches et des gongs. Parmi les nombreuses effigies de Bouddha que l'on peut y admirer, les plus intéressantes sont le Bouddha riant, le Bouddha Maitreya et le Bouddha Sakyamuni. Le pavillon des Mille Luohan est rempli de statues dorées des saints *arhat* (ceux qui ont accédé à la sagesse). Vous y trouverez également une énorme cloche de 6 350 kg, dont le carillon est censé chasser les péchés et apporter la chance, surtout le jour du nouvel an chinois. Toute l'année, à toute heure, les fidèles se pressent dans les diverses cours du temple et allument des bâtons d'encens qui imprègnent l'air de leur parfum et d'une épaisse fumée.

Du côté est de Longhua Lu s'élève la **Pagode** octogonale jaune de Longhua. Haute de 44 m, elle est la plus élevée de Shanghai et l'un des plus importants lieux de pèlerinage des bouddhistes de la ville. Les visiteurs ne sont pas autorisés à y monter. La pagode daterait, dit-on, de 977, mais elle a manifestement été restaurée depuis. Au cours de la Seconde Guerre mondiale, elle aurait servi de tour de défense antiaérienne ; un quart de siècle plus tard, lors de la Révolution culturelle, elle fut profanée et saccagée par les Gardes rouges, mais elle est aujourd'hui remise en état. Les 100 fleurs du capitalisme étant maintenant écloses, des éventaires et des petits commerces vendant boissons, nourriture, objets reli-

gieux et souvenirs se sont installés autour de la pagode de Longhua.

Non loin, le **monuments aux martyrs** est un lieu symbolique pour les autorités communistes. Il célèbre la mémoire des victimes de la « Terreur blanche » que fit régner Tchang Kaï-chek : commandités par le leader du Guomindang (KMT), Du les Grandes Oreilles (Du Yuesheng) et sa bande assassinèrent des centaines de militants communistes et d'ouvriers en grève – massacre auquel le jeune Zhou Enlai échappa de justesse. Par la suite, entre 1927 et jusqu'à l'invasion et l'occupation des japonais de 1937, le Guomindang (KMT) fit encore d'autres victimes, inhumées aussi dans ce cimetière. Dans le parc, les pêchers fleurissent chaque printemps et un monument commémoratif devant lequel brûle une flamme éternelle rend hommage à ces martyrs.

VERS LE SUD

Plus loin, au sud-est, le **pont Lupu** enjambe le Huangpu Jiang, reliant la partie sud du quartier de Dapuqiao avec celui de Zhoujiadu à Pudong. Inaugurée en 2003, cette structure de 3,9 km est le pont en arc le plus long du monde. Afin de permettre aux cargos de le franchir, il s'élève à une hauteur de 100 m au-dessus de la surface de l'eau. Ceux qui ne craignent pas de gravir les 367 marches menant au sommet de l'arche jouiront d'un panorama imprenable sur le Huangpu Jiang et les deux rives de Shanghai. ∎

Pont Lupu
(Lupu Daqiao Qiao)
✉ 909 Luban Lu
🕐 10h-16h
€ €€

Promenade tranquille pour un père et son fils dans le parc de Longhua.

Autres sites à visiter

CENTRE DE L'AFFICHE DE PROPAGANDE

À l'écart du centre de Huaihai, plutôt vers le nord et l'ouest de ce quartier, le **Centre de l'affiche de propagande** (Xuanchuanhua Nianhua Yishu Zhongxin) ravira les nostalgiques du communisme aussi bien que les amateurs d'art kitsch. Il abrite une collection de l'école du réalisme social (*voir encadré ci-dessous*) datant de la Révolution. On peut aussi y voir des cartes du vieux Shanghai et d'autres souvenirs du passé récent de la Chine. Une section est consacrée à la vente de reproductions annonçant des récoltes records et proclamant l'opposition de la Chine à l'impérialisme américain, son soutien aux Africains et aux Latino-Américains en lutte ainsi que sa résistance à l'impérialisme soviétique. Ils apportent des témoignages d'une époque où le seul mode d'expression artistique toléré était la propagande.

🅰 Plan p. 106, C5 ✉ 868 Huashan Lu
☎ 6211 1845 🚇 Changshu Lu
🕐 9h30-16h30 🎫 €

MUSÉE DE LA SÉCURITÉ PUBLIQUE DE SHANGHAI

Niché dans Ruijin Nanlu, à l'est de Xujiahui, dans un secteur de Dapuqiao par ailleurs sans grand intérêt, le **musée de la Sécurité publique** (Shanghai Gong An Bowungan) s'étend sur quatre étages d'un bâtiment en béton peu engageant. Il ne se limite pas à montrer des aspects de la « sécurité publique », mais dresse un catalogue exhaustif du crime organisé à Shanghai depuis l'époque coloniale. Beaucoup de photographies et d'armes contemporaines sont exposées, ainsi que de fascinants trophées parmi lesquels l'étui à cigarettes pistolet du truand Huang Jingrong, des fusils ayant appartenu à Sun Yat-sen, des panoplies de mitraillettes façon Al Capone, des armes dont la Bande verte s'était servie pour faire régner la « Terreur blanche », des pipes et autres accessoires à opium et des cartes de visite d'entraîneuses et prostituées de luxe. Si vous souhaitez rapporter un souvenir de cette visite quelque peu incongru, vous trouverez par exemple à la boutique du musée des balles de gros calibre d'aspect plutôt sinistre. Rassurez-vous, ce ne sont que des briquets.

🅰 Plan p. 106, C5 ✉ 518 Ruijin Nanlu
☎ 6472 0256 🚇 Pas de ligne de métro, prendre un taxi ou un bus 786, 932, 72
🕐 9h-16h30 🎫 € ▪

Le réalisme social

Juste après la prise de pouvoir par les bolcheviks en Russie en 1917, l'art révolutionnaire russe connut une évolution radicale. Il mettait l'accent sur des notions idéalisées, dénonçant par exemple la décadence de l'État et de la loi. En 1924, après la mort de Lénine, Staline, d'un pragmatisme brutal, prôna une approche plus conservatrice. L'art devait rester classique dans la forme, s'adresser aux masses, chanter les louanges du parti et être porteur d'espoir. Si bien qu'à l'aube de la Seconde Guerre mondiale, la vie culturelle soviétique en était arrivée à s'enfermer dans un moule rigide qui la mènerait à son dépérissement.

Pendant ce temps, dans les collines de la province du Yan'an, les communistes chinois élaboraient une politique culturelle destinée à promouvoir leur cause dans leur double lutte contre l'envahisseur ja-ponais et le Guomindang (KMT). La publication, en mai 1942, des discours de Mao sur l'art et la littéra-ture, définira la ligne du parti. Selon Mao, l'art révolu-tionnaire était destiné au « peuple », c'est-à-dire aux ouvriers, aux paysans et aux soldats. Avant tout, la lit-térature et l'art devaient exalter « le prolétariat, le parti communiste et le socialisme ». De ce fait, après que la République populaire de Chine fut fondée en 1949, le réalisme social (nom donné à cette école d'esthétique politisée) a prévalu dans le monde com-muniste de l'Adriatique à la mer de Chine du Sud, normalisant la vie culturelle de près de la moitié de l'humanité. En Chine, depuis que le parti a renoncé, dans les années 1990, à exercer son contrôle sur l'art, le réalisme social a cessé d'être officiellement en vogue, mais il suscite l'engouement d'un public qui cherche à raviver le souvenir du bon (ou faut-il dire mauvais ?) vieux temps du maoïsme. ▪

Pudong est la « nouvelle frontière » de Shanghai. S'élevant tel un phœnix aux ailes d'acier et aux écailles de verre, cette mégapole du XXIᵉ siècle a commencé à voir le jour en 1990. Centre financier international, elle incarne le futur auquel aspire la Chine nouvelle.

Pudong

La tour Oriental Pearl, antenne de télédiffusion et flambeau du nouveau Pudong.

Pudong

PUDONG (SIGNIFIANT « À L'EST DU HUANGPU JIANG ») COMPOSE UN PAYSAGE URBAIN QUI vous laissera à court de superlatifs. Avant que Shanghai n'entame, en 1990, le développement et la modernisation découlant des réformes économiques de la Chine, la rive est du Huangpu Jiang ne comptait guère que des rizières, des jardins potagers et une rangée d'entrepôts décrépits. Depuis, l'urbanisation s'est effectuée dans des proportions colossales et les gratte-ciel étincelants qui hérissent Pudong le font ressembler de plus en plus à un Manhattan asiatique.

Mieux vaut se hâter de traverser les passages pour piétons près du parc de Pudong.

Pudong inarne le nouveau visage de Shanghai. Il s'étend sur une superficie d'une fois et demie celle de la vieille ville à l'ouest du Huangpu Jiang. C'est un quartier moderne érigé à la gloire du commerce et du capitalisme – impressionnant, quoique sans âme. Pudong mérite largement la visite pour son architecture audacieuse et ses panoramas spectaculaires mais n'y cherchez pas l'équivalent du Bund ou de l'ancienne concession française ni de leur charme surranné.

Les gratte-ciel les plus impressionnants de Pudong sont situés sur la rive même du Huangpu Jiang, juste en face du Bund. Ce quartier, que l'on appelle parfois le Wall Street de Shanghai, est facile d'accès, soit par le tunnel touristique du Bund (*voir p. 70*), soit par le ferry, ce qui permet de profiter de la vue sur les deux rives du fleuve. (Il est également desservi par les lignes 2 et 4 du métro.) Au-delà du quartier des finances, Shiji Dadao (Century Avenue) mène à Shiji Gongyuan (Century Park), le plus grand

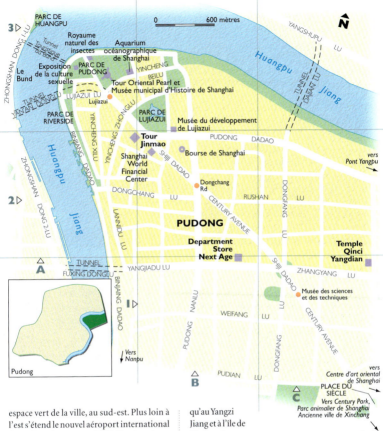

espace vert de la ville, au sud-est. Plus loin à l'est s'étend le nouvel aéroport international de Pudong (ouvert en 1999), l'embouchure du Yangzi Jiang et la mer de Chine orientale. Le nouvel aéroport s'est rapproché de la ville depuis l'inauguration, en 2003, du Maglev, le train à sustentation magnétique et le plus rapide du monde, devenu le symbole des aspirations et des performances de Shanghai en général et de Pudong en particulier.

Hormis l'architecture gigantesque, Pudong offre quelques musées insolites et permet d'accéder à plusieurs sites d'excursion en dehors de la ville, comme le parc animalier de Shanghai et l'ancienne ville de Xinchang. Mais, surtout, c'est le point de départ de promenades fluviales sur le Huangpu Jiang, autour de la ville et des docks, ou en aval jus-

qu'au Yangzi Jiang et à l'île de Chongming.

Si vous n'avez le temps de faire qu'une seule balade à Pudong, la voici: marchez le long de la berge, en empruntant Binjiang Dadao, l'avenue qui part vers le sud du tunnel touristique du Bund, longe le parc de Pudong et conduit à l'embarcadère du ferry près de Dongchang Lu.

Le reste de Pudong ne se prête pas aux promenades à pied. Les distances sont considérables, les sites intéressants sont très éloignés les uns des autres et, bien que larges, les avenues se révèlent souvent étonnamment tortueuses. Heureusement, il est toujours possible de recourir aux taxis: ils sont légion dans ce quartier. ■

Les gratte-ciel de Pudong illuminés.

Le parc de Pudong

Parc de Pudong
(Pudong Gongyuan)
Plan p. 129, A3
6h-18h
€

**Tour
Oriental Pearl
de télédiffusion**
(Dongfang Mingzhu
Guangbao Dianshi Ta)
2 Lane 504
Lujiazui Lu
5879 1888
8h-22h
€€-€€€

**Musée municipal
d'Histoire
de Shanghai**
(Shanghai Chengshi Lishi
Fazhan Chenlieguan)
Tour de télévision
Oriental Pearl
5879 1888
8h-21h30
€€

AU PIED DES GRATTE-CIEL QUI FONT FACE AU BUND, LE PARC DE PUDONG offre une belle étendue de pelouses vertes, plantée de saules pleureurs et sillonnée de petits canaux. Il se tapisse à l'ombre – littéralement – de quelques-uns des plus hauts gratte-ciel de Chine.

Au sud du parc de Pudong et à deux pas de la sortie est du tunnel touristique du Bund se dresse la **tour Oriental Pearl de télédiffusion**, qui domine, du haut de ses 468 m, la rive est du Huangpu Jiang et suscite des sentiments contradictoires. Si la majorité des Shanghaiens en sont fiers, à juste titre compte tenu des prouesses qu'elle représente, elle n'est pas, loin s'en faut, le plus bel édifice de Pudong. Il est vrai que, comme son nom l'indique, c'est une antenne de radio et de télédiffusion, d'où neuf chaînes de télévision et dix stations FM retransmettent. Cependant, elle attire les touristes, chinois et étrangers, qui y viennent pour la vue qu'elle offre sur la ville. Et il faut bien admettre que, toute illuminée, la nuit, elle offre un spectacle saisissant.

Érigée en 1995, la tour se compose de onze sphères de différentes tailles soutenues et réunies par trois colonnes. Elle aurait été inspirée par un poème de la dynastie Tang évoquant le tintement de perles sur un plateau de jade : les sphères argent et rouge foncé représentent les perles, tandis que le Huangpu Jiang symbolise le jade. Plus imaginatifs encore, les architectes associent les ponts voisins Yangpu et Nanpu aux « dragons chinois batifolant avec les perles de la tour ». La tour est ouverte au public et constituée de trois plates-formes d'observation. La plus haute, le « module de l'espace », s'élève à 350 m au-dessus du sol, le « belvédère », à 263 m, et la « cité de l'espace », à 90 m.

De ces trois niveaux, comme du restaurant tournant, situé à une hauteur de 267 m, on peut jouir d'une vue imprenable sur le Huangpu Jiang et le Bund.

Au-dessous de la tour, le **musée municipal d'Histoire de Shanghai** retrace l'histoire de la ville de la première guerre de l'opium en 1842 à nos jours, en présentant – souvent avec film à l'appui – tous les aspects de la vie, du commerce et du transport de l'opium à sa consommation dans les fumeries et à l'incidence qu'il a eue sur la criminalité. Si vous cherchez bien, vous verrez aussi la pierre qui marquait la frontière de la concession internationale, ainsi que l'un des lions en bronze qui gardait autrefois l'entrée de la Banque de Hong Kong et de Shanghai sur le Bund.

Sur le côté est du parc de Pudong, l'**aquarium océanographique de Shanghai** vaut une visite. Créé conjointement avec Singapour, il est constitué d'un tunnel subaquatique de 155 m de long permettant au public de voir évoluer, sur 270°, toutes sortes de requins, tortues et autres créatures marines. À cela s'ajoutent neuf galeries exposant quelque 15 000 spécimens de poissons en provenance du monde entier, et plus particulièrement des espèces peuplant le Yangzi Jiang.

Au nord-ouest du parc de Pudong, le **Royaume naturel des insectes** est le domaine des serpents, lézards et autres reptiles, mais en réalité de presque tous les insectes de la planète, des plus beaux spécimens de papillons aux espèces les moins sympathiques, comme les scorpions et les millepattes. C'est un lieu que les enfants apprécieront et l'entrée est gratuite pour les tout-petits (moins de 80 cm). Sans doute préférerez-vous vous abstenir de les

emmener, juste à côté, à l'**Exposition de la culture sexuelle chinoise,** qui se trouve à la sortie est du tunnel touristique du Bund. Ce musée un peu inhabituel dresse un catalogue détaillé de nombreux aspects de l'érotisme et de la sexualité en Chine, parmi lesquels la castration des eunuques, la coutume exclusivement chinoise consistant à bander les pieds des femmes, les maisons closes et la prostitution. Il a également une vocation pédagogique, puisqu'il traite d'hygiène en matière sexuelle, de l'égalité des sexes et de la contraception.

Prise entre le parc de Pudong et le Huangpu Jiang, **Binjiang Dadao,** une magnifique promenade longue de 2,5 km part de l'extrémité nord de Pudong Nanlu et file vers l'ouest puis le sud jusqu'à Dongchang Lu. En parcourant à pied cette grande avenue tranquille et entretenue avec soin qui longe la berge est du Huangpu Jiang, vous pourrez profiter de la vue imprenable sur le fleuve et les bateaux qui le sillonnent, sur le Bund, le pont Waibaidu et le bâtiment imposant de l'ancien consulat de Russie à Hongkou (*voir p. 142*). ■

Aquarium océanographique
(Shanghai Haiyang Shuizuguan)
✉ 158 Yincheng Beilu
☎ 5877 9988
🕐 9h-18h
€ €€€

Royaume naturel des insectes
(Da Ziran Yesheng Kunchong Guan)
✉ 1 Fenghe Lu
☎ 5840 5921
🕐 9h-17h
€ €€

Dans le tunnel subaquatique de l'aquarium, l'océan est au-dessus de vous.

Exposition de la culture sexuelle chinoise
(Zhonghua Xing Wenhua Hexing Jiankang Jiaoyuzhan)
✉ 2789 Binjiang Dadao
☎ 5888 6000
🕐 8h-22h
€ €€€

Bateaux de croisière confortables et barges industrielles se croisent sur le Huangpu Jiang.

Croisière sur le Huangpu Jiang

Une croisière sur le Huangpu Jiang permet de remonter le temps comme de découvrir un Shanghai tourné vers l'avenir. Toutes les heures, des bateaux partent de Pearl Dock, dont l'embarcadère est situé tout près de la tour Oriental Pearl. D'autres prennent les voyageurs à Jinling, sur la rive ouest du fleuve, près de l'extrémité sud du Bund. Le choix est large, du parcours le plus simple au plus complet. À vous de décider si vous voulez faire l'excursion de jour ou de nuit. Les croisières les plus courtes (30 min.) sont idéales le soir, les lumières du Bund et de Pudong offrant un spectacle éblouissant, tandis que de jour, en optant pour une excursion plus longue (jusqu'à 3h30), vous verrez aussi les docks.

La croisière décrite ici part de Pearl Dock et prend le fleuve en amont (vers le sud), avec le Bund à tribord (sur la droite) et le parc de Pudong et les gratte-ciel de Lujiazui à bâbord (sur la gauche). Le bateau passe sous la masse impressionnante du **pont Nanpu** (*voir p. 104*) ❶, puis vire et navigue alors en aval. Les croisières courtes ne vont pas au-delà du pont Nanpu ; les plus longues atteignent l'embouchure du Yangzi Jiang, sur un trajet aller-retour de 60 km, et des rafraîchissements sont compris dans le prix du voyage.

En l'aval du Bund, le bateau croise la **rivière Suzhou** et le **pont historique Waibaidu** ❷, sur la rive gauche, et passe devant l'**ancien consulat de Russie**, les docks de Tilanqiao et le gigantesque **pont Yangpu** ❸. D'une envergure stupéfiante (7 658 m), ce pont suspendu enjambe le fleuve tout en permettant le trafic des navires marchands de gros tonnage. Inauguré en 1993, le pont Yangpu relie Hongkou et le nord de Shanghai à Pudong et à l'aéroport. Des grues de chantier naval s'activent tout le long des deux rives du Huangpu Jiang.

Plus loin en aval s'active le premier le port de Chine. Environ 2 000 navires de transport maritime et quelque 18 000 de transport fluvial y jettent l'ancre chaque année, et votre excursion vous amènera à croiser toutes sortes d'embarcations, des bateaux de plaisance et des ferries aux cargos et aux navires de la marine de guerre (qu'il est interdit de photographier).

Au-delà du pont Yangpu, l'**île de Fuxing** ❹ commence à se profiler. Nichée contre la rive gauche du fleuve et Yangpu, une banlieue nord de Shanghai, l'île est en cours d'aménagement : elle deviendra une marina et une base de loisirs pour plaisanciers. Plus loin sur cette même rive (ouest) du Huangpu Jiang se dessine le **parc forestier de Gongqin** ❺, l'une des zones boisées les plus vastes de Shanghai (*voir p. 154*).

Le site historique de **Wusongkou** vous attend à l'embouchure du Huangpu Jiang, où la « rivière jaune » se déverse dans l'estuaire du Yangzi Jiang. C'est ici que le 16 juin 1842 la marine britannique bombarda l'artillerie Qing, déclenchant la première guerre de l'opium. Le **phare de Wusongkou** ❻, sur la rive gauche et sur la presqu'île de Wusong, marque traditionnellement le confluent, l'endroit précis où le Huangpu Jiang se jette dans l'estuaire du Yangzi Jiang. Plus en aval, à mi-distance des deux berges, s'étendent les îles de Chongming et de Changxing, avec leurs jardins potagers et leurs bateaux de pêche amarrés.

En remontant le Huangpu Jiang, regardez la rive où se trouve Pudong. Des grues signalent l'activité frénétique des docks de Shanghai et, plus encore, la course vers le futur de Pudong, dont l'horizon continue à s'étendre, toujours plus loin, toujours plus haut. ■

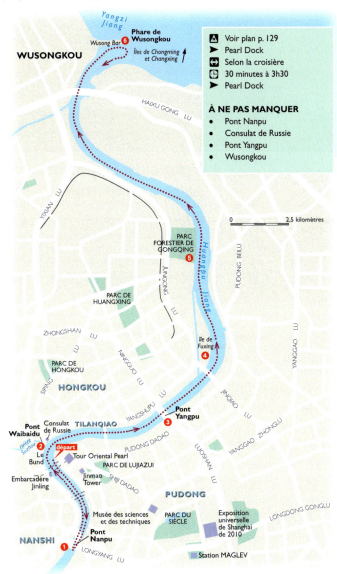

- Voir plan p. 129
- Pearl Dock
- Selon la croisière
- 30 minutes à 3h30
- Pearl Dock

À NE PAS MANQUER

- Pont Nanpu
- Consulat de Russie
- Pont Yangpu
- Wusongkou

0   2,5 kilomètres

Le parc Lujiazui se déploie autour d'un lac où se reflètent les gratte-ciel environnants.

Le parc de Lujiazui et ses alentours

À 700 M AU SUD-EST DU PARC DE PUDONG, L'AUTRE « POUMON VERT » DU quartier, le parc de Lujiazui est le point de convergence des employés descendant des tours environnantes à l'heure du déjeuner. Le lieu a de quoi séduire : ses grandes pelouses, ses allées arborées, son lac émaillé de fontaines sont autant d'invitations à faire une pause bucolique.

Parc Lujiazui
(Lujiazui Gongyuan)
🅰 Plan p. 129
🕐 6h-20h
💶 €

Musée du développement de Lujiazui
(Lujiazui Yingchuan Xiaozhu)
✉ 15 Lujiazui Donglu
☎ 5887 9964
🕐 10h-17h
💶 €€

Bourse de Shanghai
(Shanghai Zhengquan Jiaoyisuo)
✉ 528 Puong Nanlu
🕐 10h-17h
💶 €

À l'est du parc, allez voir le **musée du développement de Lujiazui** (Lujiazui Yingchuan Xiaozhu). Cette belle demeure, dont l'architecture très traditionnelle datant de 1917 paraît presque incongrue à cet endroit, est un vestige du passé de Pudong et un rappel brutal du rythme effréné auquel le secteur se transforme.

Construite pour le magnat du transport maritime Chen Guichun, la propriété fut l'une des plus grandes maisons particulière de la ville, avec une surface au sol de 2 765 m². L'armée impériale japonaise y établit son commandement pendant la guerre sino-japonaise et la demeure subit d'autres affronts – notamment le saccage de ses boiseries – lors de la Révolution culturelle. Restaurée avec soin, elle sert aujourd'hui de hall d'exposition retraçant le développement de Pudong. Vous y trouverez des métiers à tisser et des outils agricoles utilisés autrefois, ainsi que de beaux meubles anciens en bois et d'autres antiquités.

À l'extrémité sud du parc Lujiazui se dresse la **Bourse de Shanghai** (le public n'a pas accès à la salle des marchés), une masse de béton et d'acier. Abritant la plus grande Bourse des valeurs de la Chine continentale, ce bâtiment se veut un monument à la gloire de l'industrie, érigé dans la plus grande ville de Chine ; il est censé évoquer par sa forme une pièce de monnaie chinoise ancienne, ronde et percée en son centre d'un trou carré. ∎

La tour Jinmao

AU SUD DU PARC DE LUJIAZUI SE DRESSE UN MONOLITHE DE VERRE ET d'acier qui domine le paysage et se voit d'à peu près partout à Shanghai : la tour Jinmao. Culminant à 421 m, c'est – pour peu de temps encore – le gratte-ciel le plus haut du pays (et le troisième à l'échelle mondiale). Mais, compte tenu de la frénésie qui s'est emparée des urbanistes dans le sud-est asiatique, ces records ne tarderont pas à être battus.

Tour Jinmao
(Jinmao Dasha)
📖 Plan p. 129
✉ 88 Shiji Dadao
☎ 5047 5101
🕐 8h30-22h
€ €€

Inaugurée en 1998, la tour Jinmao compte 87 étages. Il faut moins d'une minute aux ascenseurs ultra-rapides pour atteindre la **plate-forme d'observation** au dernier étage, d'où (par temps clair) la vue sur Pudong et Puxi justifie le tarif élevé de l'entrée.

Conçu par l'architecte Adrian Smith, de Chicago, qui a réussi le pari de marier l'architecture chinoise moderne et ancienne, le bâtiment, constitué de 16 segments distincts, évoque subtilement une pagode. Les 49 premiers étages sont occupés par des bureaux ; au-dessus se dresse l'hôtel le plus haut du monde, le **Grand Hyatt Shanghai** (Jinmao Kaiyue Dajiudian, *88 Shiji Dadao*, tél. : *5049 1234*). Exceptionnel à tous égards (*voir p. 246*), le Hyatt présente aussi la particularité de posséder un atrium central qui s'élève sur 33 étages au-dessus du hall d'entrée. Attention au vertige ! Six ans après son inauguration, la tour Jinmao s'est vu dépasser par la tour 101 de Taipei, à Taïwan, qui l'a supplantée avec une hauteur de 509 m. Mais la concurrence n'est pas exclusivement internationale : juste à côté de la tour Jinmao s'élève un nouveau géant qui doit être inauguré en 2008.

Le **World Financial Center de Shanghai** (Shanghai Guoji Jinrong Zhongxin) comptera 100 étages et atteindra 492 m de haut. Ce centre financier ne sera pas aussi haut que la tour 101 de Taipei, mais c'est uniquement parce que cette dernière est surmontée d'une flèche de 60 m.

Le projet initial prévoyait une ouverture circulaire au sommet du World Financial Center, mais il a fallu très vite modifier les plans devant les réactions horrifiées des Chinois – parmi lesquels le maire de Shanghai –, qui y voyaient une fâcheuse ressemblance avec le drapeau japonais. Une ouverture trapézoïdale avec un pont placé à sa base remplace désormais ce symbole malheureux. ■

Votre ascension jusqu'au sommet de la tour Jinmao sera rapide : 45 secondes exactement du sous-sol à la plate-forme d'observation.

Autres sites à visiter

SHIJI DADAO (CENTURY AVENUE)

Shiji Dadao (avenue du Siècle), que vous verrez retranscrit tantôt comme Century Avenue, tantôt comme Century Boulevard, est une large artère conçue pour ajouter du faste au Pudong du XXIe siècle. L'architecte et urbaniste français Jean-Marie Charpentier imagina un grand axe de 5 km de long et 100 m de large, ceinturé par 10 ha de verdure. Aujourd'hui, Shiji Dadao va du quartier financier de Lujiazui à Shiji Gongyuan, au sud-est, et constitue l'une des promenades en voiture les plus agréables de la ville.

 Plan p. 129 Lujiazui, Dongchang Road, Dongfang Road, Yanggao Road South

SHIJI GONGYUAN (CENTURY PARK)

Shiji Gongyuan (Century Park), conçu par des paysagistes britanniques, est l'espace vert le plus grand de Pudong, voire de Shanghai. On peut y louer des barques et des vélos, et même y pêcher. Il est doté de nombreuses aires de pique-nique et de jeux pour les enfants.

 Plan p. 129 1001 Jinxiu Lu 5833 5621 7h-18h € Shiji Gongyuan (Century Park)

NEXT AGE DEPARTMENT STORE

Next Age (Xinshiji Shanghsha) est le plus vaste des grands magasins de Pudong, et peut-être d'Asie, encore que l'expansion de la région rende vaines ce genre de statistiques. Toujours est-il que le Next Age est absolument gigantesque. Rattaché au supermarché japonais Yaohan, ce complexe sur 10 niveaux abrite 150 magasins ainsi que des salles de cinéma au dernier étage.

 Plan p. 129 501 Zhangyang Lu 5830 1111 Dongchang Road

QINCI YANGDIAN SI

Un peu à l'écart du croisement de Yuanshen Lu et de Shenjianong Lu, à 1,5 km environ du grand magasin Next Age, Qinci Yangdian Si est le plus grand temple taoïste de Shanghai. S'il date vraisemblablement de la période des Trois Royaumes (220-280), tout indique qu'il a été restauré au cours de la dynastie Qing. Laissé pendant des années à l'abandon après la Révolution culturelle, le temple a été réhabilité en 1982 par l'association taoïste de Shanghai. Il est dédié à des figures essentielles du taoïsme telles que le Grand Empereur de la montagne sacrée de l'Orient et la Première Dame du nuage d'émeraude.

 Plan p. 129 476 Yuanshen Lu 5882 8689 8h-16h € Dongfang Road

CENTRE D'ART ORIENTAL DE SHANGHAI

Conçu par l'architecte français Paul Andreu (à qui Pudong doit aussi son aéroport international), le Centre d'art oriental de Shanghai (Shanghai Dongfang Yishu Zhongxin) est un édifice élégant de verre et d'acier d'une forme qui évoque une orchidée. Sa construction a coûté quelque 100 millions d'euros. Ouvert en

2005, il abrite l'orchestre symphonique de Shanghai. Constitué d'une grande salle de concerts de 2 000 places et d'une plus petite de 300 places, ainsi que d'un opéra de 1 000 places, il se flatte de posséder une acoustique et des éclairages à la pointe de la technologie. Allez voir, au deuxième étage, la collection de boîtes à musique européennes anciennes, qui mérite une visite (Shanghai Gallery of Antique Music Boxes, *ouvert 11h-16h30, €*).

🅰 Plan p. 129 ✉ 425 Dingxiang Lu
☎ 6854 7647 🕐 Guichet 10h-20h
🅴 €€-€€€€ suivant les spectacles 🅼 Shanghai Science and Technology Museum

MUSÉE DES SCIENCES ET DES TECHNIQUES

Près de l'extrémité sud-est de Shiji Dadao (et non loin du parc), le musée des sciences et des techniques (Shanghai Kexue Keji Bowuguan) séduira particulièrement enfants et adolescents par ses excellentes bornes interactives qui expliquent l'histoire naturelle, les sciences et les techniques. On y trouve aussi des reconstitutions de forêts vierges et de volcans, ainsi qu'une salle Imax.

🅰 Plan p. 129 ✉ 2000 Shiji Dadao
☎ 6862 2000 🕐 9h-17h15, fermé lun. 🅴 €€
🅼 Shanghai Science and Technology Museum

PARC ANIMALIER DE SHANGHAI

Dans le district de Nanhui, vers le sud de Pudong, le parc animalier de Shanghai (Shanghai Yesheng Dongwuyuan) s'étend sur

Il est rare que l'ambiance soit aussi calme dans Century Park, fréquenté en général par un public très nombreux.

Un touriste photographie les créations sophistiquées du jardin olympique de Century Park.

La ligne Maglev

La ligne Maglev de Shanghai (Shanghai Cifu Shifan Yunying Xian) est la première ligne de chemin de fer commerciale au monde à utiliser un train à très grande vitesse à sustentation magnétique. Mis en service en 2004, ce train couvre les 30 km reliant la station Longyuang Lu (ligne 2 du métro de Shanghai) à l'aéroport international de Pudong en un temps record de 7 minutes et 20 secondes seulement, soit à une vitesse de 431 km/h.

Une extension (cofinancée par le groupe allemand Transrapid Konsortium) est déjà prévue. La nouvelle ligne ira jusqu'à Hangzhou, sur la côte, et le Maglev mettra à peine 27 minutes pour en parcourir les 170 km. Coût de l'opération ? La bagatelle de 30 milliards de yuans, soit environ 3 milliards d'euros. Espérons que la réalisation de ce projet se révélera aussi rapide que le train : si le calendrier est respecté, la ligne sera inaugurée en 2010, juste à temps pour l'exposition universelle. ∎

200 ha et compte environ 200 espèces d'animaux sauvages. Parmi eux, de grands félins (tigres, lions et guépards), des animaux importés d'autres pays (zèbres, girafes, hippopotames, flamants roses et ours) et d'autres créatures exotiques ou peu courantes (éléphants, chameaux, phoques, morses, ainsi qu'une multitude de races de singes et de lémuriens). Les visiteurs sont emmenés en safari dans de petits bus, mais peuvent aussi se promener à pied dans certaines zones. Les animaux évoluent ici dans un espace plus vaste et un environnement plus naturel qu'au zoo de Shanghai (*voir p. 163*).
🗺 Plan p. 129 ✉ Sanzao Village, Nanhui District ☎ 5803 6000 🕐 8h-17h 💶 €€€
🚇 Pas de métro, prendre un taxi ou le bus 2 partant du stade de Shanghai

ANCIENNE VILLE DE XINCHANG

Les dépliants touristiques vantent Xinchang comme étant la dernière vieille ville de Shanghai. De fait, l'ancienne ville de Xinchang (Xinchang Gucheng), située plus au sud de Pudong dans le district de Nanhui, est une authentique ville marine remontant à la dynastie Song (960-1279). Xinchang était autrefois rattachée à Suzhou et prospérait grâce à l'exploitation du sel de mer. Restaurée de façon intelligente, elle reste relativement peu développée. Vous y trouverez une vingtaine de demeures datant des périodes Ming et Qing, ainsi qu'un nouveau centre culturel où vous découvrirez le mode de vie traditionnel de cette communauté.
✉ Xinchang Town, Nanhui District 🚇 Pas de métro, prendre un taxi ∎

Les districts de Hongkou
et de Zhabei, où se
concentraient jadis des entrepôts
et des usines insalubres, étaient aussi
le lieu de résidence de nombreux
écrivains et d'une communauté juive.
Réhabilités, les bâtiments industriels
font du nord de la rivière Suzhou
une véritable scène artistique.

Shanghai nord

**Un musicien
dans le parc de Lu Xun.**

Shanghai nord

DE PRIME ABORD, HONGKOU ET ZHABEI N'ATTIRENT PAS AUTANT LES TOURISTES QUE LES quartiers plus connus au sud de la rivière Suzhou. Loin des larges boulevards de l'ancienne concession française et de l'élégance très britannique du Bund, Shanghai nord semble à la fois plus pauvre et plus authentique. Pourtant, Hongkou et Zhabei peuvent se targuer d'une histoire intense – souvent tragique –, étroitement liée à l'importante communauté juive qui vécut à Shanghai. Enfin, Hongkou se distingue par sa riche tradition littéraire.

La rive gauche de la rivière Suzhou est bordée à l'est par le quartier industriel de Hongkou et à l'ouest par Zhabei. La gare de Shanghai marque la pointe occidentale de Zhabei, et Hongkou s'étend au-delà de la rivière Hongkou jusqu'à Yangpu. En 1863, ces deux quartiers furent englobés dans la concession internationale, qui réunissait les concessions américaine et britannique. La zone au sud de la rivière Suzhou devenant le district central, Zhabei et une partie de Hongkou formèrent le district nord et le reste de Hongkou fut englobé dans le district est.

Les lumières du Shanghai colonial brillaient surtout dans le district central et la concession française ; les quartiers de Shanghai nord étaient plus populaires et nettement moins prestigieux. Ils accueillirent néanmoins les derniers élé-ments qui donnèrent à la ville son caractère multinational, notamment des soldats japonais à Zhabei et des juifs à Hongkou.

Le secteur fut dévasté par les Japonais, en 1932, lorsque leur artillerie attaqua la gare de Shanghai nord, puis en 1937 quand ils la placèrent sous le commandement des autorités maritimes. Malgré ces destructions, Hongkou a conservé suffisamment de traces de l'ancienne présence juive pour que la visite du « Shanghai juif » suscite un intérêt réel. Hongkou, où vécut et fut enterré Lu Xun, le plus grand écrivain de la Chine moderne, se targue de posséder un passé littéraire remarquable. La renaissance du quartier de Duolun Lu, devenu un centre de la vie littéraire, s'est nourrie du souvenir du grand écrivain.

Depuis, Zhabei s'est remis des dégâts infligés par les attaques des Japonais comme de la misère noire qui s'en est emparée pendant les 30 premières années de régime communiste. Ce quartier, désormais prospère, est festonné de parcs et de galeries d'art. Il comprend également l'impressionnant temple du Bouddha de jade.

Le nord de Hongkou et de Zhabei accueille des écoles, dont les universités de Tongji et de Fudan, ainsi que le parc forestier de Gongqing et le Shanghai Circus World. Les deux districts ont profité du fabuleux essor économique de Shanghai ces dernières années et Sichuan Beilu est devenue l'une des rues commerçantes les plus fréquentées du nord de la ville. ■

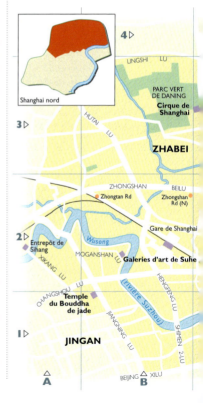

Shanghai nord

4 ▷
LINGSHI   LU
PARC VERT DE DANING
Cirque de Shanghai
3 ▷
HUTAI   LU
ZHABEI
ZHONGSHAN   BEILU
Zhongtan Rd
Zhongshan Rd (N)
Gare de Shanghai
2 ▷
Entrepôt de Sihang
Wusong
MOGANSHAN   LU
Galeries d'art de Suhe
XIKANG   LU
CHANGSHOU   LU
Temple du Bouddha de jade
(rivière Suzhou)
HENGFENG LU
SHIMEN 2 LU
JIANGNING   LU
1 ▷
JINGAN
△ A
BEIJING △ XILU
B

Le pont Waibaidu offre une vue imprenable sur les gratte-ciel de Pudong.

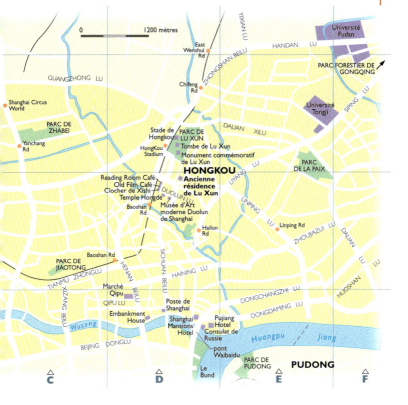

0   1200 mètres

YIXIAN LU

Université Fudan

East Wenshui Rd

HANDAN LU

ZHONGSHAN BEILU

PARC FORESTIER DE GONGQING

GUANGZHONG LU

Chifeng Rd

SIPING LU

Shanghai Circus World

Université Tongji

PARC DE ZHABEI

Stade de Hongkou

PARC DE LU XUN

DALIAN XILU

Yanchang Rd

HongKou Stadium

Tombe de Lu Xun

Monument commémoratif de Lu Xun

PARC DE LA PAIX

LIYANG LU

HONGKOU

Reading Room Café
Old Film Café
Clocher de Xishi
Temple Hongde

Ancienne résidence de Lu Xun

DUOLUN LU

LINPING LU

Baoshan Rd

Musée d'Art moderne Duolun de Shanghai

Linping Rd

Hailun Rd

ZHOUJIAZUI LU

DALIAN LU

PARC DE JIAOTONG

Baoshan Rd

SICHUAN BEILU

HAINING LU

HENAN BEILU

HUOSHAN LU

TIANMU ZHONGLU

XIZANG BEILU

Marché Qipu

QIPU LU

DONGCHANGZHI LU

DONGDAMING LU

Embankment House

Poste de Shanghai

Wusong

Shanghai Mansions Hotel

Pujiang Hotel

Consulat de Russie

BEIJING DONGLU

pont Waibaidu

Huangpu Jiang

PARC DE PUDONG

Le Bund

PUDONG

C   D   E   F

La poste de Shanghai (1924) abrite un musée ; un parc spectaculaire a été aménagé sur les toits.

Hongkou

Les poutrelles en fer du pont Waibaidu sont considérées en général comme la frontière nord du Bund. Elles marquent aussi la limite sud du district historique de Hongkou, en pleine renaissance malgré son éloignement du centre. La scène artistique très en vogue de Duolun Lu et l'université voisine de Fudan y créent peut-être une atmosphère moins clinquante que celle d'autres quartiers de Shanghai, mais n'en offrent pas moins une alternative à la frénésie touristique du centre.

À Hongkou, les sites intéressants sont principalement Duolun Lu et l'ancien ghetto de Shanghai – où des milliers de juifs se sont réfugiés avant la Seconde Guerre mondiale. Ils sont décrits dans les pages suivantes.

Plusieurs édifices valent le détour. Juste après le pont Waibaidu, par exemple, se dressent deux des vestiges les plus connus du Shanghai colonial. Édifié en 1935, le **Shanghai Mansions Hotel** (*20 Suzhou Beilu, tél. : 6324 6260*), qui domine la rive gauche de la rivière Suzhou, fut, à ses débuts, un immense immeuble d'habitation de 18 étages, les Broadway Mansions. Dans les années 1930 et 1940, le Club des correspondants étrangers de Shanghai occupait les étages supérieurs. Le balcon d'observation du 17ᵉ étage offre toujours une vue extraordinaire sur le Bund et sur Pudong, à l'est.

Derrière le consulat de Russie, l'Astor House est devenue le **Pujiang Hotel** (*Pujiang Fandian, 15 Huangpu Lu, tél. : 6324 6388*). Hôtel le plus coté de Shanghai, il attira jadis des clients de marque, tels Ulysses S. Grant, Albert Einstein et Charlie Chaplin.

Ne manquez pas la **poste de Shanghai** (Shanghai Youzheng Ju, *250 Suzhou Beilu, tél. : 6306 0438*), construite en 1924, qui se distingue par ses lignes classiques et sa tour d'horloge, ainsi que l'**Embankment House**, dans Suzhou Beilu, bâtie en 1932 par le richissime homme d'affaires juif sir Victor Sassoon. Ce bâtiment était à l'époque le plus vaste immeuble d'habitation de la ville. ■

Duolun Lu

Ancien repaire de l'écrivain Lu Xun et d'autres artistes engagés, Duolun Lu est aujourd'hui appréciée pour ses salons de thé, ses boutiques et ses maisons anciennes.

EN REMONTANT SICHUAN BEILU, AU NORD DU PONT WAIBAIDU, VOUS DÉcouvrirez Duolun Lu, un centre vivant de créativité au cœur de Hongkou. Installée dans un quartier restauré de *shikumen* (*voir pp. 20 et 100-101*), Duolun Lu Wenhua Jie (rue des célébrités culturelles de la route Duolun, son nom officiel) honore et commémore le cercle littéraire chinois qui marqua les lieux de son empreinte.

Loin de sa saleté d'antan, Duolun Lu est devenue une rue piétonne assez chic, bordée de galeries d'art, d'antiquaires, de cafés, de salons de thé et de statues des plus grands tenants de la littérature chinoise moderne : Lu Xun (1881-1936, *voir p. 145*), Guo Moruo (1892-1978), Feng Xuefeng (1903-1976), Ye Shengtao (1894-1988), Shen Yimo (1883-1971) et d'autres. La statue d'Uchiyama Kanzo (1885-1959) rend hommage à ce libraire japonais du quartier qui s'était lié d'amitié avec Lu Xun.

À l'extrémité est de la zone piétonne, le **musée d'Art moderne Duolun de Shanghai** et ses six étages accueillent une collection d'art contemporain comprenant les œuvres d'artistes en résidence. À quelques pas de Duolun Lu, le **musée des Écrivains de gauche de Chine** (Zhongguo Zuolian Bowuguan, *2 Lane 201 Duolun Lu, ouvert 9h30-16h30, €*) se dresse à l'emplacement de l'ancienne Ligue des écrivains de gauche, fondée par l'écrivain Lu Xun et d'autres intellectuels en 1930.

Au n° 59 de Duolun Lu, les toits en pagode du **temple Hongde** (Hongde Tang) semblent signaler une pagode bouddhique ou taoïste, mais il s'agit en réalité d'une église chrétienne bâtie en 1928 (*messes le dim., ouvert 7h-8h30 et 9h30-11h*), seul exemple d'église construite dans le style chinois à Shanghai. Toujours dans Duolun Lu, plusieurs petits musées sont consacrés à quelques curiosités, telles que le

Shanghai des années 1920 (n°s 179-181), des souvenirs de Mao Zedong (n° 183), la porcelaine chinoise (n° 185) et les baguettes (n° 191).

La vie dans les cafés est très active, les plus fréquentés étant **The Old Film Café** au n° 123, près du **clocher de Xishi** en brique rouge, et le **Reading Room Café** au n° 195. L'ambiance du quartier oscille entre une authentique nostalgie pour le Hongkou du XIXe siècle et un désir mercantiliste bien actuel d'en tirer profit. ∎

Duolun Lu

Plan p. 141, D2-D3

Musée d'Art moderne Duolun de Shanghai (Shanghai Duolun Xiandai Meishuguan) www.duolunart.com

27 Duolun Lu

6587 2503

9h-17h30 fermé le lun.

€

Sur les traces de Lu Xun

Le parc de Lu Xun, fréquenté par les adeptes du taï-chi, abrite la tombe de l'écrivain Lu Xun.

CONSTITUANT AUTREFOIS UN LIEU DE RALLIEMENT POUR LES ÉTRANGERS, Duolun Lu et le centre de Hongkou sont désormais indissociables du nom du grand écrivain Lu Xun. Considéré comme le père de la littérature vernaculaire chinoise (*baihua*), Lu Xun vécut dans ce quartier de 1927 à 1936.

Un écrivain engagé

Né en 1881 à Shaoxing, dans la province du Zhejiang, au sud de Shanghai, Lu Xun fit ses études à l'Académie navale de Jiangnan avant d'accepter une bourse du gouvernement Qing pour aller étudier la médecine à l'université de Sendai, au Japon. Là, il assista à un spectacle de lanternes magiques où un Chinois accusé d'espionnage par les Japonais allait être décapité. Profondément choqué, il décida qu'il était plus important de soigner les malheurs de ses compatriotes que leurs afflictions physiques. Intellectuel de gauche – sans jamais avoir adhéré au Parti communiste –, Lu Xun consacra sa vie à écrire plus d'une trentaine de romans, d'essais et de nouvelles. Par ailleurs, il traduisit en chinois des grands auteurs russes et anglais et écrivit dans des revues littéraires, dont *La Jeunesse*. Il publia sa première nouvelle, *Le Journal d'un fou*, en 1918. Inspirée en partie par l'œuvre de Nicolas Gogol qui porte le même titre, elle est considérée comme le premier texte *baihua* (chi-

nois vernaculaire) à avoir été publié. Une autre nouvelle, *La Véritable Histoire d'Ah Q*, passe aussi pour un chef-d'œuvre. En 1927, Lu Xun s'installa à Hongkou, où il vécut, et mourut, en 1936, succombant à la tuberculose. Membre fondateur de la Ligue des écrivains de gauche, il soutint activement le Mouvement du 4 mai 1919. ■

Buste en bronze de Lu Xun.

Ancienne résidence de Lu Xun
(Lu Xun Guju)
▲ Plan p. 141, D2
✉ 9 Lane 132, Shanying Lu
☎ 5666 2608
🕑 9h-16h
€ €

Stade de Hongkou
(Hongkou Tiyuguan)
✉ 444 Dongjiangwan Lu
🚇 Hongkou Station

L'**ancienne résidence de Lu Xun** est située à quelques pas au nord de Duolun Lu. L'écrivain – Zhou Shuren de son nom de naissance – vécut six ans dans cette maison de deux étages en brique. Transformée en musée, elle présente les meubles ainsi que les effets personnels de l'écrivain. (Les 16 000 livres de sa bibliothèque sont conservés au musée Lu Xun à Pékin.)

À quelques minutes à pied au nord de cette maison s'étend le **parc Lu Xun** (Lu Xun Gongyuan, *ouvert 6h-18h*). Les habitants du quartier viennent pratiquer leur gymnastique dans cet espace vert agréable qui est concentré autour d'un petit lac. Vous y verrez une statue en bronze de Lu Xun assis,

sa **tombe** (Lu Xun Ling) ainsi que son **monument commémoratif** (Lu XunJininguan, *ouvert 9h-17h, €*). L'inscription gravée sur la tombe est signée de Mao Zedong ; Zhou Enlai, Premier ministre de la République populaire de Chine, et Xu Guangping, la veuve de Lu Xun, plantèrent les arbres qui la flanquent. La salle d'exposition du monument abrite une collection de souvenirs de Lu Xun, tels que ses lunettes à monture d'écaille, ses porte-plume et des manuscrits.

Au nord-ouest du parc Lu Xun se trouve le **stade de Hongkou** (Hongkou Tiyuguan), d'une capacité de 35 000 places. Il est particulièrement apprécié par les fans de football. ■

Promenade dans le quartier juif

À la fin du XIXe siècle et au début du XXe siècle, Shanghai devint le centre de la *diaspora* juive en Asie. Dans les années 1870, la première vague d'immigrants, principalement séfarades, venus de Bagdad en passant par Bombay, comptait de riches hommes d'affaires, tels les Sassoon et les Hardoon qui devinrent les notables les plus en vue de la ville. Dans les années 1920 et 1930, la deuxième vague, composée en majorité d'ashkénazes, gagna Shanghai dans des conditions totalement différentes, fuyant la révolution bolchevique en Russie, puis la montée du nazisme en Allemagne.

Une rue résidentielle dans l'ancien quartier juif de Hongkou.

Vers la fin des années 1930, Hongkou était le quartier juif le plus important de Shanghai, comptant quelque 20 000 résidents juifs, des réfugiés apatrides pour la plupart. Pendant l'occupation japonaise de la Seconde Guerre mondiale, ils furent confinés dans un ghetto occupant les quelques rues autour de la vieille synagogue de Hongkou. Un grand nombre partit à la fin de la guerre et, après l'arrivée au pouvoir des communistes en 1949, ils ne furent que quelques dizaines à rester. Si la population juive de Shanghai ne représente plus qu'une infime minorité, une promenade dans le quartier Hongkou permet de percevoir le passé juif du quartier.

Partez du **pont Waibaidu** ❶ en longeant Dongdaming Lu vers l'est sur 2 km et tournez au nord-est dans Huoshan Lu. Au milieu de cette rue, vous verrez le Broadway Disco –

autrefois **théâtre Broadway** ❷ (*65 Huoshan Lu*) –, qui abritait un café juif, le Vienna Café. Dans les années 1930, seule cette partie de Hongkou était éclairée la nuit.

Continuez vers l'est dans Huoshan Lu ; vous passerez devant une série de maisons précédées d'un jardinet, qui appartenaient à des familles juives. Entrez dans le minuscule **parc Huoshan** (*ouvert 6h-18h*) et observez la stèle en pierre portant des inscriptions en chinois, en hébreu et en anglais. Elle rappelle le rôle du quartier, ancien « refuge des apatrides » – jusqu'en 1939, Shanghai n'exigeait pas de visa. Ce monument fut élevé en 1993, à l'occasion de la visite de Yitzhak Rabin, alors Premier ministre israélien.

Tournez au nord pour emprunter Zhoushan Lu, autre rue bordée de maisons et surnommée « la petite Vienne » pour ses boutiques et ses cafés. Michael Blumenthal, ancien ministre des

Finances américain, le grand producteur de cinéma Michael Medavoy et le fondateur de la *Far Eastern Economic Review*, Eric Halpern, y ont habité ; nombreux également sont ceux qui y écrivirent leurs mémoires.

Dans Changyang Lu, une rue minuscule, tournez vers l'ouest et continuez jusqu'à la **synagogue d'Ohel Moishe** ❸ (Moxi Huidang, *62 Changyang Lu, tél. : 6541 5008, ouvert 9h-16h30 en semaine, €*), qui vient d'être rénovée. Véritable centre du quartier, elle est devenue le **Mémorial juif de Shanghai** (*62 Changyang Lu*). Cette synagogue fut édifiée en 1927 à l'intention de la communauté juive de Hongkou, composée alors surtout de Russes ashkénazes et administrée par Meir Ashkenazi, grand rabbin de Shanghai de 1926 à 1949. Ce n'est aujourd'hui plus un lieu de culte mais un centre dédié à la mémoire juive de Shanghai, où s'instruire sur ce volet de l'histoire de la ville. Sur plusieurs niveaux sont exposés des clichés retraçant la vie des juifs à Shanghai, des photos de personnalités ayant récemment visité les lieux (Yitzhak Rabin y occupe la place d'honneur), ainsi que des meubles et des objets quotidiens antérieurs à 1949.

Les livres en vente au Mémorial comptent des études sur le Shanghai juif (publiées en chinois et en anglais) et une étude sur la communauté bien plus ancienne de Kaifeng, dans la province de Henan, sous la dynastie Song (uniquement en anglais).

Si vous souhaitez plus d'informations sur la présence juive à Hongkou et dans le reste de Shanghai (notamment dans la concession française), contactez le **Centre d'études juives de Shanghai** (*Shanghai Youtai Yanjiu Zhongxin, 7 Lane 622, Huaihai Zhonglu, tél. : 5306 0606 ; voir p. 116*). ∎

🅼 Voir plan pp. 140-141
▶ Pont Waibaidu
↔ 4,8 km
⏱ 1h30
▶ Synagogue d'Ohel Moishe

À NE PAS MANQUER
- Parc Huoshan
- Théâtre Broadway
- Mémorial juif de Shanghai

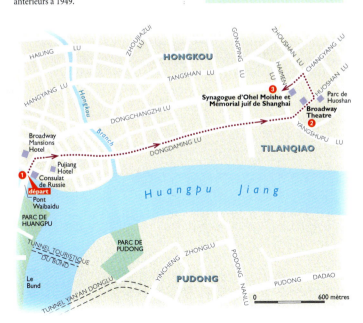

Zhabei

Zhabei, qui jouxte Hongkou à l'ouest, a partagé avec ce dernier bon nombre de ses difficultés et a davantage souffert des exactions de l'armée impériale japonaise. En 1932, puis en 1937, le quartier fut rasé à peu près en totalité par les tirs d'artillerie et les bombardements aériens. Il reste donc fort peu d'édifices anciens. Aujourd'hui, Zhabei est devenu majoritairement résidentiel. Si le quartier est plus tranquille que Hongkou, il conserve néanmoins quelques centres d'intérêt touristiques, de même que le secteur voisin de Jingan, sur la rive opposée de la rivière Suzhou.

Le sud de Zhabei longe, à l'ouest, la rivière Suzhou, derrière la gare de Shanghai. Dans cette zone industrielle où règnent les usines et les entrepôts, découvrez le vaste marché de Qipu Lu et le parc Jiaotong. Le quartier est en pleine transformation : pour y encourager les investissements, les autorités locales aménagent la zone de services modernes de Suzhou, dont l'ancienne Cité Meitai et les entrepôts Sihang, où se déroula une fameuse bataille contre l'armée japonaise en 1937 (*voir p. 152*).

Juste à l'ouest de la rivière Suzhou – en réalité dans le quartier de Jingan (*voir p. 158*), facilement accessible de Zhabei en suivant Tianmu Donglu – se dresse le temple du Bouddha de jade, l'un des sanctuaires bouddhiques les plus intéressants et importants de Shanghai. Quant à Moganshan Lu, toujours à Jingan, c'est un lieu tendance et animé, où fleurissent les galeries d'art et les ateliers d'artistes.

Au nord de Zhabei, faites un détour par le parc de Zhabei et la tombe de Song Jiaoren, un révolutionnaire nationaliste et le premier président du Guomindang (KMT). Au-delà, d'autres attractions en plein air vous attendent, dont le parc vert de Daning, où a lieu une fois par an le Festival du tourisme de Zhabei, et le cirque de Shanghai, où se produit la célèbre Troupe acrobatique de Shanghai. ∎

La gare de Shanghai, à Zhabei, à l'heure de pointe.

Autour de la rivière Suzhou

Un marché aux fruits colorés près de la rivière Suzhou.

LONGUE DE 125 KM, L'ÉTROITE RIVIÈRE SUZHOU (APPELÉE AUSSI Wusong) est issue du Tai Hu (lac Tai), à l'ouest de Shanghai. La modestie de ses proportions semble démentir son importance historique : la rivière joua un rôle important dans le transport fluvial des marchandises entre Shanghai et l'extérieur, et marqua la frontière entre les concessions britannique et américaine au XIXe siècle. Bordée d'anciens entrepôts agricoles et industriels, la rivière Suzhou – surnommée « la rivière puante » par les riverains – était le cours d'eau le plus pollué de la ville au début du XXe siècle.

La rivière Suzhou délimite le sud du quartier de Zhabei. Elle est au cœur d'un projet de réhabilitation, lancé en 1998 et soutenu par un budget total de 11,35 milliards de yuans – soit 1,37 milliard d'euros –, qui prévoit son nettoyage progressif. Quant aux entrepôts, situés dans une zone protégée, ils sont rénovés pour accueillir des boutiques, des bars, des restaurants, et des lieux destinés à favoriser l'essor de la scène artistique shanghaienne. Le projet, qui devrait prendre fin en 2010, envisage aussi la création de parcs dont une ceinture verte de 100 ha.

Au nord de la rivière, après avoir parcouru 650 m dans Henan Beilu, vous atteignez l'immense **marché de Qipu Lu** (Qipu Lu Shihchang, *Henan Beilu et Qipu Lu, ouvert de l'aube à la tombée de la nuit*), spécialisé dans les chaussures et les vêtements. Depuis peu, il semble vouloir succéder au marché de Xiangyang, fermé en 2006 (*voir p. 113*) et spécialisé dans la contrefaçon et les bonnes affaires.

Un peu plus à l'ouest la vaste **gare de Shanghai** (Shanghai Huochezhan, *385 Meiyuan Lu, tél. : 6317 9090*), principal nœud ferroviaire de la ligne Shanghai-Pékin, propose des correspondances vers tout le reste du pays et rend ce quartier, où aboutit l'immigration rurale, peu sûr. ∎

Rivière Suzhou

Plan pp. 140-141, B2-D1

Les temples chinois

La tradition chinoise reconnaît trois religions, assez proches les unes des autres et se rejoignant sous le nom de *san jiao* (les trois écoles) : le confucianisme, le taoïsme et le bouddhisme. Si les deux premières sont tout à fait chinoises, le bouddhisme est parvenu en Chine par la route de la Soie voilà 2 000 ans environ. Il est facile d'identifier les sanctuaires qui sont avant tout confucéens, taoïstes ou bouddhiques. Toutefois, en raison du syncrétisme que prône le *san jiao*, les temples chinois abritent souvent des symboles et des divinités qui sont liées aux deux autres religions.

Les temples confucéens, ou *wenmiao*, sont principalement dédiés à la tradition, à l'éducation et à la piété filiale. Généralement, ils comportent une stèle en pierre, posée sur le dos d'une tortue sculptée dans la pierre, rappelant le nom de lettrés et honorant la tradition de l'instruction qui « flotte à travers les âges tel un parfum ». La plupart de ces temples détiennent des statues du grand philosophe Confucius ou Kong Fuzi (551-479 av. J.-C.) et de ses disciples, dont Mencius ou Mengzi (372-289 av. J.-C.). Les temples confucéens sont assez rares et les plus importants sont situés à Qufu, la ville natale du maître, à Pékin et à Hanoi au Vietnam. À Shanghai, allez voir le Wen Miao dans le sud-ouest de Nanshi (*voir p. 99*).

Les temples taoïstes, ou *guan*, perpétuent la doctrine de Lao-Tseu ou Laozi (vers 570-490 av. J.-C.), qui fut par ailleurs l'auteur du *Dao De Jing* (*Le Livre de la voie et de la vertu*). En plus des représentations de Lao-Tseu, les *guan* renferment souvent des images des Huit Immortels, de l'Empereur de jade et, souvent, de la déesse tutélaire des marins, Taintou – aussi appelée Mazu. Très proche de la nature, le taoïsme enseigne l'harmonie avec le *tao* ou la voie. Vêtus d'une veste et d'un pantalon, les moines taoïstes ou *taoshi* enroulent leurs longs cheveux en chignon. Le temple de Qinci Yangdian, le plus grand de Shanghai, date du Ier millénaire.

Les temples bouddhiques, ou *simiao*, (qui sont appelés *chansi* dans le bouddhisme zen) se distinguent par des représentations de Mile (le Bouddha rieur), de Gautama Shakyamuni (le Bouddha historique), de Maitreya (le Bouddha du futur) et d'Amitabha (le Bouddha infini). Guanyin, déesse de la Compassion, correspond à Avalokiteshvara, divinité indienne qui s'est féminisée en franchissant l'Himalaya. Baignés de nuages d'encens, les temples bouddhiques, gardés par quatre rois célestes, sont

habités par des moines à la tête rasée et vêtus d'une tunique. Les plus célèbres en Chine sont le temple des Lamas à Pékin, celui du Bouddha de jade à Shanghai (*voir p. 153*) et le temple Nan Putuo à Xiamen.

Tous les temples *san jiao* chinois – taoïstes confucéens ou bouddhiques – sont disposés selon les principes de la cosmologie divine, et particulièrement du *feng shui* (littéralement « eau et vent »), la science de la géomancie. Ils sont donc orientés selon un axe nord-sud, les

L'un des nombreux temples bouddhiques de Putuoshan, dont les murs antiques et les volutes d'encens invitent à la méditation.

portes et les entrées donnent sur le sud, plus favorable. Les mauvais esprits ne se déplacent qu'en ligne droite, les murs bloquent les portails, les plans d'eau et les miroirs réfléchissants sont censés les repousser. Des créatures de bon augure – lions et dragons –, décorent les temples, enlaçant piliers et avant-toits. ■

Les galeries d'art de Suhe

Suhe

Plan p. 140, A2-B2

Art Scene Warehouse
✉ Bâtiment 4
50 Moganshan Lu
☎ 6277 4940

LE QUARTIER DES GALERIES D'ART DE SUHE, ABRÉVIATION CHINOISE DE Suzhou, s'étend de part et d'autre de Moganshan Lu, à l'ouest de la rivière Suzhou, dans le quartier de Jingan. Naguère, de disgracieux entrepôts occupaient l'endroit. Les autorités municipales avaient envisagé de les démolir pour les remplacer par des tours d'habitation mais ils leur ont depuis trouvé une nouvelle vocation.

Art Sea Studio and Gallery
✉ Bâtiment 9
50 Moganshan Lu
☎ 6227 8380

Eastlink
✉ Bâtiment 6
50 Moganshan Lu
☎ 6276 9932

ShanghArt
www.shanghaigallery.com
✉ Bâtiment 16
50 Moganshan Lu
☎ 6359 3923

Des amateurs d'art se détendent dans une galerie de Moganshan Lu.

À la fin du XXᵉ siècle, des artistes s'installèrent à Suhe et ouvrirent des galeries ainsi que des ateliers au sein des anciens entrepôts, ce qui lança le quartier. La municipalité soutint ce mouvement. Cinquante galeries de design, de peinture, de photographie, de sculpture et de graphisme virent le jour dans une dizaine d'immeubles et d'entrepôts. Moganshan Lu est devenue une zone piétonnière.

Les galeries les plus connues, **Art Scene Warehouse**, **Art Sea Studio and Gallery**, **Eastlink** et **ShanghArt**, sont situées dans les anciennes filatures de Xinhe. Un après-midi entier est nécessaire pour découvrir ces galeries et les nombreux artistes, originaires de partout dans le monde – de Chine bien sûr, mais aussi d'Europe,

d'Amérique du Nord, d'Israël et du Japon –, qui s'y sont installés.

L'historique **entrepôt de Sihang** (*1 Guangfu Lu*), au croisement de Xizang Beilu et de Guangfu Lu, joua un rôle majeur au cours de la deuxième guerre sino-japonaise. Du 26 octobre au 1ᵉʳ novembre 1937, les troupes du 524ᵉ régiment nationaliste, les « 800 héros », défendirent le bâtiment contre les assauts répétés de la 3ᵉ division d'élite de l'armée japonaise. Ce fait d'armes constitue l'épisode le plus célèbre de la résistance menée dans le quartier de Zhabei contre l'envahisseur. En 2001, le bâtiment a été rebaptisé Sihang New Creative Warehouse (Nouvel entrepôt de Sihang pour la création). Il a été transformé afin d'accueillir des galeries et des ateliers. ■

Le temple du Bouddha de jade

Le célèbre temple du Bouddha de jade offre un havre de paix dans une ville trépidante.

LE CÉLÈBRE TEMPLE DU BOUDDHA DE JADE SE DRESSE SUR LA RIVE DROITE de la rivière Suzhou, au sud de Moganshan Lu. Son histoire débute en 1882 avec l'arrivée de deux précieux bouddhas de jade, rapportés du nord de Myanmar par Huigen, un moine de l'île de Putuoshan (*voir pp. 186-188*). De style traditionnel, achevé en 1918, l'édifice s'organise autour de cinq cours et constitue l'un des temples bouddhiques les plus actifs et les plus vénérés de Shanghai.

Les statues des deux bouddhas, qui provenaient sans doute de la vallée de Mogaung dans l'État de Kachin, prirent place dans un premier temple du Bouddha de jade, détruit pendant la révolution qui renversa les Qing et instaura la république. Heureusement, les deux statues survécurent et un nouveau temple leur fut consacré en 1918, dans Anyuan Lu.

La **salle des Rois célestes** (Tianwang Dian) renferme une grande statue du Bouddha Maitreya, qui est représenté en Bouddha rieur et entouré par les Rois célestes, ses protecteurs divins. Une cour pavée mène à la **grande salle du Trésor** (Daxiong Baodian), qui contient des statues de bouddhas d'hier et d'aujourd'hui, assis sur des trônes dorés. Les fidèles défilent devant un bronze de Guanyin, représentant l'avatar féminin d'Avalokiteshvara, déesse de la Compassion si populaire auprès des Chinois et des adeptes du bouddhisme mahayana dans le monde entier.

Derrière le gong s'ouvre la **salle des Dix Mille Bouddhas** où se déroulent les services religieux. Dans la **salle du Bouddha allongé**, qui est également située au rez-de-chaussée, est exposée l'une des deux statues birmanes rapportées par le moine Huigen au XIXᵉ siècle. Clairement d'origine sud-asiatique, la représentation de Shakyamuni, sculptée dans un morceau de jade d'un seul tenant (96 cm), est liée au bouddhisme theravada.

À l'étage, dans la **salle du Bouddha de jade**, le saint du saint, se trouve la statue principale, qui a donné son nom au temple, le Bouddha de jade ou Yufo. Sculpté dans un morceau de jade blanc, ce Shakyamuni allongé mesure 1,92 m et pèse la bagatelle d'une tonne. ∎

Temple du Bouddha de jade
(Yufo Si)

Plan p. 140, B1

170 Anyuan Lu

6266 3668

8h30-17h

€

De jeunes mariés posent dans l'un des parcs luxuriants de Shanghai.

Autres sites à visiter

PARC VERT DE DANING

Le parc vert de Daning (Daning Lingshi Gongyuan), le plus vaste parc au nord de Shanghai, comprend 68 ha de pelouses, de jardins, de bosquets, de lacs et de cascades. Le Festival annuel du tourisme de Zhabei s'y tient en octobre à grand renfort de concerts, de spectacles laser, de feux d'artifice, de sauts en parachute et de sports nautiques.
🅰 Plan p. 140, B3 ✉ 288 Guangzhong Xilu ☎ 6652 3698 🕐 7h-18 h
🚇 Shanghai Circus World 💶 €

PARC FORESTIER DE GONGQING

Situé sur la rive ouest du Huangpu Jiang, au nord de Zhabei, le parc forestier de Gongqing (Gongqing Senlin Gongyuan) forme un îlot de campagne en pleine ville. Outre ses forêts et ses espaces verts, il propose diverses attractions : canotage, pêche, équitation, escalade (sur une paroi artificielle) ou encore football. Les enfants apprécieront le terrain d'aventure, les montagnes russes et la fête foraine. Le week-end et les jours fériés, la foule envahit le parc.
🅰 Plan p. 140, F3 ✉ 2000 Jungong Lu ☎ 6532 8194 🕐 6h-17h 🚌 Bus 8 ou taxi
💶 €

PARC DE LA PAIX

Dans le nord-est de Hongkou, le parc de la Paix (Heping Gongyuan) propose sur 20 ha un lac artificiel, une réserve d'oiseaux et d'animaux sauvages ainsi qu'un spectacle, « Sea World », qui a pour vedettes des otaries et des dauphins.

Des combats de coqs et de buffles y ont lieu. Le 1er mai, jour de la fête nationale, se déroule les jeux olympiques des porcelets.
🅰 Plan p. 140, E3 ✉ 891 Tianbao Lu ☎ 6272 7912 🕐 5h30-18h 🚇 Sur la ligne 8 du métro
💶 €

CIRQUE DE SHANGHAI

Le cirque de Shanghai (Shanghai Maxi Cheng), principal cirque traditionnel de Shanghai, se distingue par d'extraordinaires acrobates, des funambules, des trapézistes d'une grande témérité, des lions, des tigres, des pandas ainsi qu'une scène tournante, un éclairage et une acoustique de pointe. La Troupe acrobatique de Shanghai s'y produit (voir p. 148).
🅰 Plan p. 140, C3 ✉ 2266 Gonghe Xinlu ☎ 6652 7750 🕐 Ouverture des caisses : 9h-20h 🚇 Shanghai Circus World 💶 €-€€€€€

PARC DE ZHABEI

Lors de son inauguration en 1914, le parc de Zhabei (Zhabei Gongyuan) portait le nom de Song Jiaoren, un nationaliste qui s'opposa aux Qing. Premier président du Guomindang (KMT), il fut assassiné à la gare de Shanghai nord en 1913 et inhumé dans ce parc. Le Festival international du thé s'y tient régulièrement. Une théière dorée géante marque l'entrée et une salle d'exposition présente la longue histoire de ce breuvage.
🅰 Plan p. 140, C3 ✉ 1555 Gonghe Xinlu ☎ 5633 4565 🕐 5h30-17h
🚇 Yanchang Lu 💶 € ∎

Dans les immenses et paisibles banlieues de l'ouest de Huaihai vivent les classes moyennes et les communautés d'expatriés. Commerces, musées et parcs agrémentent ces quartiers, d'où il est facile de partir pour une journée de balade à Jiading, à Sheshan ou à Songjiang.

Shanghai ouest

Détail du temple de Confucius à Jiading.

Shanghai ouest

L'OUEST DE SHANGHAI COUVRE UN TERRITOIRE IMMENSE, DU SECTEUR CHIC ET TRÉPIDANT de Jingan et du quartier résidentiel et cossu de Changning jusqu'à Hongqiao et Gubei, à l'ouest du périphérique intérieur (Zhongshan Lu). Au-delà, les banlieues de Jiading, de Qingpu et de Songjiang doivent à leur éloignement du centre leur ambiance véritablement paisible et quasi champêtre.

Durant la colonisation, Jingan était le lieu de résidence des grandes fortunes juives séfarades, non loin de la synagogue Ohel Rachel, la deuxième de Shanghai par son ancienneté. Le quartier est resté depuis synonyme d'opulence. Si les nombreuses familles juives qui l'habitaient sont parties vivre en Israël ou aux États-Unis, ce secteur où foisonnent aujourd'hui bureaux et de galeries commerciales continue d'attirer la classe montante. On y

trouve également Jingan Si, l'un des temples bouddhiques les plus importants de la ville.

Plus à l'ouest, les parcs de Zhongshan et de Changfeng font la fierté du quartier prospère de Changning. Parmi ses curiosités, figurent le musée de la Sexualité Hua Xia, près du parc de Zhongshan, l'un des sites de visite les plus insolites de Shanghai, et l'école de filles n° 3, qui eut pour élèves les trois sœurs Song (*voir encadré p. 109*).

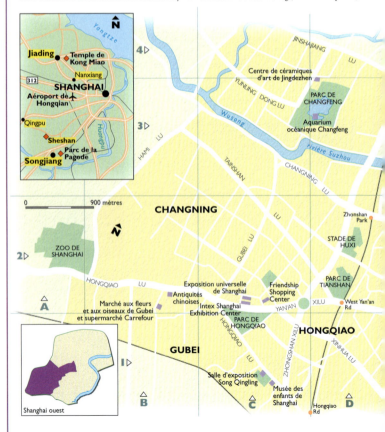

D'élégants Shanghaiens se promènent dans Nanjing Xilu.

Le Centre de céramiques d'art de Jingdezhen et le premier aquarium de la ville sont installés non loin du parc de Changfeng. Hongqiao et Gubei, que les communautés d'expatriés ont élu comme lieu de résidence, doivent leur renommée à la présence du zoo de Shanghai, du musée des Enfants de Shanghai, du mausolée de Song Qingling et du marché aux oiseaux.

Le district de Jiading, construit au bord d'un canal, englobe Nanxiang, connu pour son jardin de la Splendeur antique et ses *xiao long bao* (*voir encadré p. 165*), son temple et son musée.

Au sud-ouest, Sheshan possède plusieurs monuments : l'observatoire, la basilique Notre-Dame, la pagode de Xiudaozhe et la pagode Huzhu. Dans le secteur voisin de Songjiang, vous visiterez la Pagode carrée et le jardin du poète Bai Juyi. La mosquée de Songjiang, de style chinois et qui date du milieu du XIVe siècle, est l'une des plus anciennes de Chine. ∎

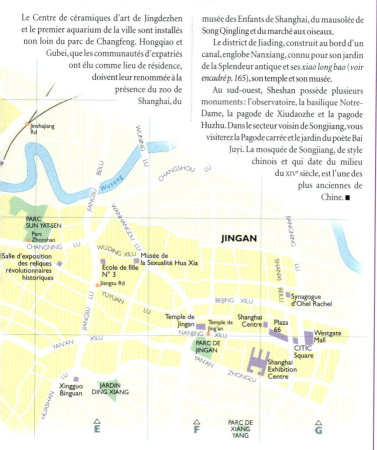

Jingan

**Exposition
de dériveurs
au Salon nautique
du Shanghai
Exhibition Center.**

JINGAN A TOUJOURS ÉTÉ UN QUARTIER AISÉ. À L'ÉPOQUE DES CONCESSIONS, de riches *taipan* (hommes d'affaires étrangers) de Shanghai y avaient élu domicile, de même que les boutiques chics. Aujourd'hui, c'est à Jingan qu'il faut aller pour acheter de la soie et des vêtements « couture ».

Sur le côté nord de Nanjing Xilu, **Westgate Mall, CITIC Square, Plaza 66** et le **Shanghai Centre** témoignent de l'opulence qui a toujours régné en ces lieux. L'ancienne **synagogue Ohel Rachel**, au-delà de CITIC Square, a survécu juste au nord, dans Shanxi Beilu. Construite en 1920 par le banquier Jacob Sassoon, elle a été depuis rénovée. Bien qu'elle reste consacrée, elle sert aujourd'hui principalement de musée (*ouvert au public uniquement avec l'accord spécial du Centre d'études juives de Shanghai ; voir p. 114*).

Au sud de Nanjing Xilu, presque en face du Shanghai Centre, le **Shanghai Exhibition Center** (Shanghai Zhanlan Zhongxin, *1000 Yan'an Lu*), bâti sur l'ancienne propriété de Silas Hardoon – qui fut l'un des hommes les plus riches de la ville –, offre un magnifique exemple du kitsch social-réaliste (*voir encadré p. 126*) qui marqua les beaux jours de la solidarité sino-soviétique au début des années 1950 : une sorte de pâtisserie conçue par un architecte soviétique associe trois niveaux de colonnades classiques ornées de guirlandes de fleurs et des éléments empruntés à l'architecture des églises orthodoxes. L'ensemble est surmonté d'une flèche dorée en haut de laquelle brille l'étoile communiste à cinq branches.

Près de l'extrémité ouest de Nanjing Xilu, le temple de Jingan aurait été construit en 247 avant notre ère, mais il n'a cessé d'être restauré et reconstruit au fil des siècles et cela jusqu'en 2005. Consacré au Bouddha Shakyamuni, il semble tout autant dédié au commerce depuis qu'une galerie marchande y a élu domicile. Dans les années 1930, Jingan Si était le temple bouddhique le plus riche de Shanghai et la chasse gardée d'un moine, Khi Vehdu, un géant de presque deux mètres. Protégé par des Russes blancs qui lui faisaient office de gardes du corps, il entretenait sept concubines, chacune dotée d'une maison et d'une voiture. ∎

Rue de la Fontaine-Pétillante

Nanjing Xilu, à Jingan, s'appelait jadis la rue de la Fontaine-Pétillante. La source d'eau gazeuse qui se trouvait au croisement de Nanjing Xilu et de Wanhang Lu a été autrefois enfouie sous l'asphalte, mais elle a été reconstituée dans le parc de Jingan (*Jingan Gongyuan, 6h-20h*), l'ancien cimetière de la Fontaine-Pétillante. Par temps sec, les calligraphes dessinent des idéogrammes sur des dalles en se servant de pinceaux *maobi* et de l'eau de la fontaine – un art éphémère. ∎

Changning

Des enfants jouent
dans le parc de
Zhongshan.

COMME JINGAN, CHANGNING A LONGTEMPS ÉTÉ L'UN DES QUARTIERS LES
plus nantis de Shanghai. Plusieurs sites d'intérêt historique et
culturel justifient sa visite.

Archétype de la société d'import-export ou *hong*, Butterfield and Swire fit construire à Changning son immense siège shanghaien, Hazlewood. C'est une réplique fidèle de la grande propriété anglaise avec des terrains de sport et des courts de tennis. Lorsque la compagnie britannique quitta Shanghai après la prise de pouvoir par les communistes en 1949, Hazlewood devint la résidence préférée de Mao. Elle porte aujourd'hui le nom de **Xingguo Binguan** ou hôtel du Royaume prospère (*78 Xingguo Lu, tél. : 6212 9998*).

Au nord de cet hôtel et au carrefour de Jiangsu Lu et de Wuding Lu l'**école de fille n°3** (*Di San Nu Zhong, Lane 155 Jiangsu Lu*), institution prestigieuse fondée en 1890 sous le nom de McTyeire School for Girls, doit sa renommée aux sœurs Song – Ailing, Qingling et Meiling (*voir encadré p. 109*) – qui y étudièrent.

À environ 600 m de l'école, en descendant Wuding Lu vers l'est, vous verrez le **musée de la Sexualité Hua Xia**. Ce musée original présente cinq millénaires de coutumes sexuelles et érotiques à travers plus d'un millier

d'objets relatifs à la fécondité, à la coutume des pieds bandés, à la pornographie et autres jeux sexuels.

Retournez vers le centre de Changning, où le **Hall d'exposition des reliques révolutionnaires historiques** présente livres, cartes, pamphlets, affiches et autres œuvres littéraires dans un immeuble qui abrita autrefois une publication marxiste clandestine, *Bolshevik*.

Le taxi reste le meilleur moyen de rejoindre le **parc de Changfeng** (*ouvert 6h-18h*) dans Zhongshan Lu. À la porte n° 4 du parc, vous trouverez l'**aquarium océanique de Changfeng**, le plus bel aquarium de la ville, voire de toute la Chine. Toutes sortes de créatures marines vivent dans ses immenses bassins, y compris des cétacés, des manchots et des requins.

À la lisière nord du parc de Changfeng, au **Centre de céramiques d'art de Jingdezhen** (*Jingdezhen Ciqi Yishu Zhongxin, 1253 Daduhe Lu, ouvert 9h30-16h*), admirez des milliers de céramiques provenant de Jingdezhen et de Yixing (*voir p. 94*). Observez les céramistes au travail et repartez avec une pièce contemporaine. ■

Changning

▲ Plan pp. 156-157

Musée de la Sexualité Hua Xia

(Hua Xia Xing Wenhua Bowuguan)

▲ Plan p. 157, E2

✉ 1133 Wuding Lu

☎ 6230 1243

🕐 10h-18h

€ €

Hall d'exposition des reliques révolutionnaires historiques

(Changning Qu Geming Wenwu Chenlie Guan)

✉ 1376 Yuyuan Lu

☎ 6251 1415

🕐 lun.-sam. 13h-16h

Aquarium océanique de Changfeng

(Changfeng Haiyang Shijie)

✉ 451 Daduhe Lu

☎ 5281 8888

🕐 8h30-17h

€ €€€

L'architecture occidentale à Shanghai

Il est difficile de présenter de façon synthétique l'architecture occidentale de Shanghai, tant fut grande la diversité des institutions et des hommes qui y œuvrèrent. Certains immigrants, motivés par leur religion, élevèrent des sanctuaires comme la cathédrale de Xujiahui (*voir p. 121*), l'ancienne église de la Mission orthodoxe russe, avec sa coupole bleue, près du parc de Fuxing, et la basilique Notre-Dame de Sheshan. Des âmes plus mercantiles construisirent des temples voués au commerce dans le Bund.

L'agence architecturale britannique Palmer & Turner, qui reste présente à Shanghai, a signé de nombreux édifices du Bund, dont les plus marquants sont la Bank of China, la Yokohama Specie Bank, la Maison des douanes et la banque de Hong Kong et de Shanghai. À son inauguration en 1923, cette dernière, un immeuble néoclassique de cinq étages, était la plus grande banque d'Extrême-Orient et même – ce qui peut surprendre – la deuxième au monde après la Bank of Scotland en Grande-Bretagne.

À mesure que croissait la prospérité des concessions étrangères, de superbes hôtels furent construits pour accueillir les voyageurs et les touristes qui affluaient à Shanghai, attirés non seulement par sa sophistication et son style, mais aussi

Ci-contre : Vue plongeante dans le hall du Grand Hyatt Hotel de la tour Jinmao à Pudong. Ci-dessous : La banque de Hong Kong et de Shanghai en 1931, sur le Bund.

par sa réputation quelque peu sulfureuse. Palmer & Turner ne négligea pas cette clientèle et construisit quelques joyaux tels que le Peace Hotel et Grosvenor House (aujourd'hui le Jinjiang Hotel). Autre grand architecte étranger de Shanghai, le Hongrois Ladislav Hudec signa près d'une quarantaine de bâtiments entre 1918 et 1941, dont le Park Hotel qui, avec ses 21 étages, fut l'immeuble le plus haut de la ville jusqu'en 1983. Hudec mêlait les styles néoclassique, baroque et Art déco, ce dernier étant plus caractéristique de son travail. Parmi ses réalisations les plus connues, citons la Moore Memorial Church près de la place Renmin, le Grand Théâtre et le musée d'Art populaire ou « Maison blanche » de Shanghai, dans Fenyang Lu.

Les grandes familles juives apportèrent aussi leur contribution à la configuration générale de la ville, sous la forme d'imposants immeubles d'habitation comme les Cathay Mansions de sir Victor Sassoon à Huaihai et l'Embankment House à Hongkou. Quelques riches *taipans* manifestèrent leur excentricité par une architecture singulière comme celle de la Moller House, sorte de château gothique dans Shaanxi Nanlu. Des consulats monumentaux virent le jour, celui de Russie dans Huangpu Lu et ceux de France, du Japon et des États-Unis dans Huaihai Zhonglu.

La concession internationale, en particulier autour du Bund et de Dongnanjing Lu, se mit à ressembler à New York, contrastant avec les grands boulevards plantés d'arbres et les fenêtres à volets des villas de la concession française, dont le charme a survécu jusqu'à nos jours.

Aujourd'hui, Shanghai change à un rythme vertigineux et la nouvelle architecture, si elle fait parfois des concessions au style chinois, reste avant tout internationale. Le quartier futuriste des gratte-ciel de Pudong reflète l'ambition suprême de Shanghai : s'imposer comme un pôle technologique et économique d'envergure mondiale. Clairement, cette ville ne fait que commencer à montrer de quoi elle est capable. ∎

Oiseaux chanteurs
au marché aux
fleurs et aux
oiseaux de Gubei.

Hongqiao
Plan p. 156

**Salle d'exposition
Song Qingling**
(Song Qingling
Chenlieguan)
Plan p. 156, C1
21 Songyuan Lu
6275 8080
8h30-16h30
€

**Musée
des Enfants
de Shanghai**
(Shanghai Ertong
Bowuguan)
Plan p. 156, C1
61 Songyuan Lu
6275 4034
8h30-17h
€

Hongqiao

Situé au sud de Changning et à l'ouest de Zhongshan Lu, Hongqiao est un quartier de tours de bureaux, de centres de conférences, de salons professionnels et de boutiques haut de gamme. De nombreux étrangers ont choisi d'y vivre, non seulement des Occidentaux mais aussi des Taïwanais, des Japonais et des Coréens.

Le monument le plus respecté de Hongqiao est le **mausolée de Song Qingling** (Song Qingling Lingyuan). Connue aussi sous le nom de Mme Sun Yat-sen, Song Qingling (*voir encadré p. 109*) épousa le « père de la Chine moderne » en 1915. Elle poursuivit ses activités politiques après le décès de son mari en 1925 et continua à soutenir les communistes contre Tchang Kaï-chek. En 1949, elle devint vice-présidente de la République populaire de Chine, puis sa présidente honoraire en 1981.

La tombe en marbre blanc de Song Qingling, installée au centre du vieux cimetière international ou **Wanguo** (cimetière des 10 000 pays), est tout aussi modeste que la statue de marbre la représentant pleine de dignité, assise sur un piédestal en marbre gris. Une **salle d'exposition Song Qingling**, de dimensions imposantes, présente des souvenirs de cette femme : vêtements, manuels et photographies, de même qu'une épitaphe pour son ami américain, l'auteur pro communiste Edgar Snow (1905-1972). Dans le grand cimetière, désormais le seul de Shanghai où puissent être enterrés les étrangers, se dressent également les magnifiques sépultures des familles Sassoon et Kadoorie. Des tombes aux inscriptions en vietnamien rappellent l'époque où des policiers tonkinois arpentaient les rues de la concession française.

Juste à l'est du cimetière se dressent le **musée des Enfants de Shanghai** et son partenaire le **musée de la Découverte**, qui s'adresse également aux enfants. Situés dans le même bâtiment, ces deux musées en un sont dédiés à l'apprentissage des sciences. Les enfants peuvent par exemple apprendre à acheter de la nourriture saine dans une boutique factice, brosser des dents géantes ou concevoir et faire voler des avions en papier. En 2006, l'ensemble a été rénové pour mieux s'adapter au jeune public.

Au nord-ouest du cimetière, Hongqiao Lu passe devant le **parc de Hongqiao** (Hongqiao Gongyuan, *ouvert 6 h-18 h*) et traverse un quartier connu pour ses antiquaires. Ce ne sont pas les modestes étals et boutiques du marché d'antiquités de Dongtai Lu (*voir p. 103*), mais des magasins bien plus importants, comme **China Antiques** au n° 1660 (*tél. : 6270 1023*), **Wan Bo Arts and Crafts** au n° 1430 (*tél. : 6208 9581*) ou **Alex's Antique Shop** au n° 1970 (*tél. : 6242 8734*). Ces maisons réputées se chargent des permis d'exportation et du transport des objets autorisés à quitter la Chine.

Si vous n'avez pas pu assouvir votre soif de consommation, rendez-vous sur le côté nord du parc de Hongqiao où vous attendent le gigantesque **Friendship Shopping Center** (Hongqiao Youyi Shancheng, *6 Zunyi Nanlu*), l'**Intex Shanghai Exhibition Center** et l'**Exposition universelle de Shanghai**.

Le **marché aux fleurs et aux oiseaux de Gubei** (Gubei Hua Niao Shichang, *1778 Hongqiao Lu*), tout près en continuant vers l'ouest dans Hongqiao Lu, est peut-être plus intéressant. Les fleurs de saison alternent avec des cages remplies d'oiseaux et toutes sortes de petits animaux « de compagnie », sauterelles, lézards et poissons tropicaux.

Également bordée de boutiques d'antiquités, **Hongxu Lu** part vers le sud pour aboutir à Wuzhong Lu. Ici, parmi les enseignes les plus connues, figurent **Shanxi Art Antique Furniture**, 731 Hongxu Lu (*tél. : 6401 0056*), **Annly's Antiques**, 1255 Wuzhong Lu (*tél. : 6406 0242*) et **Hu & Hu**, 1685 Wuzhong Lu (*tél. : 6405 1212*).

Situé à l'extrémité ouest de Hongqiao Lu, le **zoo de Shanghai** abrite plus de 600 animaux rares, dont le

Zoo de Shanghai
(Shanghai Dongwuyuan)
www.shanghaizoo.cn/en/
✉ 2381 Hongqiao Lu
☎ 6268 7775
⏱ 6h30-17h30
€ €

panda géant, symbolique de la Chine, qui tient toujours la vedette. Fondé en 1955, le zoo est sans doute le plus remarquable de Chine. Les animaux sont bien soignés et disposent d'enclos assez vastes pour justifier un service de transport électrique pour les visiteurs. Autres points forts, une grande roue géante, des spectacles avec des éléphants, des otaries et un coin où les enfants peuvent caresser des chèvres, des lapins, des canards, de petits cochons et autres animaux sympathiques. ∎

L'un des pensionnaires du zoo de Shanghai.

Jiading

Sᴵ ᴠᴏᴜs sᴏᴜʜᴀɪᴛᴇᴢ ᴘᴀssᴇʀ ᴜɴᴇ ᴊᴏᴜʀɴéᴇ ᴀᴜ ᴄᴀʟᴍᴇ, dirigez-vous vers Jiading, au nord-ouest de Shanghai. Cette ville rattachée à l'agglomération shanghaienne vous offrira en outre une excellente occasion d'entrevoir un aspect plus traditionnel de la Chine.

Les rues pavées et les canaux de Jiading possèdent un charme fou et quelque peu désuet. Il est facile de s'y rendre en empruntant l'un des bus City Sightseeing qui part du stade de Shanghai (*n° 6A, toutes les 20 minutes, 6h30-19h*) ou un taxi. En chemin, pourquoi ne pas faire escale dans la petite ville de Nanxiang pour goûter la spécialité locale, les raviolis (*voir encadré p. 165*) ou *xiao long bao* ?

Le cœur spirituel de Jiading se situe dans le **parc du Lac où se rencontrent les dragons**, au confluent de cinq petits cours d'eau. Ce jardin créé en 1588 a conservé sa sérénité. À l'ouest se dresse le **temple de Confucius**, autrefois la fierté des lettrés de Jiading. Cet édifice bien conservé, qui date de 1219, a subi plusieurs remaniements et rénovations sous les dynasties Yuan, Ming et Qing. À l'extérieur, les 72 lions de pierre symbolisent les éminents disciples de Confucius. Au-delà du portail principal, les poissons et les dragons sculptés sous la dynastie Yuan portaient bonheur aux lettrés qui étudiaient en ce lieu. Trois ponts en pierre décorés de lions conduisent à la salle de Dacheng, où sont conservées une statue de Confucius et des tablettes, les mémoires de ses successeurs.

À côté de la salle principale, visitez le **musée de Jiading** (Jiading Bowuguan, *ouvert 9h-16h30, €*), où sont exposées les archives des examens de mandarinat de l'ancienne Chine impériale, qui sont les plus complètes du pays. Vous y verrez aussi une exposition d'artisanat local.

Poursuivez au nord en suivant Nanda Jie jusqu'à la **pagode de Fahua** (six étages) toute proche. Ici, il est facile de se restaurer ou de faire un tour en bateau sur les canaux. Plus loin au nord-est, le **jardin des Nuages d'automne** passe pour le plus ancien parc classique de Shanghai, puisqu'il date d'environ 1500. ∎

Des feuilles
d'automne nappent
la surface du « lac
où se rencontrent
les dragons »,
à Jiading.

Nanxiang

Les adultes
ne boudent
pas les plaisirs
des parcs de
Nanxiang.

À 17 KM AU NORD-OUEST DE SHANGHAI ET SITUÉE DANS LE DISTRICT DE Jiading – donc une étape idéale si l'on se rend à cette dernière –, la petite ville de Nanxiang doit sa renommée autant à son jardin de l'Antique Splendeur (XVIᵉ siècle) qu'à son vénérable temple de Yunxiang.

Le **jardin de l'Antique Splendeur**, de style classique Suzhou et dessiné par Zhun Shansong, un sculpteur de bambou de la région, fut l'apanage d'un haut fonctionnaire au service des Ming. Il ne manque ni de séduction ni d'allure avec ses pavillons chinois, ses étangs paisibles et ses oiseaux exotiques. Il compte parmi ses trésors une pagode datant de la dynastie des Song et une stèle d'époque Tang (618-907).

Le **temple de Yunxiang** serait le seul de la dynastie Tang à avoir survécu dans la région de Shanghai. Il est daté de 505 ; or, les Tang ne régnaient pas encore à cette époque, aussi cette datation semble-t-elle douteuse. Il fut baptisé à l'origine le temple des Grues blanches de Nanxiang, en honneur au couple de volatiles porte-bonheur qui inspirèrent sa construction. Il fut renommé Yunxiang Si sous le règne de l'empereur Qing Kangxi (1654-1722). Aujourd'hui, c'est un temple bouddhique actif où s'affairent des moines à la tête rasée et vêtus de tuniques jaunes. ∎

Au paradis des raviolis

Nanxiang serait le lieu de création d'une spécialité très appréciée à Shanghai – et partout ailleurs en Chine –, les *xiao long bao* ou « bouchées en petit panier ». Ces raviolis, traditionnellement cuits à la vapeur dans des paniers en bambou, peuvent être fourrés avec du bouillon et du porc haché ou des légumes. Faites attention si vous mordez dedans, le bouillon risque de vous brûler le palais. Selon les experts, la version shanghaïenne des *xiao long bao* est originaire d'un restaurant situé près de l'historique jardin de l'Antique Splendeur de Nanxiang, d'où ils partirent à la conquête de la métropole. Aujourd'hui, ils sont vendus dans tout Nanxiang (et à vrai dire partout ailleurs) et constituent un repas aussi délicieux que copieux, surtout par temps froid. ∎

Nanxiang
▲ Petit plan p. 156

**Jardin
de l'Antique
Splendeur**
(Guyi Gongyuan)
✉ 218 Huyi Lu
🕐 8h-16h30
€ €

**Temple de
Yunxiang**
(Yunxiang Si)
✉ 8 Huyi Lu
🕐 7h-17h30
€ €

Sheshan

Sheshan
Petit plan p. 156

DANS LA VILLE DE SHESHAN, à 30 km à l'ouest de SHANGHAI et à quelques kilomètres au sud de Jiading, les jésuites installèrent un observatoire sur le mont Sheshan en 1898. La ville possède également plusieurs autres institutions religieuses, comme la cathédrale de Seshan, qui méritent un détour.

La belle cathédrale de Sheshan, en brique rouge et en pierre.

Vous pouvez commencer votre découverte de la ville par l'**observatoire de Sheshan** (Sheshan Tianwentai, *ouvert 9h-16h30*, €) et de son petit musée de l'Histoire de l'astronomie chinoise. Les jésuites élevèrent également l'impressionnante

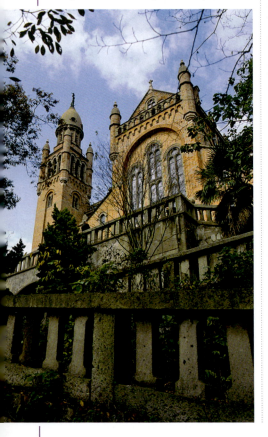

église voisine qui fit ses débuts en tant que cathédrale de la Sainte-Mère en 1866. Puis le titre revint en 1935 à la basilique de Notre-Dame, une construction en brique rouge et en pierre. L'une des plus belles églises de la région, elle est aujourd'hui plus connue sous le nom de la **cathédrale de Sheshan** (Sheshan Shengmu Dadian, *mont Sheshan*, €). Pendant la Révolution culturelle, des Gardes rouges la ravagèrent, mais elle a entièrement été restaurée depuis. Vous pourrez observer les initiales « M » pour « Marie » (Mère de Dieu) et « S » pour « Societas Jesu » (la société de Jésus) sur le portail de la vieille église.

Juste à l'est de la cathédrale, la **pagode de Xiudaozhe** (Xiudaozhe Ta, *ouvert 7h30-18h*, €), haute de 20 m et de six étages, aurait été construite entre 976 et 984 sous la dynastie Song.

À environ 8 km de Sheshan, la Pagode pour garder les perles, ou **pagode de Huzhu** (Huzhu Ta, *mont Tianma, ouvert 7h30-18h*, €), haute de 19 m, est fortement inclinée, ce qui lui a valu le surnom de « tour penchée de Chine ». Bien plus petit et nettement moins impressionnant que la tour de Pise en Italie, cet édifice est toutefois un peu plus incliné que cette dernière et par conséquent peu conseillé aux personnes sujettes au vertige. La pagode de Huzhu est construite en pierre et sur un plan octogonal. Érigée en 1079, elle commença à pencher en 1788 après que des chercheurs de trésor eurent déplacé une partie de son soubassement. ∎

Songjiang

JUSTE AU SUD DU VILLAGE DE SHESHAN, LE LONG DE L'AUTOROUTE QUI relie Shanghai à Hangzhou, la petite ville de Songjiang, capitale du comté de Songjiang, se prête, elle aussi, parfaitement à une escapade d'une journée en dehors de Shanghai.

Songjiang
Petit plan p. 156

Monument le plus connu de la ville, la **Pagode carrée**, haute de 48,50 m et de huit étages, fut élevée sous la dynastie Song (960-1279), sans doute vers 1070, et faisait partie d'un ensemble religieux depuis longtemps disparu, le temple de Xingshengjiao. Le claustra qui précède la pagode représente un *tan*, monstre fantastique affublé de bois de cerf, d'une queue de lion et de sabots de taureau – des signes d'avidité dans le bouddhisme. Selon la légende, le *tan* se noya en essayant de boire toute l'eau de la mer. La pagode est entourée d'un parc (restauré) plein de charme ; les enfants peuvent y faire fonctionner des bateaux et des scooters électriques tout à fait silencieux.

Songjiang propose d'autres attractions telles que le **jardin du poète Bai Juyi** (Zubaichi, *Zhongshan Lu, ouvert 7h-18h*, €), un parc classique de style Suzhou dessiné par Gu Dashen, un fonctionnaire de la dynastie Qing, admirateur du célèbre poète Bai Juyi qui vécut sous les Tang (772-846). Le passé de Songjiang revit dans la **pagode de Xilin** (Xilin Ta, *Zhongshan Zhonglu et Xilin Beilu, ouvert 8h-17h30*, €), un édifice de 46,50 m datant de 1440 et situé à l'intérieur d'un temple rénové depuis peu. Pour une somme modique, vous pouvez monter en haut de la pagode et profiter de la superbe vue sur Songjiang. La **stèle du sutra de Toroni** (Tang Jing Zhang, *Zhongshan Xiaoxue, Zhongshan Zhonglu*) est bien plus ancienne et probablement l'un des plus vieux monuments bouddhiques de la région de Shanghai. Haute de 9 m et composée de 21 blocs de pierre, elle se dresse dans l'enceinte de l'école pri-

maire de Zhongshan (ouverte durant les heures de classe).

L'édifice sans doute le plus remarquable de Songjiang se trouve être la **mosquée Zhenjiao** (Zhenjiao Qingzhensi, *Zhongshan Zhonglu*), le bâtiment musulman le plus ancien de la région. Érigé sous la dynastie Yuan, il fut probablement achevé en 1367. La dernière restauration date de 1985. Autrefois appelée « mosquée des grues blanches dans les nuages », elle porte aujourd'hui le nom plus musulman de Zhenjiao ou vraie reli-

Le jardin très bien entretenu du poète Bai Juyi rappelle la beauté des parcs de style Suzhou.

Pagode carrée
(Fang Ta Yuan)
Zhongshan Lu
8h30-16h30
€

Les toitures élégamment retroussées de la Pagode carrée de Songjiang dominent le parc qui l'entoure.

gion, mais les habitants la nomment mosquée de Songjiang. C'est l'une des plus anciennes de Chine. Ce joyau architectural s'inspire tant des traditions musulmanes que chinoises, même s'il présente peu de points communs avec le style particulier des mosquées de Nanshi (*voir p. 102*). Comme celle de Niujie à Pékin, elle rappelle un temple chinois par son toit aux coins retroussés, ses cours cachées et son imposante charpente, et possède un *mihrab* (niche) qui indique la direction de La Mecque, un *mimbar* (pupitre), un *bangke* (petit minaret) et des sourates rédigées dans l'inimi-table écriture sino-arabe, ou sini, de la communauté chinoise des Hui, au nombre de 300 à Songjiang.

Cernée par des rizières entrecoupées de cours d'eau, Songjiang est une échappée bienfaisante – mais peut-être plus pour longtemps. Atkins, une agence internationale d'architecture et de paysagisme, a été chargée d'y construire **Songjiang Garden City**, une communauté modèle avec un centre d'affaires et des logements pour 500 000 élus. Un complexe de luxe à thème aquatique doit émerger d'une carrière remplie d'eau, et comprendre notamment des salles et des restaurants sous l'eau. ∎

La ville sur la Tamise

La toute récente Thames Town (« Ville sur la Tamise ») est une agglomération suburbaine appartenant au comté de Songjiang, destinée à une population aisée. L'agence britannique Atkins a livré ici un clone étrange d'une ville provinciale anglaise. Les rues pavées, les alignements de maisons de style géorgien, les prés communaux, les entrepôts victoriens en brique, le château à tourelles, les pubs et même le *fish-and-chips* vous transportent dans un autre monde. L'une des neuf villes de style étranger voulues par la municipalité de Shanghai, Thames Town devrait accueillir 10 000 habitants. Signe des temps, les Shanghaiens, si modernes et si contemporains, n'en ont pas moins la nostalgie du passé. ∎

De belles découvertes vous attendent dans la baie de Hangzhou : les villes de Hangzhou et de Shaoxing, l'île bouddhiste de Putuoshan, et Moganshan, station de montagne sise dans les forêts de bambous.

Excursions au sud de Shanghai

Écharpes en soie travaillée exposées dans une vitrine de Xinhua Lu à Hangzhou.

Excursions au sud de Shanghai

NON LOIN, AU SUD DE SHANGHAI, PLUSIEURS SITES DIGNES D'INTÉRÊT SONT FACILEMENT ACCESSIBLES grâce au réseau de communications – voies express, ponts et trains à grande vitesse – qui ne cesse de s'étendre. Hangzhou, ancienne cité impériale, est une étape incontournable avant la ville historique de Shaoxing, l'île bouddhiste de Putuoshan et la paisible station de Moganshan. La beauté des paysages vous fera oublier le tumulte de Shanghai.

Quand Shanghai n'était encore qu'un petit port de pêche du comté de Songjiang, Hangzhou rayonnait en tant que capitale de la Chine. Durant la dynastie Song (1127-1279), Hangzhou, alors appelé Lin'an, abritait le siège du gouvernement et contribua à l'essor de la civilisation chinoise. De son passé impérial, la cité a hérité de pagodes, de temples et d'autres vestiges. Considéré par les Chinois comme le lac par excellence, le Xi Hu (lac de l'Ouest), mondialement connu, a contribué à la renommée de la ville, aujourd'hui capitale de la province du Zhejiang et onzième ville de Chine.

Au nord-ouest de Hangzhou, la région de Moganshan constitue un îlot de collines et de montagnes verdoyantes réputé pour ses forêts de bambous géants, la douceur de son climat, son air pur et sa beauté naturelle. La station fut durant longtemps la destination favorite des Shanghaiens aisés qui venaient y passer le week-end, ainsi que des missionnaires occidentaux, des seigneurs de la guerre locaux, des bandits et des généraux du Guomindang (KMT).

Au sud de Hangzhou, Shaoxing est une petite cité située sur la rive méridionale du fleuve Qiantang. Connue pour son alcool de riz, elle doit surtout sa réputation au grand écrivain chinois Lu Xun qui y naquit et y passa son enfance (*voir p. 145*). Au sud de la ville, la sépulture de Da Yu, fondateur et premier empereur de la dynastie Xia (vers 2070-1600 av. J.-C.), est toujours honorée. Après Shaoxing, le port de Ningbo sert de base à la flotte de la mer de Chine orientale de l'Armée chinoise, chargée de surveiller le détroit de Taïwan. Ville militaire avant tout, Ningbo est le centre d'un réseau de communications qui dessert le sud et l'est de Shanghai. Ningbo, qui possède le seul

Pèlerins bouddhistes devant l'autel principal du temple Puji à Putuoshan.

aéroport intérieur de la région, sera bientôt desservi par le pont de la baie de Hangzhou, un ouvrage impressionnant dont l'inauguration est prévue pour 2008.

Putuoshan a été durement touché par la Révolution culturelle. Les Gardes rouges zélés y ont saccagé les temples et les représentations de bouddha. Aujourd'hui, moins de 30 moines y résident, contre 2 000 avant 1966. Mais depuis le milieu des années 1990, le bouddhisme connaît un regain d'intérêt en Chine : l'île de Putuoshan accueille à nouveau les pèlerins ainsi que les vacanciers venus visiter les temples et les grottes, et profiter des plages et des collines tranquilles. ■

Un gisement économique

Le taux de croissance spectaculaire de la Chine, qui, ces 20 dernières années, a atteint le chiffre record de 9,5 %, doit beaucoup à l'activité de la région située autour de Shanghai, notamment la zone du delta du Yangzi Jiang. Ce dernier, qui couvre une surface relativement petite (100 100 km²), accueille cependant 10,4 % de la population chinoise. En 2002, il représentait 22,1 % du PIB du pays, 24,5 % de ses rentrées fiscales et 28 % du volume des importations et des exportations. ■

Hangzhou

Souvent recommandé comme but d'excursion à partir de Shanghai, Hangzhou séduit de nombreux visiteurs. L'attractivité de cette ville importante, qui compte près de 6,5 millions d'habitants, repose à la fois sur une histoire très riche et sur la présence de grands espaces verts, au sud et à l'ouest du centre-ville.

Pour le marchand vénitien Marco Polo, qui visita Hangzhou à la fin du XIIIe siècle, la ville était « sans conteste la plus raffinée et la plus noble du monde ». « Le nombre et la fortune de ses marchands, la quantité de marchandises qui passent entre leurs mains sont si considérables que personne ne peut s'en faire une idée exacte », ajouta-t-il. À l'époque impériale, sa richesse provient de sa situation à l'extrémité sud du Grand Canal, long de 1 794 km, qui la relie à Pékin, au nord. Mais Hangzhou a aussi connu des catastrophes : la ville a été rasée pendant la Révolte des Taiping en 1861 (*voir pp. 224-225*). La Révolution culturelle a également porté atteinte au patrimoine culturel ; la plupart des monuments historiques qui ont survécu ont été soigneusement restaurés au cours de ces 20 dernières années.

Aujourd'hui, la ville a retrouvé le chemin de la prospérité grâce à une économie fondée sur le textile, notamment la soie, l'électronique et d'autres industries légères, ainsi que le thé vert.

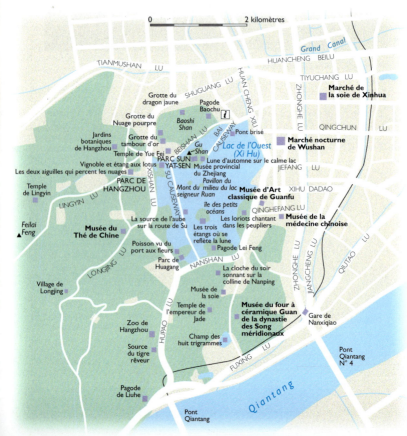

Les allées boisées, les bambous et les petites pagodes de la Source du tigre rêveur en font un lieu de promenade très apprécié.

Le tourisme augmente d'année en année. Des visiteurs chinois et étrangers viennent admirer les pagodes et les temples anciens de Hangzhou ainsi que le Xi Hu, le charmant lac de l'Ouest bordé de saules. Les amoureux et les jeunes mariés aiment s'y faire photographier et boire le célèbre thé de Longjing dans les maisons de thé installées sur les berges.

Si Hangzhou n'a pas autant d'allure que Shanghai, elle offre cependant les mêmes agréments, accueillant restaurants fins et hôtels haut de gamme. Toutefois, Hangzhou, qui est devenu la destination touristique la plus prisée de Chine, n'est pas un lieu de villégiature spécialement bon marché et mieux vaut réserver longtemps à l'avance. ■

Xi Hu (lac de l'Ouest)

PARMI LES « LACS DE L'OUEST » QUE COMPTE LA CHINE, celui de Hangzhou, le Xi Hu, est certainement le plus célèbre. La tradition veut que le visiteur s'arrête sur les dix sites pittoresques disséminés autour. Chacun de ces points de vue remarquables est signalé d'une stèle gravée de quatre idéogrammes par l'empereur Qianlong (1711-1799).

Le lac de l'Ouest est réputé pour son charme paisible, comme en témoigne cette pagode plongée dans la brume.

Sans même chercher à découvrir les dix stèles, profitez de la beauté du Xi Hu, assez grand (6,8 km²) pour mériter une journée d'exploration. Faites-en le tour, empruntez les deux anciennes digues pour le traverser ou visitez-le en bateau. Des barques sont à louer en plusieurs points du lac.

Sur la rive nord-est du lac, la **digue Bai** (Bai Di) porte le nom d'un poète de l'époque Tang, Bai Juyi (*voir p. 167*). Le **Pont brisé** (Duan Qiao), qui figure parmi les dix vues pittoresques, se trouve à l'extrémité est de la digue, et le spectacle est particulièrement beau en janvier ou en février quand il est saupoudré de neige. La digue conduit au **parc Sun Yat-sen** (Zhongshan Gongyuan), sur la plus grande île du lac, **Gu Shan**. Les visiteurs affluent pour profiter des pavillons de thé et du Louwailou Fandian, un restaurant fameux ouvert depuis 1848, qui sert de nombreuses spécialités, dont le poulet du mendiant de Hangzhou, le poisson vinaigré du Xi Hu et les crevettes au thé du Puits du dragon. Le **musée provincial du Zhejiang**, situé également sur l'île, possède environ 100 000 objets parmi lesquels une collection unique de céladons ; dans l'enceinte du musée se trouve le **pavillon de la Littérature florissante** (Wen Lan), une ancienne bibliothèque impériale édifiée en 1782. Un peu plus haut sur la colline solitaire de **Gu Shan**, qui donne son nom à l'île, se dresse la **pagode Huayanjing** (Huayanjing Ta). Du haut de cet édifice de 11 étages, l'on jouit d'une vue magnifique sur le lac.

LES TROIS ÎLES

Au sud de Gu Shan se trouvent trois îles artificielles, accessibles uniquement en bateau. Le **pavillon du Milieu du Lac** (Huxinting) tout comme le **Mont du seigneur Ruan** (Ruangongdun) sont petits et boisés. Plus au sud, l'**île des Petits Océans** (Xiaoying Zhou, *ouvert 8h-18h*), beaucoup plus grande, a été créée à l'aide de la vase du lac

en 1607. L'île est parsemée de pavillons et de pagodes et elle possède quatre petits étangs. Sur la rive méridionale s'étend l'un des dix sites pittoresques du Xi Hu : les trois étangs reflétant la lune (Santan Yinyue), soit trois petites pagodes au milieu des eaux.

LA DIGUE SU

Orientée approximativement nord-sud, parallèlement à la rive occidentale du Xi Hu, la **digue Su** (Su Di) porte le nom d'un poète de la dynastie Song, Su Dongpo (1036-1101). Bordée de saules, de pêchers et de pruniers, la digue est le lieu idéal pour se promener à pied ou à bicyclette. Elle part de Nanshan Lu au nord, traverse l'île de Xiaoying et arrive près du temple de Yue Fei.

Le **parc Huagang** (Huagang Guangyu, *ouvert 9h-16h30*), à cinq minutes à pied de l'arrivée de la digue Nanshu Lu, possède le troisième des dix sites : celui de la contemplation des poissons de l'étang Huagang. Dans Huagang Guangyu, signifiant littéralement « le poisson vu du port aux fleurs » et datant de la dynastie Song, nagent des carpes rouges.

À la sortie sud de la digue Su, tournez à l'est et vous verrez, abritée par la colline Xizhao, la plus grande attraction du Xi Hu, la **pagode Lei Feng** (Lei Feng Ta, *ouvert 8h-18h, €*).

Lei Feng, ou Pic du tonnerre, est le quatrième site pittoresque du Xi Hu : la pagode Lei Feng au soleil couchant. Toutefois, la pagode originelle à quatre degrés, bâtie en brique et en bois, s'est écroulée en 1924. Une nouvelle pagode a été construite récemment dans le style traditionnel, mais avec une structure robuste de verre et d'acier. De là, le panorama sur le Xi Hu (lac de l'Ouest) et sur la ville de Hangzhou est superbe. La base en brique de l'ancienne pagode a été soigneusement conservée dans les fondations de la nouvelle pagode ultramoderne. ■

Des promeneurs admirent le soleil couchant sur le Xi Hu. D'autres y viennent pour lire, jouer aux échecs ou discuter.

Lac de l'Ouest (Xi Hu)
🅰 Plan p. 170, A2

Musée provincial de Zhejiang (Zhejiang Bowuguan)
✉ 25 Gushan Lu
☎ 8797 1177
🕐 8h30-16h30
💶 €

Les dix sites pittoresques du Xi Hu

- L'aube printanière sur la digue Su
- L'écoute du chant des rossignols dans les saules ondoyants
- La contemplation des poissons de l'étang Huagang
- La pagode Lei Feng au soleil couchant
- Les fleurs de lotus de Quyuan
- Le tintement de la cloche de Nanping au crépuscule
- La lune d'automne sur le lac calme
- Les trois étangs reflétant la lune
- Le pont brisé sous la neige
- Les deux pics perçant les nuages ■

Baoshi Shan

**Mémorial
de Yue Fei**

🗺 Carte p. 172

**Temple
de Yue Fei**

(Yue Wang Miao)

✉ 1 Hougushan Lu
☎ 8799 6663
🕐 7h30-17h30
€ €

SUR LA RIVE NORD DU XI HU (LAC DE L'OUEST), DOMINANT BEISHAN LU, se dresse la Baoshi Shan, ou colline de la Pierre précieuse. Ce promontoire rocheux, pris entre Hangzhou et le lac, possède plusieurs sites historiques importants, au premier rang desquels se placent le temple de Yue Fei et la tombe de Yue Fei (Yue Fei Mu). La vue sur le lac depuis le sommet de la Baoshi Shan est extraordinaire, surtout au petit matin quand le soleil levant éclaire les îles, les digues, les temples et les pagodes en contrebas.

Un patriote

Yue Fei (1103-1142) était un général de la dynastie Song. Il combattit vaillamment contre les Jurchens, qui avaient capturé l'empereur Qinzong (1126-1127) et occupaient Kaifeng, la capitale des Song. Quand Yue Fei fut sur le point de reprendre Kaifeng, Qin Hui, Premier ministre des Song, conseilla au successeur de Quinzong, Gaozong (1127-1162), de rappeler son général, estimant que la défaite des Jurchens pourrait entraîner la libération de l'ex-empereur Qinzong et son retour au pouvoir. Gaozong, attachant plus de prix à son trône qu'à la perte de territoires, choisit donc de faire arrêter Yue Fei. Le général fut exécuté en 1142. Un an après la mort de l'empereur Gaozong en 1162, Yue Fei fut officiellement réhabilité et inhumé avec tous les honneurs près du Xi Hu. ■

Huit peintures murales illustrent les épisodes de la vie de Yue Fei et une allée traversant un jardin de style Song mène à sa tombe et à celle de Yue Fei et de son fils.

Derrière une grille, quatre statues de fer – qui représentent Qin Hui, sa femme Mme Wang, et deux autres conspirateurs (*voir encadré ci-contre*),

Héros national et local, Yue Fei est vénéré à Hangzhou. Au **temple de Yue Fei**, son mausolée est en général rempli de fleurs fraîches et de bâtons d'encens. Une statue du général en manteau vert et jaune, la main sur la garde de son épée, domine la salle principale. Au-dessus de la statue, les idéogrammes chinois *huan wo he shan* (« rendez-nous nos fleuves et nos montagnes ») résonnent toujours avec la même force.

les généraux Moqi Xie et Zhang Jun – sont agenouillées pour l'éternité devant la tombe de Yue Fei. Pendant des siècles, les visiteurs ont craché et uriné sur ces statues, et les ont frappées pour les punir de leur trahison et de leur absence de patriotisme. Ces statues sont aujourd'hui protégées, en tant que témoins du passé, mais dès que les gardiens relâchent leur vigilance, certains continuent à les couvrir de crachats.

GROTTES ET PAGODES

Juste derrière les tombes, un chemin mène à la **grotte du Nuage pourpre**, la plus ancienne de toutes les grottes sacrées de la région. De là, à dix minutes de marche en direction du sud-est, vous découvrirez la **grotte du Tambour d'or**, alors que celle du

Dragon jaune (Huanglong Dong, *ouvert 6h30-16h30, €*) se trouve à 20 minutes vers le nord-est. On raconte que, sous la dynastie Song, au moment où cette dernière fut construite, la tête d'un dragon sortit de la roche et se mit à cracher de l'eau. Une tête de dragon sculptée dans le roc célèbre cette légende.

En suivant le raidillon pavé vers la partie est de Baoshi Shan, vous arriverez alors à la **pagode Baochu** (Baochu Ta), une tour aussi pointue qu'une aiguille et visible du Xi Hu. La légende dit qu'elle remonterait au Xe siècle, mais la tour actuelle ne date que de 1933. Construite en brique rouge et grise, haute de 4 m, cette pagode de sept étages est protégée par une grille qui empêche tout visiteur d'y pénétrer. ∎

Grotte du Nuage pourpre
(Ziyun Dong)
🕐 6h30-16h

Grotte du Tambour d'or
(Jingu Dong)
🕐 6h30-16h

Le temple de Yue Fei rend hommage au célèbre général qui a combattu les envahisseurs venus du nord.

À l'ouest du Xi Hu

Ce Bouddha souriant avec ses serviteurs et fidèles est l'une des 470 sculptures taillées dans la roche de la falaise Feilai Feng.

L'OUEST DU XI HU ACCUEILLE DEUX GRANDS ESPACES VERTS : LE PARC DE Hangzhou et les jardins botaniques de Hangzhou. Vous y découvrirez également une pagode, un mystérieux temple ainsi qu'une impressionnante falaise sculptée.

Juste à l'ouest du lac, à l'emplacement de l'ancien jardin d'un intendant de la cour des Song, s'étend le

Ouest du Xi Hu
🅰 Carte p. 170, A2

**Parc
de Hangzhou**
(Hangzhou Gongyuan)
🕐 6h-18h

**Jardins
botaniques
de Hangzhou**
(Hangzhou Zhiwuyuan)
✉ 1 Taoyuanling
🕐 8h-16h30
€ €

**Temple
de Lingyin**
(Lingyin Si)
✉ 1 Fayung Nong
☎ 8796 8665
🕐 7h-16h30
€ €

Zhou Enlai et le temple de Lingyin

En juin 1949, le pavillon du Grand Héros s'effondre, endommageant trois vénérables bouddhas et entraînant la fermeture du temple de Lingyin. En 1951, au cours d'une visite à Hangzhou, le Premier ministre Zhou Enlai apprend l'état dans lequel il se trouve. Après consultation avec les autorités municipales, Zhou Enlai décrète que le gouvernement communiste doit le sauver et le restaurer. Deux ans et 1,2 million de yuans plus tard, le pavillon reconstruit est la pièce maîtresse du temple, totalement rénové. Durant la Révolution culturelle et jusqu'à sa mort en 1976, Zhou Enlai s'est employé à protéger les temples, dont le Lingyin Si, des compagnons iconoclastes de Mme Mao (*voir p. 103*). ■

parc de Hangzhou, un lieu très fréquenté où l'on vient faire de l'exercice, pique-niquer et se détendre.

Situés au nord de Lingyin Lu, les **jardins botaniques de Hangzhou** couvrent près de 200 ha. Parmi ses nombreux espaces verts, le jardin aux Cent Herbes (Baicao Yuan) présente, en dépit de la modestie de son nom, plus d'un millier d'espèces de plantes médicinales.

Au sud-ouest de Lingyin Lu, le **temple de Lingyin**, ou temple de la Retraite de l'âme, est le plus révéré de Hangzhou. Sa forme originelle remonte à 328 apr. J.-C., mais il a été restauré et reconstruit plusieurs fois. Le temple a échappé à la destruction lors de la Révolution culturelle, grâce à l'intervention du Premier ministre Zhou Enlai (*voir encadré ci-contre*).

À l'entrée du temple, s'élève un édifice de sept étages de l'époque Song, la **pagode Ligong** (Ligong Ta) qui, dit-on, renferme les cendres d'Huili, le moine indien fondateur du temple. Bâti sur le flanc de la colline de Lingyin, le temple se compose de cinq pavillons, dont celui des Rois célestes (Tianwang Dian) et celui du Grand Sage (Daxiong Baodian). Le pavillon des 500 Arhats (Wubai Luohan Tang) a été ajouté récemment près des deuxième et troisième pavillons. Le temple de Ligyin est l'un des plus riches de Chine et l'un des plus visités par les pèlerins.

Au sud du temple, la falaise **Feila Feng**, ou Pic qui coula de loin, a été sculptée entre le Xe et le XIVe siècle. Elle présente 470 figures rupestres du panthéon bouddhiste, dont font partie le Bodhisattva Guanyin et le Bouddha souriant. ■

Au sud du Xi Hu

LA SOURCE HUPAO LU, QUI COULE AU SUD DU XI HU VERS LE FLEUVE Qiantang, offre plusieurs sites intéressants, le plus fameux d'entre eux étant la Source du tigre rêveur.

Une route étroite mène de Hupao Lu à la **Source du tigre rêveur** (Hupao Mengquan, *ouvert 6h30-15h30, €*), située au pied de la colline Daci. Selon la légende, un moine y vivait autrefois mais, ne disposant pas de point d'eau, il dut se résoudre à quitter les lieux. Une nuit, un dieu lui apparut en rêve et lui dit que deux tigres allaient creuser une source. À son réveil, le moine vit en effet deux tigres à l'œuvre. Les statues de tigre au pied de la falaise verte luxuriante commémorent le prodige.

Les abords de la source ont été aménagés en parc où s'éparpillent allées boisées, bosquets de bambous et petites pagodes. Mais l'on y vient surtout pour boire l'eau pure de la source. La Source du tigre rêveur est considérée comme le meilleur endroit pour déguster le fameux thé de Longjing (*voir encadré p. 182*), en vente dans les maisons de thé du parc et à la source elle-même. Le thé provient des plantations du **village de Longjing** (Longjing Cun), à 1,5 km au sud environ.

En continuant vers le sud par la rive nord du fleuve Qiantang, vous atteignez la **pagode de Liuhe** (Liuhe Ta, *147 Nanshan Lu, 8659 1401, ouvert 7h-17h30, €*).

La représentation humaine est apparue sous les Han dans la peinture chinoise, pour exprimer des notions religieuses.

Sud du Xi Hu
Carte p. 170, A2

Le mascaret du fleuve Qiantang

Fleuve le plus large de la province du Zhejiang, le Qiantang coule de la frontière des provinces du Anhui et du Jiangxi, à l'est, jusqu'à la baie de Hangzhou. La forme en goulot de bouteille de la baie et la force d'attraction de la lune entraînent des courants de marée qui remontent le fleuve le huitième jour du huitième mois lunaire. C'est le plus important mascaret du monde. Les eaux s'élèvent à neuf mètres et arrivent à Hangzhou dans un bruit tonitruant semblable au galop de milliers de chevaux. ■

Construite en 970, elle a été restaurée plusieurs fois. Connue également sous le nom de pagode des Six Harmonies, d'après les six principes du bouddhisme, elle s'élève sur sept étages et paraît très imposante, tant par son élégance que par ses proportions imposantes.

La pagode octogonale a servi autrefois de phare, dévolu à la surveillance du célèbre mascaret du Qiantang (*voir encadré ci-contre*). Aujourd'hui, le mascaret est contenu par une série de digues. La pagode reste un endroit idéal pour contempler l'imposant **pont de Qiantang**, long de 1 453 m, et l'arrivée du mascaret qui se produit chaque année. ■

Liuhe Ta, la pagode des Six Harmonies de Hangzhou, domine la rive nord du fleuve Qiantang.

Thé, éventails et souvenirs de la Révolution au marché de nuit de Wushan Lu à Hangzhou.

Autres sites à visiter

MUSÉE DU THÉ DE CHINE

Le musée du Thé de Chine (Zhongguo Chaye Bowuguan) se trouve au-delà du Xi Hu dans le village de Shuanfeng. Ouvert en 1991, il trône au milieu des plantations (*voir encadré p. 182*). Six salles sont consacrées au thé, évoquant sa culture ainsi que ses modes de préparation et de dégustation. Y sont exposées diverses sortes de thé, de théières, de bols et d'instruments de cérémonie. La préparation du thé dans d'autres pays est également présentée. Naturellement, le célèbre Xi Hu Longjing Ta – le thé du Puits du dragon du Xi Hu – occupe une place d'honneur dans l'exposition : il est possible d'en acheter ou d'en savourer dans le salon de thé du musée.

✉ Village de Shuanfeng, Longjing Lu
☎ 8796 4222   🕐 8h30-16h30

MUSÉE D'ART CLASSIQUE DE GUANFU

Le musée d'Art classique de Guanfu (Guanfu Gudian Yishu Bowuguan), à l'est du Xi Hu, est dédié à l'histoire du mobilier chinois. Il présente une vaste collection de lits, de tables, de chaises, d'armoires, de nécessaires de toilette ainsi que des tapis.

✉ 131 Hefangjie Lu   ☎ 8781 8181
🕐 8h30-17h30   💶 €

MUSÉE DE LA MÉDECINE CHINOISE

Juste au sud-est du musée d'Art classique, le musée de la Médecine chinoise (Huqingyutang Zhongyao Bowuguan) est l'une des deux pharmacies-musées les plus célèbres de Chine (l'autre étant celle de Tongrentang à Pékin). Le musée, fondé en 1878 par le riche homme d'affaires et pharmacien Hu Xueyan, se trouve dans le quartier piétonnier, près de Qinghefang Lu. Comme la rue elle-même, il a été restauré récemment avec goût. Classé monument national depuis 1988, il occupe une maison traditionnelle avec cour datant de la fin de la dynastie Qing. L'officine est supportée par des colonnes de bois sculptées et éclairée par des lanternes rouges. Toute une variété de feuilles, de champignons et de fleurs séchés, d'écorces, de racines, de graines, de parties d'animaux réduites en poudre ou séchées est rangée dans des casiers de bois. Les indications et les posologies sont rédigées en chinois et en anglais.

✉ 95 Dajing Xiang   ☎ 8702 7507
🕐 8h30-17h   💶 €

VIEILLE RUE DE QINGHEFANG

Sur la rive orientale du Xi Hu, au cœur de la ville de Hangzhou, Qinghefang Lu – parfois appelée Qinghefang Laojie (vieille rue) ou

Qinghefang Lishijie (rue historique) – fait partie du quartier marchand de Hangzhou depuis la dynastie Tang (VIᵉ siècle). Son apparence actuelle date des XVIIIᵉ et XIXᵉ siècles, époque des Qing. Ce quartier piétonnier a été entièrement

Le thé de Longjing

Le thé de Longjing de Hangzhou est l'un des thés chinois les plus connus et les plus appréciés. Il pousse sur les collines de Longjing, à l'ouest du Xi Hu, dans des plantations en terrasses qui entourent l'ancien puits de pierre (*longjing*), d'où découle le nom de la région, ou Puits du dragon. La culture du thé à Longjing remonte à plus de mille ans et sa première mention apparaît dans le *Chajing* de l'époque Tang, que les experts chinois considèrent comme le premier ouvrage écrit sur le thé. Le Longjing sort de l'ombre sous les Song méridionaux (1127-1279) et connaît une renommée mondiale sous les Qing (1644-1911).

Les feuilles du thé de Longjing sont plates, lisses et vertes ; leur cueillette se déroule durant une très courte période comprise entre le 5 et le 21 avril de chaque année. Pour les spécialistes et les connaisseurs, le meilleur thé de Longjing arbore une couleur jaune-brun après l'infusion, tandis que le thé de qualité moyenne est vert, sans trace de jaune, et celui de qualité inférieure est vert foncé. Ces experts recommandent de verser de l'eau à 85 °C sur une pincée de thé placée dans une tasse de porcelaine ou de verre. Selon les amateurs, l'arrière-goût du thé de Longjing de qualité supérieure se distingue par son caractère plus sucré que celui des autres thés verts. ∎

restauré et remis à neuf en 2001, et la plupart des bâtiments sont des copies à l'identique d'édifices des dynasties Ming et Qing.

✉ Qinghefang Laojie

MUSÉE DU FOUR À CÉRAMIQUE GUAN DE LA DYNASTIE DES SONG MÉRIDIONAUX

À l'écart du centre-ville, entre la montagne de l'Empereur de jade et le fleuve Qiantang, le musée du Four à céramique Guan de la dynastie des Song méridionaux (Nan Song Guanyao Bowuguan) est construit sur l'emplacement d'un atelier de céramique de l'époque des Song méridionaux. Hangzhou produisait alors de nombreuses pièces, notamment pour honorer les commandes de la cour impériale. Le fleuron de sa production était le *guan* ; la brochure du musée précise : « Par sa forme noble et gracieuse, sa couleur chatoyante comme le jade, son corps mince et sa glaçure épaisse, le *guan* a la réputation d'être le plus beau des cinq classiques de la céramique Song. » Les visiteurs verront le four qui a été conservé, un atelier traditionnel et des *guan* anciens.

✉ 42 Shijiashan Nanfu Lu ☎ 8608 2071
🕐 8h30-16h30 mar.-dim.

MARCHÉ NOCTURNE DE WUSHAN LU

Ce marché, appelé Wushan Lu Yeshi, est situé près de la rive orientale du Xi Hu, dans le quartier commercial. On y vend des souvenirs de la Révolution, de la céramique, des tissus, du thé de Longjing, des éventails et des lanternes. Les beaux jours de la contrefaçon sont finis car les autorités luttent désormais contre ce commerce illicite. Bien que le marché ait récemment perdu une grande part de son activité au profit du quartier voisin de Jiefang Lu, Wushan Lu reste idéal pour se restaurer.

✉ Wushan Lu

MARCHÉ DE LA SOIE DE XINHUA LU

Sur le marché de la soie de Xinhua Lu (Sichou Shichang), au nord-est du Xi Hu, les tailleurs réaliseront une *qipao* traditionnelle (robe chinoise ; *voir pp. 52-53*), une chemise, un chemisier ou une veste à vos mesures dans un délai très court et à un prix plus que raisonnable.

✉ Xinhua Lu ∎

Moganshan

Située à proximité du sommet du mont Mogan (2 000 m), à 200 km au sud-ouest de Shanghai, la station de montagne de Moganshan a connu son heure de gloire au début du XXᵉ siècle. Délaissée pendant les quarante premières années du communisme, cette colline trapue, qui s'explore à pied, revit aujourd'hui.

Moganshan
Carte p. 170, A3

En raison de sa proximité immédiate avec Hangzhou, Suzhou et Shanghai, de la douceur de son climat et de ses vallées tranquilles, Moganshan est la destination idéale des citadins qui viennent y passer un long week-end. Aujourd'hui, les touristes succèdent aux missionnaires, hommes d'affaires étrangers, Chinois aisés ou puissants, dont le chef de la Bande verte, Du les Grandes Oreilles (*voir pp. 78-79*), Tchang Kaï-chek et sa femme, Song Meiling (*voir encadré p. 109*). Le site Internet du **Moganshan Lodge** (Songliang Shanzhuang, Yin Shan Jie, *tél. : 0572 8033011, www.moganshanlodge.com*) cite un article paru dans le *North China Daily News* en 1936, qui décrit le lieu de la façon suivante : « Les ciels d'Italie, la verdure du Japon et la grandeur des Rocheuses. »

LA VISITE
La montée jusqu'au petit village isolé, perché sur la colline, participe du plaisir que procure la visite de Moganshan. Certains s'y rendent par des moyens d'un autre âge : la chaise à porteurs.

Si vous cherchez à vous loger ou à vous restaurer, rendez-vous dans la rue principale (**Yinshan Jie**) – si elle peut être qualifiée ainsi. De là, vous pourrez explorer la ville en une heure ou deux. Tout le charme de l'endroit réside dans le rythme lent, les panoramas toujours changeants et l'air frais des montagnes. N'oubliez pas de vous promener dans les forêts de bambous, omniprésentes, qui constituent l'une des trois merveilles de la station, avec les sources et les nuages. Du reste, un petit **musée du Bambou** (de loin la plus grande bambouseraie de la région) met ce végétal à l'honneur en présentant les différentes espèces et ses multiples usages. Très polyvalent, le bambou est toujours utilisé pour les échafaudages des grands chantiers.

Œuvre du début du XXᵉ siècle exposée à Moganshan.

Musée du Bambou
(Zhuzi Bowuguan)
✉ Yinshan Jie
🕐 9h30-15h30
€ €

Les hauteurs boisées de Moganshan apportent une fraîcheur bienfaitrice après la chaleur des plaines en contrebas.

Après le musée, au 126 Yinshan Jie, se dresse une humble maison de pierre grise. Mao, alors convalescent, y séjourna en 1953. Il laissa un mot dans le livre d'or de la clinique de Moganshan : « Il faut de la patience pour se remettre d'une maladie, et surtout avoir l'envie de se battre. »

Aux n°s 546 et 547 de Yinshan Jie se trouvent deux autres maisons historiques ayant appartenu au célèbre bandit Du Yuesheng (*voir pp. 78-79*). La seconde des habitations s'est aujourd'hui reconvertie en une luxueuse maison d'hôtes. Après Yinshan, sur le versant éloigné de la montagne, se dresse l'ancien refuge où Tchang Kaï-chek et Song Meiling passèrent leur lune de miel en 1927. Le château du Nuage blanc appartient désormais à l'hôtel Baiyun (*voir p. 247*).

Les toits de Moganshan sont dominés par l'ancien temple protestant et sa salle paroissiale dont la tour crénelée rappelle un donjon médié-val. Contrairement au temple protestant, le minuscule **temple Jaune**, ou Huang Si, est toujours en activité.

Moganshan offre des curiosités naturelles comme l'**Étang de l'épée** (Jian Chi) niché au fond d'un joli petit ravin non loin des **chutes de l'Étang de l'épée**. Selon la légende, le forgeron Gan Jiang avait fabriqué deux épées magiques grâce auxquelles leurs propriétaires remportèrent une bataille à cet endroit, au cours de la période des Printemps et des Automnes (722-481 av. J.-C.). La femme de Gan Jiang, Mo Ye, aurait donné son nom au mont Mogan.

Des sentiers de pierre soigneusement entretenus, dont la plupart datent de plus d'un siècle, cernent et traversent Moganshan. Ils conduisent notamment au Guai Shi Jiao, ou Coin de la pierre étrange, qui domine la **plantation de thé de Qingcaotang**. On peut la visiter (*ouverte sur demande auprès de M. Pan, son directeur*). ■

Shaoxing

CHARMANTE VILLE CERNÉE DE CANAUX, SHAOXING VOUS SÉDUIRA PAR SES ponts, ses sentiers et ses maisons. La cité a été édifiée à l'emplacement de la capitale du royaume des Yue, à la période des Printemps et des Automnes ; la tombe de son monarque, Yu le Grand, se trouve juste en dehors des limites de la ville. Shaoxing est aussi la ville natale de l'écrivain Lu Xun (*voir encadré p. 145*). Elle est réputée pour son alcool de riz que l'on fabrique ici depuis 15 siècles. C'est une étape parfaite, surtout si vous allez de Hangzhou à Putuoshan par la route principale ou par voie ferrée.

La **résidence d'enfance de Lu Xun** et le **mémorial de Lu Xun** (Lu Xun Jinianguan) se trouvent tous deux près du centre de la vieille ville, un quartier composé d'étroits canaux et de ponts en dos d'âne. La **résidence familiale de Zhou Enlai** mérite également que vous preniez le temps de la visiter. Certes, Zhou Enlai n'y a jamais vécu, mais Shaoxing revendique fièrement ce lien qui l'unit avec une personnalité restée très populaire en Chine (*voir pp. 122-123*).

Le mausolée en l'honneur du légendaire **Yu le Grand** (Da Yu), à qui la Chine doit son immense et complexe réseau d'irrigation, se trouve à 4 km au sud-est de la ville. La tombe est signalée par une statue de Da Yu, entourée de pavillons, de mausolées et de jardins.

La **pagode hexagonale Dashan** (Dashan Ta), dans Guanming Lu, et la **pagode Yingtian** (Yingtian Ta), dans la partie sud de la ville, sont deux lieux incontournables de visite à Shaoxing. Elles ont été restaurées toutes deux à plusieurs reprises. Pour finir, le **pavillon des Orchidées** (Lanting) doit sa célébrité à un calligraphe du IVe siècle, Wang Xizhi. Son œuvre la plus connue, le *Lanting Lu* ou *Préface au pavillon des Orchidées*, a été écrite pour commémorer un banquet littéraire qui s'est déroulé dans le pavillon en 353 de notre ère. Le site du pavillon constitue l'une des destinations favorites des Chinois de la région. ■

Une héroïne révolutionnaire

Qiu Jin (1875-1907), native de Shaoxing, s'est rendue célèbre pour avoir cherché à renverser le gouvernement des Qing. Ayant vécu un mariage malheureux, elle combattit pour que les femmes aient la liberté de choisir leur époux. Estropiée depuis l'enfance, elle s'opposa violemment au bandage des pieds. Ses études au Japon confortèrent ses vues progressistes et patriotiques. De retour en Chine, elle rejoignit la triade anti-Qing avant de rallier, en 1905, le Tongmenghui, ou Alliance révolutionnaire, un mouvement de résistance conduit par Sun Yat-sen.

En 1907, après un soulèvement manqué appelé « insurrection de Xu Gao », Qiu Jin fut capturée et torturée par les autorités Qing. Au lieu d'inscrire les noms de ses complices sur le papier offert pour sa confession, Qiu Jin écrivit : « Les vents et les pluies d'automne pleurent le massacre du peuple. » Puis elle s'avança calmement pour être exécutée. Qiu Jin repose dans une tombe, près du Xi Hu, et sa maison de Shaoxing, transformée en musée, rend hommage à ses combats. ■

Shaoxing

🅰 Carte p. 170, B1

**Accueil
des visiteurs**

✉ CITS, 341 Fushan Xilu

☎ 0575 515 5669

**Résidence
de Lu Xun**

(Lu Xun Guju)

✉ 208 Lu Xun Zhonglu

€ €

**Résidence
familiale
de Zhou Enlai**

(Zhou Enlai Zuju)

✉ 369 Laodong Lu

€ €

**Résidence
de Qiu Jin**

(Qiu Jin Guju)

✉ Hegang Tang

Putuoshan

Putuoshan

Carte p. 171, E1

**Accueil
des visiteurs**
CITS, 117 Meicen Lu
0580 609 1414

N.B. : le pont de
la baie de Hangzhou,
dont l'ouverture est
prévue en 2008, relie
directement Shanghai
à Ningbo. Il permettra
de rejoindre Putuoshan
plus facilement et plus
rapidement. Long de
36 km, c'est l'ouvrage
d'art transocéanique
le plus long au monde
et le deuxième pont
le plus long au monde
(après le pont suspendu
du lac Pontchartrain
en Louisiane).

DEPUIS DES SIÈCLES, LES BOUDDHISTES FONT LE PÈLERINAGE DE PUTUOSHAN – mont Putuo –, une montagne sacrée située sur l'île du même nom dans l'archipel de Zhoushan. Comme tant d'autres lieux cultuels, il fut très endommagé pendant la Révolution culturelle et, heureusement, comme bon nombre d'entre eux, il a été soigneusement restauré depuis. Putuoshan mérite la visite pour ses temples bouddhistes et ses inoubliables points de vue.

S'Y RENDRE
Pour l'instant, le seul moyen d'arriver à Putuoshan est le bateau. La traversée dure 15 minutes au départ de Zhoushan et une heure à partir de l'embarcadère de Ningbo. Vous trouverez toutes les informations utiles sur le quai de Putuoshan ; de là, vous rejoindrez la zone des temples après une courte marche. Les sites sont assez proches les uns des autres pour que vous les visitiez à pied. Sinon, des minibus vous y conduiront.

LES TEMPLES
Tous les temples de Putuoshan, dont les trois principaux, Puji, Fayu et Huiji, dépendent de l'Association bouddhiste chinoise.
Le **temple Puji** (Puji Si, *ouvert 6h-21h, €*) a été fondé en 1080, mais il a été reconstruit plusieurs fois et les bâtiments actuels datent de la fin de l'époque Qing. C'est un joli ensemble de pavillons, de pagodes et d'étangs de lotus ombragés par de grands arbres à soie. Le temple principal abrite un bouddha assis, flanqué d'immortels taoïstes, et le deuxième, un bouddha replet et souriant, symbole de prospérité. Derrière le temple se dresse la statue dorée de Guanyin, particulièrement vénérée. Puji, qui se trouve à proximité du centre géographique de l'île, est entouré de boutiques, de restaurants et de maisons de thé.
Le **temple Fayu** (Fayu Si, *ouvert 6h30-18h, €*) se trouve au nord de Puji sur les pentes très boisées du mont Foding (Foding Shan). Datant

de la dynastie Ming (1368-1644), ce grand temple s'étend sur six niveaux à flanc de montagne. Le bâtiment principal, le Dayuan Tang, était autrefois à Nanjing ; il a été déplacé à Putuoshan durant la dynastie Qing sur ordre de l'empereur Kangxi (1654-1722). Il abrite une autre effigie célèbre de Guanyin et, chaque année, devient le lieu favori des célébrations en l'honneur de l'anniversaire de la déesse, qui se déroulent le vingt-neuvième jour du deuxième mois lunaire, en mars ou en avril. Neuf dragons de bois entrelacés et finement sculptés ornent la voûte du temple.

Le **temple Huiji** (Huiji Si, *ouvert 6h30-19h, €*) se trouve plus au nord, près du sommet du Foding Shan. Datant de la dynastie Ming, empreint d'une douce noblesse, il offre des points de vue panoramiques sur l'île. Autrefois, on rejoignait le temple après une montée assez raide, mais, aujourd'hui, un funiculaire achemine les visiteurs au sommet. Les croyants, qui préfèrent toujours faire l'ascension à pied à travers les superbes sentiers boisés, se prosternent toutes les

trois marches. La promenade nécessite environ une heure (sans prosternations).

AUTRES SITES DIGNES D'INTÉRÊT

Loin de Huiji, à l'extrémité sud de l'île, la **Guanyin des Mers du sud** (Nanhai Guanyin) est une statue dorée, haute de 33 m, qui représente la déesse de la Miséricorde. Sa main droite est levée pour bénir, la gauche tient un *darmachakra*, la roue de la loi bouddhiste, dont la ressemblance avec la barre d'un bateau explique sans doute pourquoi elle rassure les marins de la région. L'intérieur du monument sur lequel se dresse la statue contient une multitude de statues de la déesse et des panneaux de bois sculpté qui racontent comment

Le temple Huiji, au sommet du mont Putuo, est l'un des nombreux lieux de pèlerinage bouddhiste de l'île de Putuoshan.

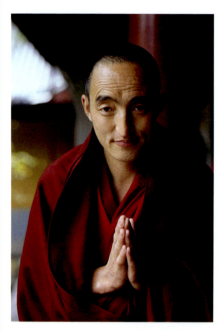

Un moine bouddhiste en résidence au temple Huiji de Putuoshan.

ouvert 8h-17h30). À l'intérieur se trouve le plus grand bouddha couché de l'île parmi une foule d'autres statues de bouddha ainsi que des nonnes vêtues de gris, la tête rasée. Près de Puji se dresse la **pagode Duobao** (Duobao Ta, ou pagode des Maints Trésors), à trois étages, construite en 1334 sous la dynastie Yuan.

PLAGES

Bien que petite, l'île de Putuoshan (5,5 km de long et 3 km de large) possède deux belles plages : la **plage des Mille Pas** (Qianbusha) et la **plage des Cent Pas** (Baibusha).

Au sud de Baibusha, sur un petit promontoire, se dresse le **temple de Guanyin refusant de partir** (Bukenqu Guanyinyuan) qui commémore l'endroit où, selon la légende, le moine japonais Hui'e échoua. Non loin se trouve la **grotte du Bruit de la mer** (Chaoyindong), où les vagues viennent se briser avec fracas dans une cavité de la falaise. Il est dit depuis des siècles que la déesse Guanyin y apparaît aux croyants.

Il existe encore d'autres grottes à explorer dans les alentours, dont celle des **Nouvelles bouddhistes** (Fanyindong), où a été construit un petit temple dévolu à Guanyin, ainsi que la **grotte du Soleil levant** (Zhaoyangdong), prise entre les deux bandes de plage. ∎

Guanyin a sauvé les marins du naufrage. La déesse est la sainte patronne de l'île, bien qu'elle semble subir la concurrence de l'immortelle taoïste Matsu, déesse de la Mer et autre protectrice des pêcheurs.

L'île compte d'autres lieux de culte intéressants, notamment le **monastère Dasheng** (Dasheng An,

La légende de Putuoshan

Dans le bouddhisme mahayana, Putuoshan est considéré comme le *bohimanda*, ou lieu de l'illumination du Bodhisattva Avalokitesvara, encore mieux connu en Extrême-Orient par son avatar féminin Guanyin, la déesse vénérée de la Miséricorde. Le nom de la montagne, Putuoshan, est une version chinoise de Potalaka, la montagne d'Avalokitesvara dans le sutra Avatamsaka.

Selon la légende, le Bodhisattva Guanyin a été consacré à Putuoshan en 916 de notre ère, lorsqu'un moine japonais appelé Hui'e, qui transportait une image de Guanyin, fit naufrage sur l'île. La déesse lui apparut et lui promit qu'il rentrerait chez lui sain et sauf s'il érigeait son effigie sur l'île. Le moine fit ce que la déesse lui commandait et Putuoshan devint un haut lieu de pèlerinage. ∎

Le Tai Hu, ses villes de canaux et l'ancienne cité de Suzhou sont situés à l'ouest de Shanghai. Au nord, Nanjing, une ville moderne trépidante au patrimoine historique de premier ordre, mérite une visite d'au moins deux jours.

Excursions à l'ouest et au nord de Shanghai

Détail d'une scène domestique sous la dynastie Ming dans la résidence Chen, à Zhouzhuang.

Le mausolée de Sun Yat-sen à Nanjing, édifié en l'honneur du fondateur de la Chine moderne.

Excursions à l'ouest et au nord de Shanghai

LA RÉGION À L'OUEST ET AU NORD DE SHANGHAI ET ENTOURANT LE TAI HU (LAC TAI OU GRAND Lac) offre certains des plus beaux paysages de Chine. Vous y découvrirez d'anciennes villes de canaux, des jardins classiques et la cité médiévale de Suzhou, à la renommée séculaire et aux soieries réputées. Nanjing (Nankin), capitale de la Chine sous les Ming et sous le gouvernement nationaliste, possède un passé aussi glorieux que terrible. La région est en outre traversée par deux voies d'eau parmi les plus célèbres au monde, le puissant Yangzi Jiang (fleuve Bleu) et le Grand Canal, construit il y a 1 500 ans.

Vanté de tout temps pour sa beauté, le Tai Hu, au sud du delta du Yangzi Jiang, est, par sa taille (2 250 km²), le troisième lac d'eau douce de Chine. Ponctué de 48 îlots, il regorge de poissons, dont « les trois blancs du lac Tai » : la crevette blanche, la blanchaille et le grand corégone, qui sont cuisinés à bord des bateaux de croisière sillonnant le lac.

Les plaines fertiles entourant le Tai Hu sont surtout célèbres pour les cités lacustres, ou villes de canaux, qui s'y sont installées depuis les origines de l'empire. Ces villes pittoresques et paisibles sont traversées de canaux bordés de saules et enjambés par de jolis ponts en dos d'âne. Ils constituent de merveilleuses destina-

tions d'excursion pour une journée au départ de Shanghai. Il est même judicieux de passer la nuit dans certains d'entre eux car, sitôt que la foule a déserté les lieux, ils retrouvent leur charme immémorial.

Établis en bordure du Tai Hu, Suzhou et Hangzhou (*voir pp. 172-173*) ont longtemps occupé une place privilégiée dans le cœur des Chinois, comme en témoigne ce vieil adage : « Au ciel, il y a le paradis, sur terre Suzhou et Hangzhou. » Si la banlieue de Suzhou est très fortement industrialisée, la vieille ville, entourée de douves, possède les plus beaux jardins classiques de Chine. Vous y découvrirez aussi un grand nombre de temples et de pagodes.

La cité est réputée pour la beauté de ses habitantes et, si l'on en croit un autre proverbe chinois ancien, il faut « se marier à Suzhou, habiter à Hangzhou et manger à Guangzhou ». (Toutefois, les restaurants de Suzhou proposent aujourd'hui une gastronomie particulièrement raffinée.)

Au nord et à l'ouest de Suzhou, bien que facilement accessible par le train rapide ou par la nouvelle voie express Shanghai-Nanjing, Nanjing, la capitale des Ming, reste cependant trop éloigné de Shanghai pour que vous lui réserviez une seule journée d'excursion. La ville mérite au moins un séjour de deux jours, l'idéal étant plutôt d'y passer une semaine. Les sites historiques y abondent, de l'enceinte fortifiée la plus longue du monde aux tombes des Ming, sans oublier le magnifique mausolée de Sun Yat-sen, considéré comme le père de la Chine moderne. Parmi les autres sites de date récente, il ne faut pas manquer l'édifiant Mémorial du massacre de Nanjing (1937-1938) et le Grand Pont du Yangzi Jiang, témoin des vastes chantiers entrepris au cours de l'âge d'or de la Chine maoïste. ∎

En 1770, un fonctionnaire impérial à la retraite, rêvant d'être pêcheur, fit aménager le jardin du Maître des filets à Suzhou.

Barques amarrées attendant leurs passagers sur l'un des canaux de **Wuzhen**.

Les villes de canaux

À l'ouest de Shanghai, des petites villes de canaux, *shui xiang* en chinois, s'égrènent le long d'un arc allant de Wuzhen, au sud, à Changzhou sur le Grand Canal, au nord. Admirés pour leurs ponts en dos d'âne, leurs vieilles maisons et leurs canaux paisibles, ce sont encore des cités vivantes : les chaudronniers et les fileurs de soie s'adonnent à leur artisanat ancestral, les habitants portent de l'eau, cultivent leurs jardins et bavardent sur les places.

Une ville de canaux peut se visiter en une journée depuis Shanghai (Suzhou est une bonne alternative). Le plus facile et le moins onéreux est de réserver une visite organisée (renseignez-vous auprès de votre hôtel). Sinon, vous pouvez prendre un car ou un taxi à Shanghai, à Hangzhou ou à Suzhou. La plupart des touristes ne visitent que deux ou trois villes de canaux, à raison d'une par jour.

Sachez cependant que ces villes peuvent être très fréquentées la journée et qu'il est préférable d'y passer la nuit. Le soir et le matin, une fois les touristes partis, les canaux où se reflètent les vieilles maisons retrouvent leur quiétude. La ville est à vous, alors profitez-en pour louer un bateau, sillonner les étroits canaux et la campagne alentour, et vous appréhenderez un peu de la Chine éternelle.

Le bourg de Zhouzhuang, très ramassé et entièrement piétonnier, se trouve à 96 km à l'ouest de Shanghai, dans la province du Jiangsu. Très célèbre et très visité (on l'a qualifié de « Disneyland chinois »), le village s'apprécie mieux si l'on y reste une nuit.

Dans la province du Jiangsu se trouvent Zhujiajiao – également destination favorite des touristes à moins d'une heure de l'aéroport Hongqiao de Shanghai –, et Changzhou, moins visité et plus distant. Ce dernier bien plus grand que Zhujiajiao offre d'autres sites dignes d'intérêt, dont la plus grande pagode du monde.

Un peu moins touristique que les précédentes (mais qui peuvent cependant être saturées de monde), Wuzhen, à 100 km de Shanghai, et Xitang, à 90 km au sud-ouest de Shanghai, font partie de la province du Zhejiang. Enfin, dans la province du Jiangsu, l'ancien Tongli (à 50 km à l'ouest de Shanghai) et le littéraire Luzhi (à 75 km au nord-ouest de Shanghai) méritent le détour. ∎

Wuzhen

COINCÉ ENTRE SHANGHAI ET HUZHOU, LA VILLE DE CANAUX DE WUZHEN EST sans doute la plus authentique de la région. De vieilles maisons de bois de l'époque des Qing (1644-1911), certaines encore plus anciennes, bordent les quais pavés de ses jolis canaux.

Cette bourgade étroite, qui longe le canal sur 2 km, se divise en six quartiers traditionnels : le quartier des ateliers, le quartier résidentiel, le quartier culturel, celui des bars et des restaurants, le quartier des commerces (où les habitants seront particulièrement heureux de vous accueillir) et enfin le quartier des traditions populaires. La meilleure stratégie consiste à faire le circuit d'est en ouest en commençant au Feng Yuang Qiao (pont Feng Huang, ou Pont dans le pont).

Marchez vers l'ouest le long du Dong Dajie sur le quai nord du canal. Le **Feng Yuang Qiao** est un double pont récemment restauré : le premier, le **Tongji Qiao**, franchit l'eau d'est en ouest, le second, le **Renji Qiao**, du nord au sud.

Un peu plus à l'ouest, dans le quartier des ateliers, vous verrez les artisans peindre sur de la soie, coudre des chaussures en tissu, tresser des paniers en rotin, teindre des indiennes à l'indigo, filer et sculpter le bois dans leur atelier. La plupart d'entre eux vous laisseront vous essayer au métier de votre choix.

L'étroite rue pavée du quartier des ateliers est bordée majoritairement de bâtiments bruns à un étage qui abritent aussi des restaurants, des cafés, des maisons de prêt sur gage et des boutiques de souvenirs. À la **Rice Wine Distillery**, du côté nord de la rue, vous pourrez goûter et acheter de l'alcool de riz, appelé *sanbai*, ou « trois fois blanc ». Juste au nord, le petit **Cotton Mill** fabrique le tissu teint à l'indigo qui

Wuzhen

Carte p. 191, C1

Accueil des visiteurs

www.wuzhen.com.cn/
oldweb/wuzhen.eng

Tongxiang Wuzhen
Tourism, 18 Shifo
Nanlu Wuzhen
Tongxiang

€€, ticket unique
pour tous les sites.

Vers midi, les habitants de Wuzhen se retrouvent au bord du canal pour bavarder, fumer et jouer au mah-jong.

servira à confectionner des rideaux, des nappes, des tentures murales et des vêtements.

PLUS À L'OUEST

En avançant vers l'ouest, les ponts étroits en dos d'âne se font plus nombreux. Juste avant l'intersection avec Heng Jie, une maison à pignon présente une collection d'œuvres d'artisanat local : l'**exposition de sculpture sur bois**. Après le Ren Shou Qiao et toujours du côté nord de la rue se trouve l'**exposition des monnaies Yu Liu Liang**, où l'on peut admirer une collection très fournie de pièces chinoises anciennes.

Le bâtiment voisin à droite est l'**ancienne résidence de Mao Dun** (Mao Dun Guju), une maison traditionnelle datant de la fin de la dynastie Qing. Shen Dehong (1896-1981), écrivain révolutionnaire qui prit pour nom de plume Mao Dun (qui signifie « contradiction »), était membre fondateur du Parti communiste chinois et membre de la Ligue des écrivains de gauche de Lu Xun (*voir p. 143 et encadré p. 145*).

Détail d'une œuvre présentée à l'exposition de sculpture sur bois de Wuzhen. Les caractères chinois gravés sur le pignon signifient « toute la famille est bénie ».

Il mena une longue et brillante carrière de journaliste et publia plus d'une centaine de romans et nouvelles, dont *Zije* et *Minuit*. La maison comprend trois salles d'exposition. La première est consacrée à Wuzhen, « la ville natale de Mao Dun ». La deuxième a pour nom « la voie de Mao Dun » et la troisième concerne « la rénovation du bâtiment ». Il existe également un petit **musée Mao Dun** (Mao Dun Bowuguan), sis dans l'ancienne Académie de l'enseignement classique Li Zhi, où l'écrivain a étudié.

Se tenant juste après l'ancienne maison de Mao Dun, la **résidence Han Lin** est une autre maison traditionnelle ouverte au public. Si vous tournez ensuite à gauche, vous arriverez au **Ying Jia Qiao** et au **pavillon Fang Lu**, la maison de thé la plus célèbre de Wuzhen. Son nom provient de Lu Yu, saint patron du thé sous la dynastie Tang (618-907). La légende raconte que Lu Yu, auteur du *Chajing* (*Le Classique du thé*), aurait enseigné à Lu Tong, propriétaire de l'établissement, l'art de préparer le thé. Le savoir-faire de Lu Tong assura à la maison de thé une renommée qui, aujourd'hui encore, n'a jamais été démentie. Cet établissement de thé est un endroit charmant et agréable où se reposer tout en regardant défiler les petits bateaux sur la rivière et en observant le flot des piétons qui traversent le Ying Jia Qiao.

Au sud du pont, vous déboucherez dans Changfeng Jie, une autre rue animée où se trouvent la **boutique de prêt sur gage Hui Yuan** et **son musée**. Dans le passé, le prêteur sur gage était un rouage essentiel de la vie quotidienne en Chine. C'est lui qui consentait aux emprunteurs un crédit réglementé par l'État, à un taux fixe et relativement bas, pour une durée de trois ans maximum. Vous pourrez admirer les balances, les bouliers ainsi que les autres accessoires du prêteur qui ont été préservés et qui y sont exposés.

AUTRES SITES À VISITER

Wuzhen recèle d'autres lieux qui méritent d'être visités, comme la pagode de sept étages, appelée la **tour du Lotus blanc**. Rendez-vous également au **musée du Bandage des pieds**, au **musée des Cent Lits** et au **temple du Général Wu** ; c'est ce dernier, un militaire de la dynastie Tang, qui aurait donné son nom à la ville. ■

Ancienne résidence de Mao Dun

✉ 13 Yuanensi
☎ 6225 2042
💶 €

Xitang

Xitang

⛰ Carte p. 191, C1

**Accueil
des visiteurs**
www.xitang.com.cn/
eyou.asp

✉ JiJia Xiang
Youdian Lu

€ €€, ticket unique
pour tous les sites

UN FONCTIONNAIRE DE L'UNESCO QUI VISITAIT XITANG A AFFIRMÉ : « Xitang est comparable à la musique limpide et mélodieuse d'une flûte ; il faut savoir l'apprécier avec le cœur. » Jusqu'en 2005, cette charmante bourgade à proximité de la rive orientale du Tai Hu était peut-être la plus tranquille des cités lacustres. Mais tout a changé depuis qu'elle a servi de décor (censé reproduire le vieux Shanghai) à *Mission impossible III* en 2006 ; dès la sortie du film en Chine, Xitang a vu affluer en nombre les touristes chinois.

La fondation de Xitang remonte à l'époque des Royaumes combattants (IVᵉ et IIIᵉ siècles avant J.-C.). La position stratégique de la ville, aux frontières des États Wu et Yue, lui valut le nom de « coin de Yue, base de Wu ». Elle devient un bourg prospère sous les dynasties Ming et Qing. L'essentiel de l'architecture de cette cité, baptisée « ancienne perle des neufs dragons » et « le vent souffle de huit côtés », aujourd'hui restaurée, date de l'époque Qing.

Xitang, la ville de canaux par excellence, est situé sur une plaine traversée par neuf petites rivières qui divisent la ville en huit sections reliées par 104 ponts, la plupart en dos d'âne, construits sous les dynasties Ming et surtout Qing.

Comme dans les autres cités lacustres, les habitants vaquent à leurs occupations – aujourd'hui essentiellement liées au tourisme – le long des ruelles pavées, polies par les siècles. La municipalité affirme que le bourg comprend 122 rues et ruelles, dont la plus étroite mesure 80 cm de large. En raison du climat extraordinairement pluvieux de Xitang, la majorité des ruelles sont des passages couverts, éclairés par les fameuses lanternes rouges. Chaque famille avait la charge de couvrir la partie contiguë à sa propriété. Ces toits étaient ensuite reliés pour constituer un passage. Les maisons, presque toutes à un seul étage, sont peintes en gris ou en blanc et coif-

fées d'un toit de tuiles noires aux pignons typiques.

LA VISITE DE XITANG

La meilleure façon de découvrir Xitang est de déambuler dans ses étroits passages, de passer d'un quartier à l'autre en empruntant les jolis ponts en dos d'âne du haut desquels on voit défiler les petits bateaux chargés de fruits et de légumes ou de visiteurs. Des lanternes rouges, suspendues aux auvents, éclairent les eaux tranquilles : un spectacle enchanteur le soir venu quand toute la ville s'illumine sous leur douce lumière.

Ne manquez pas le plus long **passage couvert** qui longe la rivière sur 1 300 m. Coiffée de tuiles et décorée par endroits d'élégantes sculptures, cette merveilleuse promenade abritée vous permettra d'apprécier la vie quotidienne d'une ville de canaux. Prenez votre temps et reposez-vous sur les bancs à haut dossier placés aux endroits stratégiques.

Le **Wangxian Qiao**, construit sous la dynastie Song (960-1279), est le plus ancien et le plus remarquable des ponts en dos d'âne de Xitang. Selon la légende, un sage taoïste avait l'habitude de se tenir sur le pont pour guetter les esprits immortels (*wang xian* signifie « chercher les esprits »).

N'oubliez pas non plus le **jardin Xiyuan**, dessiné, comme le veut la tradition, pour que les fleurs, les saules, l'eau et les ponts se fondent en un paysage harmonieux, ni le singulier **musée du Bouton de perle**, où vous pourrez observer la fabrication à la main des boutons en question. Tout à côté, le **musée de l'Éventail** présente et vend des éventails peints à la main. Enfin, visitez la **résidence Xue**, une maison traditionnelle soigneusement restaurée qui appartenait à un riche marchand de la dynastie Qing.

Les restaurants de Xitang servent des spécialités locales – tels le porc à l'étouffée accompagné de farine de riz et de feuilles de lotus, les raviolis de riz gluant et le crabe d'eau douce du Tai Hu – qui se dégustent toutes avec de l'alcool de riz jaune de Jiashan. ■

Xitang possède 104 ponts en dos d'âne qui enjambent des canaux pittoresques.

Zhouzhuang

Zhouzhuang
Carte p. 191, C2
**Accueil
des visiteurs**
www.zhouzhuang.com
☎ 86215 5721 7303
€ €€€, ticket unique
pour tous les sites

NON LOIN DE LA RIVE ORIENTALE DU TAI HU, ZHOUZHUANG EST LA PLUS développée et la plus connue des villes de canaux. Cette cité magnifique est aussi la plus visitée et il vaut mieux éviter de s'y rendre les week-ends et les jours fériés, quand les vieilles rues étroites sont engorgées par la foule. Entouré de lacs de toutes parts et sillonné de canaux et de cours d'eau, Zhouzhuang s'est octroyé à juste titre le surnom de « Venise chinoise » ; certains bateliers vont même jusqu'à pousser la chansonnette pendant qu'ils vous promènent sur l'eau.

Un grand nombre de restaurants de Zhouzhuang cultivent la tradition, tant par leur décoration que par la musique que l'on y joue.

Comme Xitang, Zhouzhuang remonte à la période des Royaumes combattants (IVe et IIIe siècles av. J.-C.) et peut-être même à des temps plus reculés. En 1086, sous les Song du Nord, un bouddhiste fervent du nom de Zhou Digong donne le village, qui s'appelait alors Zhenfengli, au temple Quanfo, qui existe toujours. Le village a été ensuite rebaptisé Zhouzhuang en son honneur, ou « village de Zhou ». Il reste peu de vestiges de cette époque : la plupart des bâtiments qui subsistent datent des dynasties Ming et Qing.

VISITE DE ZHOUZHUANG
L'axe principal de la ville est une petite rivière qui coule du nord au sud, tandis que les canaux la traversent d'est en ouest. Il est possible de louer un bateau (€€) pour admirer les passages et les ponts depuis l'eau, à moins de préférer marcher dans les étroites ruelles pavées. Au cours de la promenade, vous découvrirez certaines maisons historiques sur la centaine qui a été conservée et quelques-unes des 30 portes monumentales ornées de motifs en brique sculptée. Les lanternes rouges, éclairant les canaux à la tombée du jour, apportent à l'ensemble une note chaude et douce.

L'entrée dans Zhouzhuang se fait en général à pied par le nord – une courte marche depuis la gare routière. Sur le trajet, vous croiserez quantité de boutiques de souvenirs et de restaurants. Profitez-en pour goûter une délicieuse spécialité locale, les pieds de porc grillés, ou *wansanti*.

Dans le nord-ouest de la ville, vous attend le **temple bouddhique de Quanfo** (Quanfo Si), temple patron de Zhouzhuang. Sa pagode, Quanfo Ta, possède d'extravagants avant-toits aux bords relevés qui rappellent un peu le *chofa* de l'architecture des temples thaïs. Un peu plus loin, vous pouvez visiter le **musée de Zhouzhuang** (Zhouzhuang Bowuguan) et, après avoir franchi un pont étroit en dos d'âne, découvrir le deuxième temple de la ville, construit sous les Song, le **Chengxu Daoyuan**, qui, comme son nom l'indique, est consacré au taoïsme.

Un peu plus vers l'est, vous apercevrez les célèbres **Shuang Qiao**, ou ponts jumeaux, qui enjambent la rivière et les canaux du centre-ville.

Édifiés durant le règne de l'empereur Ming Wanli, ils sont devenus le symbole de Zhouzhuang. Le Shide Qiao, qui traverse la rivière Nabei d'est en ouest, a une arche ronde, tandis que le Yongan Qiao, au-dessus du ruisseau Yinzi, a une arche carrée. Ensemble, les deux ponts font penser à une ancienne clé, d'où leur surnom de ponts de la Clé. En 1984, le magnat du pétrole américain Armand Hammer acheta un tableau des ponts exécuté par le célèbre artiste Chen Yifei. Il l'offrit à Deng Xiaoping (1904-1997), alors chef suprême de la Chine. L'année suivante, les Nations unies décidaient d'éditer un timbre-poste reproduisant le tableau. La gloire de Zhouzhuang était assurée.

PONTS ET AUTRES CURIOSITÉS

Parmi la douzaine d'autres ponts de pierre, les plus remarquables sont le pont à arche unique, le **Fuan Qiao** (fin de la dynastie Yuan, 1365), à l'extrémité est de Zhongshi Jie, et le **Zhenfeng Qiao** (dynastie Ming) dans Xiwan Jie. Les deux ponts se trouvent au sein de la partie ouest de Zhouzhuang.

Tout au sud de la ville, les **jardins Nanhu** (Nanhu Yuan) ont de jolies pagodes élevées sur de minuscules îlots à proximité immédiate du lac du Sud (Nanhu). À l'est de la ville, sur la rivière Nabei, se dresse la **résidence Shan** (dynastie Qing, 1742), qui appartenait à un riche marchand et qui comprend sept cours et plus de 100 pièces réparties en trois secteurs reliés par des ailes et des arcades, ainsi que la **résidence Zhen** (dynastie Ming, 1449), composée de six cours et de plus de 70 pièces. Allez voir ces deux demeures, notamment pour leur riche collection d'antiquités ainsi que pour la beauté de leurs jardins et de leurs pagodes.

Aux côtés de ces antiques vestiges, les cafés, les restaurants et les bars abondent à Zhouzhuang. Les nombreuses galeries d'art qui bordent ses rues étroites présentent des œuvres contemporaines chinoises et des copies de peintures anciennes. ∎

Bouddha polychrome du temple de Quanfo.

Tongli

Les anciennes maisons badigeonnées de blanc et les quais pavés qui bordent le canal principal de Tongli donnent raison au *China Daily* qui, en 2006, inscrivit Tongli au palmarès des « dix plus belles villes de Chine ».

Situé sur un réseau de canaux et de cours d'eau de la rive occidentale du Tongli Hu (lac Tongli), Tongli est l'une des plus grandes villes de canaux. Cette jolie cité n'est ni aussi célèbre ni aussi fréquentée que Zhouzhuang, mais sa tranquillité est perturbée depuis que les réalisateurs chinois l'ont découverte au milieu des années 1980. Plus d'une centaine de longs métrages et téléfilms y ont été tournés, dont l'adaptation d'un classique de la dynastie Qing, *Hong Lou Meng* ou *Le Rêve de la chambre rouge*, qui a connu un immense succès populaire.

Sur le modèle des autres villes de canaux, Tongli a été construit au cœur de la plaine. La bourgade est entourée de cinq lacs et divisée en sept quartiers – en réalité de petites îles – séparés par les 15 cours d'eau et canaux qui sillonnent la région. Ces voies d'eau sont traversées par au moins 49 ponts anciens, la plupart en dos d'âne.

Si Zhouzhuang et Wuzhen sont célèbres pour leurs ponts jumeaux, Tongli fait monter les enchères avec son triple pont : dans le centre-ville, le **Taiping Qiao** (le pont de la Grande Paix), le **Jili Qiao** (le pont du Bonheur) et le **Chanqing Qiao** (le pont de la Longue Célébration) sont si proches les uns des autres qu'on croirait presque qu'ils n'en forment

qu'un seul au-dessus des trois anciens canaux. Ces trois ponts, ou **San Qiao**, ont une valeur quasi sacrée pour les habitants de Tongli qui les traversent dans l'espoir que cela portera bonheur à une union ou à une naissance.

Parmi les autres ponts intéressants, n'oubliez ni le **Siben Qiao** (ou pont réfléchi de l'origine), le plus ancien de la ville, qui date de la dynastie Song (960-1279), ni le **Dubu Qiao**, ou pont à une seule marche, le plus petit de la ville, qui mesure 1,5 m de long et environ 90 cm de large.

L'ARCHITECTURE ANCIENNE

Tongli a conservé un beau patrimoine architectural. On estime que 40 % de ses bâtiments datent des périodes Ming et Qing. La plupart d'entre eux bordent les ruelles ou donnent directement sur un canal accessible par une volée de marches qui permet aux résidents de descendre dans leurs barques. Les maisons sont presque toutes recouvertes d'un enduit blanc, les fenêtres élégamment sculptées, les toits incurvés et couverts de tuiles noires. Certaines abritent de jolis jardins derrière leurs vieux murs.

Le plus bel exemple de ces jardins, et la principale attraction de la vieille ville, est le **Tuisi Yuan** (jardin de la Retraite et de la Méditation, ou Jardin près de l'eau). Un fonctionnaire du nom de Ren Lansheng l'a fait aménager en 1886. C'est un jardin assez vaste qui couvre une surface de 6 600 m^2 et sur lequel ont été édifiées à l'ouest deux résidences ; la partie est offre une profusion d'arbres, d'étangs, de pavillons et de terrasses. Des carpes rouges nagent dans les eaux contenues par des digues sinueuses.

Au milieu des plus belles résidences de Tongli, celle de **Gengle** (Gengle Tang), construite sous la dynastie Ming par l'aristocrate Zhu Xiang, comprend plus de 40 pièces distribuées autour de trois grandes cours ; la **résidence Chongben** (Chongben Tang), bâtie par Qian Youq en 1912, se déploie sur quatre cours ornées de statues de pierre et de panneaux de bois finement sculptés ; la **résidence Jiayin** (Jiayin Tang), qui a été construite en 1922, a appartenu autrefois au lettré Liu Yazi.

Mais l'attraction la plus inattendue de Tongli est son **musée de la Sexualité dans la Chine ancienne** (Zhongguo Gudai Xing Wenhua Bowuguan, *Wujiang Jie*, tél. : 6332 2972, ouvert 8h-17h30, €). Le professeur Liu Dalin a amassé quelque 4 000 objets liés à l'histoire de l'érotisme et de la sexualité en Chine : jouets sexuels, figurines didactiques que l'on offrait à la mariée, ceintures de chasteté et mobilier spécialement conçu pour inciter à la volupté. ■

Tongli

⬛ Carte p. 191, C2

Accueil des visiteurs

☎ Centre d'information touristique de Tongli, 0512 6349 3027

€ €€€, ticket unique pour tous les sites

Le Grand Canal

Le Grand Canal de Chine (Da Yunhe) est la plus longue et la plus ancienne voie d'eau artificielle du monde. Construit au Ve siècle av. J.-C., il fait la liaison entre Pékin et Hangzhou, et traverse du nord au sud les provinces du Hebei, du Shandong, du Jiangsu et du Zhejiang. Le Grand Canal croise aussi six grands fleuves : le Hai, le Wei, le Huang, le Huai, le Yangzi et enfin le Qiantang (*voir encadré p. 180*).

La fondation du Grand Canal est généralement attribuée à Fu Chai, duc de Wu – aujourd'hui Suzhou –, qui en ordonna la construction afin de transporter les soldats et d'attaquer l'État voisin de Qi en 486 av. J.-C., à la période des Royaumes combattants. Ce premier canal, prolongé et perfectionné sous les Sui (581-618 de notre ère), prend quasiment son aspect définitif vers 610. Au moment où, en 1279, Pékin devient la capitale de la dynastie Yuan,

l'extension vers l'ouest jusqu'à Luoyang est finalement abandonnée. À la fin du XIIIe siècle, le nouveau tronçon, creusé dans le sol vallonné de la province du Shandong, réduit considérablement la distance entre Hangzhou et Pékin. Cet ajout donne au canal sa longueur actuelle, soit plus de 1 794 km.

En 1855, le Huang He Jiang, ou fleuve Jaune, connaît des crues si sévères qu'elles en modifient le cours. Le tronçon du Shandong est alors coupé et laissé à l'abandon. Le développement des liaisons maritimes et l'arrivée du chemin de fer n'améliorent pas la situation.

La reconstruction n'est vraiment entreprise qu'après la création de la République populaire de Chine en 1949. Aujourd'hui encore, seule la section entre Hangzhou et Jining, dans la province du Shandong, est navigable.

À l'époque impériale, la vocation première du Grand Canal était d'acheminer les céréales de la Chine du Sud et du centre du pays vers Pékin. Les annales historiques montrent que, à l'apogée de son activité, 8 000 chalands transportaient chaque année entre 250 000 et 360 000 t de céréales jusqu'à Pékin. Le canal était aussi utilisé pour acheminer d'autres marchandises, notamment des denrées précieuses destinées à la cour impériale. Il n'y a donc rien de surprenant à ce que les villes installées sur son cours aient prospéré.

Le Grand Canal permit aussi de renforcer les liens entre le Nord et le Sud de la Chine et contribua à l'unification du pays en lui donnant une identité culturelle commune. Les empereurs Qing, en particulier Kangxi (1661-1722) et Qianlong (1735-1796), l'empruntèrent pour aller inspecter le Sud, tout comme les premiers visiteurs européens, tels Marco Polo (XIIIe siècle) et Matteo Ricci (XVIe siècle ; *voir p. 121*). Certains sceptiques doutent que Marco Polo ait jamais visité la Chine, mais ses récits sur Hangzhou (*voir p. 172*) et Suzhou (*voir p. 208*) semblent très authentiques, de même que la description qu'il fit des ponts en dos d'âne, du commerce florissant et des vastes entrepôts du Grand Canal.

De nos jours, les parties navigables du Grand Canal voient circuler des cargaisons que ni Marco Polo ni les empereurs Kangxi et Qianlong n'auraient pu imaginer. Des quantités impressionnantes de matériaux lourds – sable, gravier, charbon, brique, mazout – défilent le long de son cours. L'écluse de Jianbi, à la jonction avec le Yangzi Jiang, traite 75 millions de tonnes de chargement par an, et il est prévu que celle de Li, dans la province du Jiangsu, atteigne dans un proche avenir les 100 millions de tonnes annuelles. Fu Chai, le fondateur du Grand Canal, pourrait certainement se montrer impressionné et fier. ∎

La circulation dense sur le Grand Canal témoigne de l'industrialisation rapide de la Chine et de son besoin croissant de voies de communication.

Les canaux
étroits et les
ponts en dos
d'âne font tout
le charme
de Luzhi.

Luzhi

DATANT D'IL Y A AU MOINS 1 400 ANS, LA PITTORESQUE VILLE DE CANAUX DE
Luzhi, à l'est de Suzhou, est l'une des moins connues et les plus
petites. En dépit de sa superficie minuscule (environ 3 km²), cette
ville est riche d'une tradition littéraire prestigieuse : au IXᵉ siècle,
sous la dynastie Tang, les poètes Lu Guimeng et Pi Rixiu y vécurent,
puis ce fut le poète Gao Qi (1336-1374) sous les Ming et, plus récemment, le romancier et enseignant Ye Shengtao (1894-1988).

Luzhi
⬛ Carte p. 191, C2
**Accueil
des visiteurs**
⬛ €€, ticket unique
pour tous les sites

Outre la littérature, Luzhi est réputé
pour la beauté tranquille de ses canaux. Le costume traditionnel porté
par les femmes contribue aussi à la
singularité de la ville : souliers de
tissu brodé, pantalon de coton noir,
corsage de coton bleu pâle et turban
noir savamment décoré de pompons
et de fleurs rouges.

Luzhi possède 41 ponts en dos
d'âne datant des dynasties Song,
Yuan, Ming et Qing. Ses habitants,
qui affirment que chacun est différent, ont fièrement surnommé leur
ville « le musée des anciens ponts
chinois ». Le **Zhengyang Qiao**,
construit pendant la dynastie Ming
sous le règne de l'empereur Wanli
(1572-1620), est le plus connu et
aussi le plus grand. On raconte qu'il

reçoit les premiers rayons du soleil
levant avant les autres. Le **Dongmei
Qiao** est célébré à la fois pour sa
forme singulière, dont on dit qu'elle
constitue un cercle dit parfait, mi-
immergé, mi-émergé, et pour ses
motifs bouddhiques ciselés. C'est
en bateau que vous pourrez le
mieux admirer tous ces ponts ornés
de fleurs, de chauve-souris, de gre-
nouilles, de libellules et de racines
de lotus sculptées.

Fondé en 503 de notre ère, le
temple de Baosheng (Baosheng Si)
est le monument le plus important
de Luzhi. On relate que, sous les
Song, il ne comprenait pas moins de
5 000 salles et pouvait loger plus de
1 000 moines. Ses anciens cloîtres
abritent neuf statues d'arhats en ar-

gile (*luohan*) – considérées comme un trésor national – sculptées au VIIIe siècle par Yang Huizhi, ainsi qu'un pilier de pierre sculptée datant des Tang, une hampe de drapeau en pierre d'époque Song et une salle bâtie sous les Ming qui conserve une cloche d'époque Qing. Le temple recèle aussi la **tombe de Lu Guimeng**, poète de la dynastie Tang.

Ne manquez pas la **résidence Xiao** (Xiao Zhai), ni celle de **Shen** (Shen Zhai). Dans ces deux maisons de riches marchands Qing sont données des représentations de *pingtan* de Suzhou, une forme locale de ballade ou de récit chanté. La résidence Xiao, qui date de 1889, est particulièrement élégante. Enfin, le **Wansheng Rice Shop** (Wansheng Mihang), construit en 1910 et autrefois tenu par deux riches hommes d'affaires, expose d'anciens outils utilisés dans la région pour la culture du riz. ■

Zhujiajiao

CETTE VILLE DE CANAUX, SITUÉE À SEULEMENT 47 KM DU CENTRE-VILLE DE Shanghai, attire de très nombreux touristes. Une telle proximité présente un avantage pour ceux qui ne disposent pas de beaucoup de temps. Installée sur la rive orientale du lac Dianshan (Dianshan Hu), elle est accessible en 45 minutes par un bus au départ de l'aéroport de Hongqiao. Malgré la foule, l'ambiance de cette ancienne cité offre un contraste saisissant avec les gratte-ciel de Pudong.

Zhujiajiao

Carte p. 191, D2

Accueil des visiteurs

€€, ticket unique pour tous les sites

Comme les autres villes de canaux, Zhujiajiao revendique un passé vieux de 1 700 ans. Les quartiers modernes s'étendent sur 47 km² tandis que la vieille ville, en forme d'éventail et traversée par deux petits cours d'eau et une rivière plus large, occupe une superficie à peine supérieure à 2,7 km². Cette bourgade connaît sa plus grande prospérité sous les Ming. Durant la dynastie Qing, on l'évoque comme « la petite rue aux mille boutiques ». Presque toute la ville ancienne remonte aux dynasties Ming et Qing, mais elle a été récemment restaurée.

Par définition, les villes de canaux ou lacustre abondent en ponts et Zhujiajiao ne fait pas exception puisqu'il en compte 36. Le plus grand et le plus célèbre, le **Fansheng Qiao**, enjambe le Dianpu avec majesté ; il repose sur cinq arches et se soulève en son milieu. Une plaque en pierre sculptée, la porte de pierre du dragon, représente huit dragons encerclant une perle – la ville portait autrefois le nom de Ruisseau de la perle. Au sommet se dressent huit lions de pierre, gardiens du pont. *Fansheng* signifie « délivrer les animaux de sacrifice » et la coutume voulait que les bouddhistes viennent y relâcher des poissons pour obtenir guérison, protection ou succès. Cette tradition est devenue depuis une attraction touristique et les vendeurs de poissons vivants, installés près du pont, connaissent un franc succès. Le très original **Lang Qiao**, ou pont-véranda, est construit entièrement en bois. Il est ainsi nommé parce qu'il est couvert d'un toit de tuiles grises aux rebords relevés.

Il faut visiter aussi l'**ancienne rue Beilu**, longue de 1 km et bordée de bâtiments restaurés des époques Ming et Qing, et le **jardin des Bonnes Manières** (Kezhi Yuan), encore appelé jardin de la Famille Ma (Majia Yuan), du nom de son ancien propriétaire, Ma Wenqin. Le jardin exhibe ses édifices datant des dynasties Ming et Qing. ■

Changzhou

Changzhou
Carte p. 191, B3

DANS LA PROVINCE DU JIANGSU, AU NORD-OUEST DU TAI HU, CHANGZHOU diffère des villes de canaux installées sur les rives orientales du lac par sa taille – ce n'est ni une ville ni un village – et par son centre, traversé par le très fréquenté Grand Canal (Da Yunhe ; *voir pp. 202-203*). Toutefois, accueillante et à taille humaine, Changzhou offre la même atmosphère pittoresque que ses consœurs grâce à ses nombreux canaux et à ses quatre rivières communicantes : Tanghe, Baidang, Guanhe et Beitang.

La plus haute pagode du monde, la pagode Tianning (ci-dessus), trône au milieu de la ville moderne Changzhou. Mais cette ville très animée détient aussi de nombreux endroits paisibles (à droite).

Si l'histoire de Changzhou remonte à 221 av. J.-C., sa richesse ne date que de 609 apr. J.-C., lorsque, devenu un port sur le Grand Canal, il distribua dans la région des céréales et d'autres marchandises comme le thé, la soie et le bambou. La ville compte aujourd'hui 800 000 habitants, ce qui, pour la Chine, est assez peu.

LA VISITE DE CHANGZHOU

On rejoint Changzhou sans difficulté par la voie express Shanghai-Nanjing ou par la ligne ferroviaire Shanghai-Pékin. La cité est en outre dotée d'un aéroport et desservie depuis Suzhou par la liaison fluviale du Grand Canal. Une fois arrivé, vous pourrez la visiter en bateau ou vous y balader à pied. La promenade le long du Grand Canal, particulièrement plaisante, vous fera découvrir le **parc de l'Ancienne Muraille**, récemment réaménagé.

Changzhou présente de nombreux sites dignes d'intérêt, principalement le **temple bouddhique Tianning** (Tianning Si, *636 Yailing Lu, €*), construit sous les premiers Tang (650-655). Ce gigantesque ensemble comprend huit grands temples, pas moins de 497 pièces, et conserve 500 arhats dorés (*luohan*, ou « vénérables »).

Non loin, dans le magnifique **parc de la Prune rouge** (Hongmei Huan), s'élève la **pagode du Pinceau**, un édifice à sept étages, haut de 43 m (*Wenbi Ta, village de Shayong, district de Nan*). La pagode, construite entre 480 et 482, se visite. De son sommet, vous pourrez contempler le Grand Canal. Mais la meilleure vue s'obtient de la nouvelle **tour Tianning Baota**, qui culmine à 154 m. Considérée comme la plus haute pagode du monde, elle est située dans l'enceinte du parc de Tianning. Dans le nouveau district nord, l'intéressant **parc des Dinosaures de Changzhou** expose des os et des fossiles de dinosaures qui proviennent de toutes les provinces de Chine. ■

Suzhou

Lorsque le voyageur vénitien Marco Polo visite Suzhou à la fin du XIIIe siècle, il décrit la ville ainsi : « Une très grande et très noble cité… aux 6 000 ponts, tous de pierre, si hauts que deux bateaux peuvent passer dessous ensemble… Les citoyens disposent de soie en abondance, dont ils fabriquent des brocards d'or et d'autres choses ; ils vivent près de leurs manufactures et de leurs commerces. » Hormis le nombre de ponts, que dans son enthousiasme Marco Polo exagère, on pourrait faire aujourd'hui la même description de Suzhou.

Marco Polo n'a jamais mentionné les jardins classiques de Suzhou – de véritables chefs-d'œuvre du genre, inscrits au patrimoine mondial par l'Unesco en 1997. Il est vrai que peu d'entre eux avaient été aménagés avant la dynastie Ming, qui s'instaure près d'un demi-siècle après la mort du marchand vénitien (1324). À l'époque où cet art avait atteint son sommet, on dit que la ville comptait plus d'une centaine de ces jardins, dont il ne reste que quelques exemples aujourd'hui. Ensemble, ils constituent le plus bel ensemble de jardins classiques de toute la Chine et attirent chaque année des millions de visiteurs. Autre héritage du passé, la soie continue de jouer un rôle essentiel dans l'économie locale, comme le montre l'excellent musée de la Soie de Suzhou.

Outre les jardins classiques et les brocards de soie, Suzhou compte un centre historique entouré de douves, de nombreux temples et pagodes, des musées, des galeries d'art et des cours d'eau pittoresques. Au-delà des fossés, les faubourgs très étendus sont essentiellement industriels, mais ils recèlent des sites dignes d'intérêt, notamment le Jardin pour s'attarder et, un peu plus loin, le temple du Jardin de l'Ouest.

Avec ses 2,3 millions d'habitants, Suzhou est plus petit que Hangzhou et que Shanghai, mais reste une ville importante. Vous y trouverez des magasins de produits de qualité et pourrez apprécier sa tradition musicale tout en dégustant la cuisine wu, riche et délicieuse, qui a fait, à juste titre, la renommée gastronomie de la ville. Suzhou mérite sans aucun doute un séjour supérieur à une journée. Les visiteurs devront y passer un week-end et, si possible, quelques jours supplémentaires.

Séance de lecture au soleil de fin d'après-midi près des Pagodes jumelles Shuang de Suzhou.

Le pavillon de la Vague bleue, aménagé sous la dynastie des Song du Nord (906-1127), est le plus ancien des jardins classiques de Suzhou.

HISTOIRE

L'histoire de Suzhou débute en 514 av. J.-C. au moins, à la période des Printemps et des Automnes (722-481). Le roi Helu, souverain du royaume de Wu, y installa sa capitale, qui devint la Grande Ville d'Helu. Rebaptisée Suzhou en 589, sous la dynastie Sui, elle prospère grâce au Grand Canal, achevé vers 610, et s'enrichit encore sous les Tang et les Song. Le célèbre temple de Confucius est fondé en 1035.

À l'avènement de la dynastie Ming, en 1367, la cité royale à l'intérieur de la ville fortifiée est détruite. En dépit de ce revers, Suzhou connaît sa période la plus florissante sous les dynasties Ming et Qing, époque où la plupart de ses célèbres jardins sont aménagés, le plus souvent à l'initiative de fonctionnaires impériaux. En 1860, les rebelles Taiping pillent Suzhou (*voir pp. 224-225*) mais, en 1863, l'Armée « toujours victorieuse » du général anglais Charles Gordon la reconquiert pour le compte des Qing. Quand les Japonais s'emparent de la ville en 1937, de nombreux jardins sont saccagés ou détruits. Après la victoire des communistes en 1949, l'enceinte de la vieille ville, bordée de fossés, est démolie. Des quartiers industriels sordides poussent tout autour de la ville. Les difficultés de Suzhou ne cessent qu'avec l'arrivée au pouvoir du réformiste Deng Xiaoping, en 1981.

Aujourd'hui, Suzhou est l'une des villes les plus riches de Chine, grâce à ses villes-satellites – Kunshan, Taicang et Zhangjiagang – qui fabriquent en masse des produits de haute technolo-

les pagodes, et vous proposeront un itinéraire de promenade à vélo.

Le mystérieux **temple de Confucius** (Wen Miao, *Renmin Lu, ouvert 8h30-11h et 12h30-16h30*) est l'un des plus vieux de la ville. Fondé en 1035 par le mandarin et poète Fan Zhongyan (989-1052), il a longtemps accueilli les épreuves de l'examen impérial, comme en témoignent les stèles gravées aux noms des lauréats. Bien qu'encore révéré par des fidèles, c'est aujourd'hui un lieu assez tranquille.

Le confucianisme, que certains considèrent comme le symbole d'une société hiérarchisée,

Le marché aux antiquités du temple de Confucius propose de la dinanderie et de la céramique.

gie tels que des ordinateurs et des appareils photo numériques dont les bénéfices excèdent de beaucoup les rentrées du tourisme et de la soie.

LA VISITE DE SUZHOU

En dépit d'une histoire longue et tourmentée, le noyau de la vieille ville fortifiée a survécu tant bien que mal. Malgré la disparition de l'ancienne cité royale et, plus récemment, des fortifications, il reste beaucoup à voir. La majorité des lieux intéressants se trouvent dans la ville historique sillonnée de canaux et de cours d'eau que surmontent environ 200 ponts en dos d'âne.

Les pages suivantes vous donneront le détail des principaux sites à visiter à Suzhou, notamment les extraordinaires jardins, les musées et

ne semble pas avoir retrouvé la même faveur dans le cœur des Chinois que le bouddhisme ou le taoïsme. Les visiteurs se montrent plus intéressés par le **marché aux antiquités du temple de Confucius**, installé sur le site même du temple, qu'attachés à l'enseignement de « Maître Kong ». Dans la cour se dresse une statue en pierre du maître, entourée d'arbres centenaires. Derrière la statue, le temple couleur rouille supporte un magnifique double toit en tuiles aux rebords incurvés. Le sanctuaire possède des objets relatifs à Confucius et une collection d'instruments de musique, dont un vaste ensemble de cloches, bien conservées, que les officiants font sonner plusieurs fois par jour. ∎

L'héritage du Grand Maître

Kong Fuzi (environ 551-479 av. J.-C.) est un philosophe chinois dont l'enseignement a influencé profondément et continue d'influencer les sociétés chinoises, japonaise, coréenne et vietnamienne. « Maître Kong », dont le nom a été latinisé en Confucius par le missionnaire jésuite Matteo Ricci (*voir p. 121*), est né à Qufu dans la province du Shandong où s'élève toujours le très célèbre Wen Miao, ou temple de Confucius.

Maître Kong vécut à la période troublée des Printemps et des Automnes (722-481 av. J.-C.), marquée par une profonde instabilité politique et sociale. La Chine est alors éclatée en 170 petits États luttant chacun pour le pouvoir. Jeune homme, Confucius désespère de l'immoralité et de l'égoïsme des gouvernants et du peuple. Il élabore une philosophie rationnelle destinée à inciter les citoyens à vivre de façon organisée et paisible. Le respect du passé et de l'autorité, exigé de toute la population et de ses dirigeants, est au centre de son enseignement. Confucius insiste en outre sur l'importance de l'éducation et de l'intégrité morale. Son système sert de fondement à l'autorité de l'État jusqu'au XXᵉ siècle, tant en Chine qu'au Japon, en Corée et au Vietnam. À côté du bouddhisme et du taoïsme, le confucianisme est devenu l'un des trois enseignements, ou *san jiao*, qui régissaient la société chinoise et légitimaient l'autorité de l'État.

Aujourd'hui, les autorités chinoises sont ambivalentes à l'égard du confucianisme, qui prône une conception de l'État bien différente de celle du communisme, mais repose sur des valeurs morales appréciées dans une société où le crime, la cupidité et le désordre social ne cessent de croître. Le confucianisme est réapparu d'abord au Vietnam sous l'influence de Hô Chi Min qui fut, sa vie durant, un admirateur discret mais actif du « Grand Maître ». Il se passe sans doute la même chose en Chine… ∎

Une statue de « Maître Kong », le sage chinois, se dresse dans la cour du temple de Confucius, à Suzhou.

Les jardins de Suzhou

**Jardin
du Maître
des filets**
(Wangshi Yuan)
🅰 Plan p. 215
✉ Shiquan Jie
🕐 7h30-17h30
💶 €

**L'harmonie
qui règne entre
nature et
architecture
dans le pavillon
de la Vague
bleue fait toute
la beauté de
ces lieux.**

SUZHOU DOIT SA CÉLÉBRITÉ AVANT TOUT À SES JARDINS CLASSIQUES QUI LE distinguent des autres villes, même s'ils sont aujourd'hui bien moins nombreux que durant leur âge d'or, sous la dynastie Qing. La plupart d'entre eux ont été aménagés grâce à la volonté de riches et pieux mandarins confucianistes, désireux de créer des oasis de tranquillité. L'ordonnancement de ces jardins, propice à la méditation, repose sur le principe du *shan-shui*, ou « montagnes et eaux », emprunté également à la conception taoïste de l'harmonie de la nature. Dédiés à l'intériorité, ces jardins ne se visitent pas à la va-vite.

Le charmant petit **jardin du Maître des filets**, aménagé au XIIe siècle, jouit d'une forte notoriété. Le dessin et l'utilisation de l'espace de ce jardin de 0,4 ha – le plus petit des jardins résidentiels de Suzhou – en font une retraite vouée à l'harmonie. Le soir, vous aurez peut-être la chance d'y

écouter la musique traditionnelle de Suzhou ou d'assister à un spectacle de danse d'artistes locaux.

En allant dans le sens des aiguilles d'une montre, vous atteindrez le **pavillon de la Vague bleue** (1696), l'un des jardins les plus grands et les plus informels de Suzhou. Situé en bordure d'un canal, il contient plusieurs variétés rares de bambous. Il ne couvre que 1 ha, mais paraît beaucoup plus grand par l'illusion de lointaines collines que le créateur du jardin a imaginées. Les sentiers étroits, qui épousent le relief du terrain, donnent l'impression d'être en montagne. Le lettré Su Zimei y vécut.

Enchanteur, le **jardin de l'Harmonie** appartenait autrefois à Wu Kuan, un chancelier de la dynastie Ming. Son aspect actuel ne date que de la fin du XIXᵉ siècle. Dépassant à peine 0,4 ha, il est réputé pour sa quiétude et ses jardins de rocaille.

Au début du XVIᵉ siècle, un autre mandarin de la dynastie Ming, Wang Xianchen, fit aménager le **jardin de l'Humble administrateur**. L'un des plus grands et des plus luxuriants jardins classiques de la ville, il forme, sur 5 ha, un lieu propice aux promenades tranquilles, entre ses cours d'eau, ses étangs et ses pagodes. Il est réputé pour ses îles plantées de bambous et reliées par des ponts et des digues. Le jardin des Bonsaïs et le petit musée du Jardinage méritent tous deux la visite (l'entrée est comprise dans le billet).

Au sud, se trouve le **jardin de la Forêt du lion**, ainsi baptisé parce que la forme de son plus grand rocher rappelle celle d'un lion. Ses pierres ornementales, qui proviennent de la région du Tai Hu, sont célèbres dans toute la Chine et attirent de nombreux visiteurs.

Le **jardin des Couples**, situé dans la partie est de la vieille ville, près des anciens murs d'enceinte, est entouré d'eau de trois côtés et a été dessiné par l'ancien gouverneur de la province du Anhui sous la dynastie Qing. Un peu plus éloigné du centre-ville, il est souvent plus paisible que les autres jardins. Promenez-vous dans les jardins de rocaille et prenez les traditionnelles portes circulaires jusqu'à l'élégant pavillon de la Contemplation de la lune.

Légèrement à l'écart des autres jardins, vers l'ouest, le **Jardin pour s'attarder** dégage une ambiance encore plus propice à la rêverie. Visitez-le pour ses paysages traditionnels et ses pagodes, sa vaste collection de bonsaïs et la **Couronne du pic des nuages**, un rocher calcaire de 6 m de haut semblable à une montagne miniature. ∎

Pavillon de la Vague bleue
(Canglang Ting)
✉ Canglangting Jie
🕐 7h30-17h30
💰 €

Jardin de l'Harmonie
(Yi Yuan)
✉ Remin Lu
🕐 7h30-17h30
💰 €

Jardin de l'Humble administrateur
(Zhuozheng Yuan)
✉ Dongbei Jie
🕐 7h30-17h30
💰 €€

Jardin de la forêt du lion
(Shizilin)
✉ Yuanyin Lu
🕐 7h30-17h30
💰 €

Jardin des Couples
(Ou Yuan)
✉ Cang Jie
🕐 7h30-17h30
💰 €

Jardin pour s'attarder
(Liu Yuan)
✉ Liu Yuan Lu
🕐 7h30-17h30
💰 €€

Promenade à vélo à Suzhou

La vieille ville de Suzhou se prête bien à une promenade à vélo – fait rare dans la Chine moderne où la circulation automobile ne cesse d'augmenter. Cette balade vous mènera du quartier pittoresque de Pan Men (*voir p. 219*), au sud-ouest de la ville, à la porte de Changmen, au nord-ouest. Sur le trajet, vous verrez des jardins, des temples, des pagodes et des canaux. S'il vous reste assez de motivation et d'énergie, poursuivez jusqu'au temple du Jardin de l'Ouest pour admirer la statue géante de Guanyin. Les vélos sont en location dans les hôtels, les maisons d'hôtes et les boutiques du quartier.

Commencez au sud-ouest par le **Wumen Qiao**, l'un des plus jolis ponts en arche de Suzhou. Puis continuez vers l'est pour dépasser le **site pittoresque de Pan Men**, où il est impossible de manquer l'imposante **pagode Ruiguang ❶**. Tournez à l'est dans Xinshi Lu et prenez Renmin Lu, au nord, pour atteindre le

La pagode du Temple du Nord (76 m) est la plus haute pagode de Chine du Sud.

temple de Confucius (XIe siècle ; *voir p. 211*) et le marché aux antiquités.

De là, tournez à droite, prenez vers l'est dans Canglangting Jie jusqu'au **pavillon de la Vague bleue ❷** (*voir p. 213*), célèbre jardin classique de Suzhou. Après une courte distance, tournez à gauche (vers le nord) dans Quque Qiao Lu, puis continuez vers l'est dans Shiquan Jie jusqu'au **jardin du Maître des filets** (*voir p. 212*). Reculez de 140 m jusqu'à Fenghuang Jie et continuez vers le nord : vous verrez à votre droite les **pagodes jumelles ❸** (Xe siècle ; *voir p. 217*) ; les rebelles Taiping ont brûlé le temple qu'ils avaient jadis vénéré (*voir pp. 224-225*).

Dirigez-vous légèrement vers l'ouest dans Gangjiang Donglu, traversez le canal et prenez la première rue à droite dans Lindun Lu. Continuez vers le nord ; vous verrez à gauche le **bazar de Suzhou**. Dirigez-vous vers la rue piétonne **Guanqian Jie** et déposez-y votre vélo. Allez à pied jusqu'au **temple Xuanmiao ❹**, bâti au IIIe siècle de notre ère (*voir p. 219*). Faites une pause à Guanqian Jie : de nombreux restaurants et cafés y servent des boissons froides et des spécialités locales. Reprenez votre vélo et dirigez-vous vers le nord jusqu'à Baita Donglu, où vous tournerez à droite et poursuivrez vers l'est jus-

---

- 🗺 Voir carte p. 191
- ▶ Wumen Qiao
- ↔ 7,6 km
- ⏱ Une demi-journée
- ▶ Temple du Jardin de l'Ouest

À NE PAS MANQUER
- Pavillon de la Vague bleue
- Pagodes jumelles
- Temple de Xuanmiao
- Pagode du Temple du Nord

qu'à Yuanyin Lu, à gauche. Continuez vers le nord jusqu'au **jardin de la forêt du Lion**, l'un des célèbres jardins de Suzhou (*voir p. 213*).

Pédalez ensuite vers le nord jusqu'au croisement avec Dongbei Jie, juste en face du **jardin de l'Humble administrateur** ➎ (*voir p. 213*), puis prenez à l'ouest vers la vertigineuse **pagode du Temple du Nord** (*voir p. 217*) que vous apercevrez à droite. Attachez votre vélo et grimpez au sommet pour voir la vieille ville et au-delà. Puis tournez à gauche vers le sud pour rejoindre Baita Xilu, et continuez toujours vers l'ouest jusqu'à la **porte Changmen** ➏. De là, poursuivez dans l'artère animée Changxu Lu jusqu'au croisement avec Fengqiao Lu (la circulation y est en général dense). Ici, une rue plus petite, Liu Yuan Lu, s'engage légèrement vers le nord-ouest et vous mène au **Jardin pour s'attarder** (*voir p. 213*) puis au **temple du Jardin de l'Ouest** ➐ (*voir p. 219*). Si vous le souhaitez, vous pouvez continuer dans Huqiu Lu qui vous conduira au nord du temple du Jardin de l'Ouest jusqu'à la **colline du Tigre** (*voir p. 219*). ■

Un fidèle allume un bâton d'encens géant au temple de Confucius.

Les musées de Suzhou

**Musée
de l'opéra
Kunqu**

(Kunchu Bowuguan)

✉ Maanshan Donglu

🕐 8h30-16h30

**Musée
du Pingtan**

(Pingtan Bowuguan)

✉ Zhongzhangjia Xiang

🕐 8h30-16h30

**Musée
de Suzhou**

(Suzhou Bowuguan)

✉ Dongbei Lu

🕐 8h30-16h

💶 €

Musée de la Soie

(Suzhou Sichou Bowuguan)

✉ Renmin Lu

🕐 9h-17h30

💶 €

SUZHOU POSSÈDE D'EXCELLENTS MUSÉES CONSACRÉS AUX ARTS ET AUX TRA-
ditions populaires locaux. S'ils méritent tous une visite, le musée de la
Soie doit avoir la primeur de votre présence.

MUSÉE DE L'OPÉRA KUNQU

Cette forme d'opéra, qui compte parmi les plus anciennes, date d'au moins 600 ans et connaît son apogée entre le XVIe et le XVIIIe siècles. Suzhou et ses voisins Nanjing et Hangzhou sont le berceau de l'opéra Kunqu (*voir p. 44*). Le musée, logé dans un élégant bâtiment d'époque Ming orné de sculptures, présente des objets relatifs à l'histoire de l'opéra. Des représentations y sont données tous les jours.

MUSÉE DU PINGTAN

Ce musée, sis en face du musée de l'opéra Kunqu, dont il dépend, raconte l'histoire du *pingtan*, un genre musical réputé dans la région qui mêle le chant à des dialogues en dialecte wu. Des représentations ont lieu tous les jours de 13h30 à 15h30.

MUSÉE DE SUZHOU

Ce musée provincial, dédié à l'histoire de Suzhou, occupe une demeure historique qui fut autrefois la résidence du chef Taiping, Li Xiucheng (1823-1864). Il présente des objets datant des époques Song, Yuan, Ming et Qing, une collection de porcelaines, des reliques funéraires, des calligraphies et des cartes anciennes.

MUSÉE DE LA SOIE

Ce musée didactique, bien présenté, explique tout ce qu'il faut savoir sur le produit le plus réputé de Suzhou, la soie. L'architecture du musée, qui mêle ancien et moderne, est à dominante blanche, symbole de la pureté de la soie. Vous traverserez une salle d'introduction, une salle qui détaille l'histoire de la route de la Soie en Chine, une salle consacrée à l'élevage des vers à soie, une salle dédiée au tissage et une salle consacrée à production contemporaine. Des échoppes, construites dans les styles Ming et Qing, évoquent les boutiques de soie passées et présentes, et exposent différentes qualités de soie. ∎

La soie de Suzhou

Suzhou, qui a été surnommé capitale de la soie, est resté longtemps le centre de production de soie le plus célèbre de Chine. Depuis au moins la dynastie Tang, la ville est réputée pour sa soie de haute qualité, tissée sur place grâce aux vers à soie élevés sur les feuilles des mûriers du Jiangsu. Dans le passé, l'essentiel de la soie produite à Suzhou était destiné à la cour impériale. Au XIIIe siècle, Marco Polo fit état des grandes quantités de soie produites par la ville de Suzhou, ainsi que des « brocards d'or et d'autres matières ».

Suzhou est également connu pour sa soie brodée à la main, appelée broderie Su, l'un des quatre styles traditionnels de broderie chinoise (les trois autres étant Xiang, Yue et Shu). Aujourd'hui, de nombreuses manufactures modernes maintiennent la tradition de la production de soie et l'on trouve partout des boutiques de tissus et de vêtements en soie. Si vous désirez en acheter, le mieux est d'aller dans Shiquan Jie au sud-est de la vieille ville, tout près du jardin du Maître des filets. ∎

Les pagodes de Suzhou

LES PAGODES DE SUZHOU OFFRENT UN INTÉRÊT HISTORIQUE MAJEUR ET PLU-
sieurs d'entre elles sont considérées comme les plus belles de Chine.
Certaines, telle la pagode Ruiguang, ont été superbement restaurées.
La pagode du Temple du Nord attend de l'être ; elle reste intimidante
pour ceux qui désirent y grimper mais craignent le vertige.

Comme le suggère son nom, la **pagode du Temple du Nord** (Bei Si Ta,
Xibei Jie, €) se trouve dans la partie
nord de la vieille ville. Édifiée au
IIIᵉ siècle de notre ère, elle a été reconstruite en 1582 pour atteindre
11 étages. Après un incendie, cet édifice de brique et de bois a été rebâti.
Sa hauteur actuelle de 76 m (neuf
étages) lui permet de conserver son
titre de plus haute pagode historique
au sud du delta du Yangzi.

Datant de la dynastie des Song
du Nord, les **pagodes jumelles**
(Shuang Ta, €) se trouvent dans
Dingshuishi Alley, un peu en retrait
de Fenghuang Jie, dans la partie est
de la vieille ville. Hautes, étroites et
élégantes, distantes l'une de l'autre
de 20 m, elles ont une même structure octogonale de brique et comportent sept degrés. Une porte
apparaît sur quatre des côtés d'un
étage, dont l'emplacement se décale
à chaque niveau. Baptisées pagode
qui dispense la clarté et pagode de
la Bienfaisance, elles ont longtemps
été les symboles de Suzhou.

Dans la partie sud-ouest de la
vieille ville, au sein de ce qui s'appelle aujourd'hui le site pittoresque
de Pan Men, la **pagode Ruiguang**
(Ruiguang Ta, €), ou pagode de la
Lumière propice, vieille de 1000 ans,
est considérée comme la plus ancienne du Jiangsu. Haute de 43 m,
sa structure octogonale en brique,
récemment restaurée, est ornée
d'avant-toits en bois finement sculptés, de rambardes et de balcons. Des
reliques historiques y ont été découvertes en 1978 dans un renfonce-
ment, au troisième niveau de la

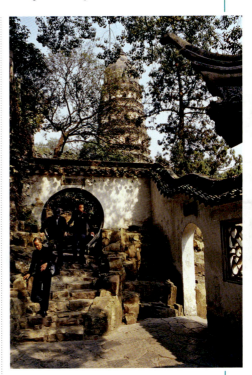

pagode, deux *chedi* en bronze doré
et neuf images du Bouddha et de la
déesse de la Miséricorde, Guanyin
(Avalokitesvara). Ces reliques sont
aujourd'hui exposées au musée de
Suzhou (*voir p. 216*).

À l'ouest de la ville, au sommet
de la colline du Tigre (Huqiu Shan),
la **pagode Yunyan** (Yunyan Ta,
Huqiu Lu, €€) est principalement
connue pour son inclinaison surprenante ; les publicitaires l'ont en effet

**La pagode
de Yunyan,
vieille de
1 000 ans,
se dresse sur la
colline du Tigre,
à l'ouest
de Suzhou.**

Des danseurs traditionnels se produisent régulièrement dans les jardins des temples de Suzhou.

surnommée elle aussi la « tour penchée de Chine » (*voir p. 166*). Cet édifice de briques bleues a été construit sous les Cinq Dynasties (907-960) sur un terrain en partie rocheux, en partie meuble. Avec le temps, la tour s'est peu à peu inclinée. Restaurée et réparée maintes fois, elle continue de pencher. Aujourd'hui, elle mesure 47 m et l'écart entre le haut et la base est de 2,32 m. En 1957, on a injecté du béton dans ses fondations pour la stabiliser. Pendant les travaux un coffre de pierre contenant des inscriptions bouddhiques a été mis au jour et a permis d'affirmer que la construction de la pagode date de 961 apr. J.-C. L'accès à la tour est interdit pour des raisons de sécurité. ■

Autres sites à visiter

SITE PITTORESQUE DE PAN MEN

Située dans l'angle sud-ouest du canal principal, et intégrée à l'ancienne enceinte de la ville, **Pan Men**, ou porte circulaire, est la plus ancienne des portes de Suzhou puisqu'elle remonte à la période des Royaumes combattants. Cette célèbre porte, qui a été restaurée plusieurs fois en 2 500 ans d'existence, fait aujourd'hui partie du site pittoresque de Pan Men, un parc populaire et magnifiquement entretenu, traversé de jolis canaux. Outre la porte, la **pagode Ruiguang** et le charmant **pont Wumen** font la fierté de ce quartier.

🅰 Plan p. 215 ✉ 2 Dongda Jie ☎ 6526 0004 🕐 7h30-17h30 💶 €

COLLINE DU TIGRE

Au nord-ouest de la vieille ville, la colline du Tigre est le refuge préféré des habitants des faubourgs de Suzhou qui viennent y pratiquer le taï-chi, courir ou chercher un peu d'intimité quand ils sont amoureux. Le poète Su Shi (1037-1101) de la dynastie Song contribua à forger sa réputation : « Visiter Suzhou sans voir la colline du Tigre, c'est le regretter sa vie durant. » La principale attraction de la colline du Tigre est la **pagode penchée de Yunyan**, mais le parc recèle d'autres curiosités historiques, telle la **tombe supposée du roi He Lu** (mort en 496 av. J.-C. en combattant l'État voisin de Yue). On dit qu'un tigre blanc vint garder sa dernière demeure ; cette légende a donné son nom au parc. Cherchez la **Pierre à éprouver l'épée** et le **bassin de l'Épée**, tous deux liés au roi combattant, le **puits Lu Yu**, réputé pour la qualité de son eau et censé produire le troisième meilleur thé de Chine, ainsi que la **villa de la Montagne verdoyante**, construite pour Guangxu (1871-1908), empereur des Qing, durant les dix années de son règne.

🅰 Plan p. 215 ✉ Huqiu Lu ☎ 6532 3488 🕐 7h-18h30 💶 €€

TEMPLE DU JARDIN DE L'OUEST

Le temple du Jardin de l'Ouest (Xiyuan Si) est un temple bouddhique en activité, entouré de jardins, au pied de la colline du Tigre. Il est dominé par une statue en bois de santal de 13 m représentant la déesse de la Miséricorde, Guanyin, dont on dit qu'elle a 1 000 yeux et 1 000 mains.

Les croyants viennent relâcher des poissons ou des tortues dans les étangs et les cours d'eau qui entourent le temple pour faire une bonne action et espérer un succès.

🅰 Plan p. 215 ✉ Intersection de Tongjing Beilu et Fengqiao Lu 💶 €

TEMPLE XUANMIAO

Le temple Xuanmiao (Xuanmiao Guan), ou temple du Mystère, est le lieu de culte taoïste le plus important et le plus populaire de Suzhou. Il date du IIIe siècle apr. J.-C. La cour principale s'ouvre sur le temple San Qing (San Qing Tang), qui repose sur 60 imposantes colonnes laquées de rouge. Le temple, dédié aux différents dieux du panthéon taoïste, dont l'Empereur de Jade (voir p. 153), abrite aussi une collection de statues des dynasties Tang et Song.

🅰 Plan p. 215 ✉ Guanqian Jie 💶 € ■

Louer un bateau permet de visiter les nombreux canaux et cours d'eau de Suzhou.

Par-delà le Xuan Wu Hu, le ciel de Nanjing s'embrase au coucher du soleil.

Nanjing

Avec plus de 6 millions d'habitants, Nanjing est une métropole importante à plus d'un titre. Ville culturelle et intellectuelle, elle possède des sites historiques de première ampleur, qu'il s'agisse de la plus longue enceinte fortifiée du monde, des tombes des Ming, du mausolée de Sun Yat-sen ou du Grand Pont sur le Yangzi – construit dans les années 1960 au moment de la rupture sino-soviétique et symbole de l'autosuffisance de la Chine communiste. Nanjing mérite plus qu'une simple excursion à partir de Shanghai, même s'il est commode de la visiter ainsi. Mieux vaut disposer d'assez de temps pour lui rendre justice.

Situé sur la rive méridionale du Yangzi Jiang (fleuve Bleu), Nanjing est l'une des villes de Chine les plus éminentes et les plus élégantes. Ancienne capitale de la province du Jiangsu, fondée vers 495 av. J.-C., elle est l'une des quatre grandes capitales régionales anciennes – Zhongguo Si Da Gudu – avec Pékin, Luoyang et Xian. Elle a été à deux reprises la capitale du pays, la dernière fois sous la République de Chine (1927-1949).

Le traité mettant fin à la première guerre de l'opium y est signé en 1842. Onze ans plus tard, la ville se proclame capitale du Ciel des remarquables Taiping (*voir pp. 224-225*). Ces mêmes Taiping démolissent le célèbre palais impérial des Ming pour le remplacer par leurs édifices, qui seront à leur tour détruits par les Qing.

La région de Zijin Shan, ou montagne de Pourpre et d'Or, est la plus touristique de Nanjing. Ses collines boisées à la limite orientale de la ville abritent le mausolée de Sun Yat-sen, père de la Chine moderne – respecté autant par les autorités communistes de Pékin que par les nationalistes de Taïwan –, les tombes des Ming ainsi que l'ensemble du temple de Linggu.

Dans la ville proprement dite, vous ne pouvez manquer de visiter les remparts et leurs portes, héritages des Ming, ainsi que d'autres sites historiques comme le temple Jiming, le temple Fuzi, l'ancienne tour du Tambour et la tour de la Cloche. Nanjing possède de nombreux musées, dont le Palais présidentiel devenu le musée de l'Histoire moderne. Dans un registre plus grave, le Mémorial du massacre de Nanjing rappelle les atrocités commises par le Japon impérial pendant la guerre sino-japonaise où 300 000 personnes périrent et où plus d'un tiers des bâtiments furent détruits. ■

Une statue de Zhou Enlai dans le nouveau village de la Fleur de prunier rend hommage à l'ancien Premier ministre de la Chine communiste, toujours très populaire.

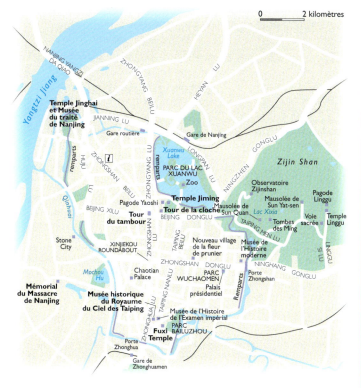

Sites principaux

Nanjing, qui compte plus de 6 millions d'habitants, jouit de nombreux espaces verts.

NANJING (NANKIN) EST UNE VILLE ATTRAYANTE, DOTÉE DE LARGES BOULE-vards et d'une histoire très présente. Commencez votre visite par le centre-ville, où se tient le Palais présidentiel, puis continuez par les musées et les vestiges de la dynastie Ming, sans oublier la magnifique montagne de Pourpre et d'Or et son mausolée de Sun Yat-sen à l'est.

Nanjing

Cartes p. 191 et p. 221

Accueil des visiteurs

http://english.nanjing.gov.cn/cps/site/English/2006/sh.htm

Palais présidentiel

Shangjiang Lu

8h-17h30

€€

Dans le centre de Nanjing, le **Palais présidentiel**, ou Zongtong Fu, possède l'essentiel de l'héritage culturel de la ville. Abritant les palais et les jardins gouvernementaux sous les Ming et les Qing, le site a été choisi en 1853 par Hong Xiuquan, chef des rebelles Taiping (*voir pp. 224-225*), pour édifier son palais du Ciel, ou Tian Chao Gong. Cet édifice imposant rappelle vaguement la Cité interdite de Pékin.

Quand les Qing reprennent la ville en 1864, le palais est presque entièrement détruit. Ne restent que

la salle du trône et le somptueux bureau de Hong Xiuquan, tous deux restaurés en 2000. Une statue de bronze du chef rebelle s'élève dans la cour près du bureau, en signe de reconnaissance posthume accordée par Mao Zedong aux « paysans révolutionnaires » Taiping après 1949.

Le Zongtong Fu revient au centre de la scène après la révolution de 1911 qui renverse les Qing. Sun Yat-sen, premier président de la nouvelle République de Chine, décide d'y installer le siège de son gouvernement. C'est ici qu'il prêta serment, de même que Tchang Kaï-chek en 1948.

Les bâtiments de l'ancien Guomintang (KMT) abritent désormais le **musée de l'Histoire moderne de Nanjing**, consacré à la fin de la dynastie Qing et à la République de Chine. Y sont exposés les reliques de Hong Xiuquan et des documents historiques relatifs à Sun Yat-sen et au palais présidentiel.

Le musée se trouve près de la **porte Zhongshan** (Zhongshan Men). Anciennement porte de l'Est, elle a été rebaptisée en l'honneur de Sun Yat-sen. Des neuf portes qui ont survécu dans divers états de conservation, celle de Zhongshan est la plus grande. Avec ses quatre rangées de portes et les casernes qui lui sont accolées – qui pouvaient loger jusqu'à 3 000 soldats –, elle a tout l'air d'une forteresse. Les rampes et les remparts sont gardés par des statues contemporaines de soldats d'époque Ming, et le quartier regorge de boutiques de souvenirs.

Aussi impressionnante soit-elle, la porte Zongshan est cependant éclipsée par les **remparts des Ming**. Construits entre 1368 et 1389 sous le règne de l'empereur Zhu Yuanzhang (1368-1398), les remparts longs de 33 km ont nécessité les efforts de 200 000 ouvriers qui ont dû déplacer 7 millions de m³ de terre. Le mur d'origine était percé en 13 endroits, 18 sous les Qing et 22 du temps de la République de Chine. Aujourd'hui, 85 % des remparts d'origine sont debout. Ils sont classés aux Monuments historiques depuis 1988. Avec une hauteur moyenne de 12 m et une épaisseur de 7 m, l'enceinte était assez large pour que la cavalerie puisse y chevaucher, protégée des tirs ennemis par un parapet percé de 13 616 créneaux. Le meilleur endroit pour voir les fortifications des Ming et contempler en même temps le lac vers Zijin Shan se trouve dans les faubourgs nord-est de la ville, au cœur du *parc du lac Xuanwu*.

À quelques minutes à pied au sud du parc, vous découvrirez le **nouveau village de la Fleur de prunier**, qui abritait autrefois les bureaux du parti communiste de Nanjing. Aujourd'hui honoré par une statue de bronze du Premier ministre Zhou Enlai (1898-1976 ; *voir pp. 122-123*), cet ensemble comprend l'**ancienne résidence de Zhou Enlai** et la **bibliothèque Zhou Enlai**.

À L'EST, HORS LES MURS
Le site le plus admiré de Nanjing est peut-être la **Zijin Shan**, ou montagne de Pourpre et d'Or, située à l'est de la ville. Elle s'étend sur 20 km² parsemés de monuments historiques et de curiosités. Un funiculaire qui part de Taiping Men Lu, sur la rive est du lac Xuanwu, vous mènera facilement au sommet d'où vous pourrez admirer la vue. Il vaut mieux visiter le parc à pied, en prévoyant d'y passer une journée.

Monument phare qui attire les foules tant vers Zijin Shan que vers Nanjing, le **mausolée de Sun Yat-sen** se dresse sur le flanc de la montagne, face au sud. Cet édifice de marbre blanc et de granit, surmonté d'une toiture de tuiles bleues vernissées – les couleurs du Guomindang (KMT) –, a été dessiné par l'architecte Lu Yanzhia. Sa forme de cloche symbolise l'appel du nationaliste Sun Yat-sen à ses compatriotes.

Cet important lieu de pèlerinage et les 392 marches qui mènent au **mémorial de Sun Yat-sen** sont, la plupart du temps, noirs de monde. Le mémorial abrite une statue monumentale de Sun Yatsen assis, haute de 5 m, tandis qu'un gisant du grand homme en marbre blanc repose sur sa tombe. La voûte est ornée d'une mosaïque représentant le drapeau du Guomintang (KMT) : un soleil blanc sur un ciel bleu.

Nouveau village de la Fleur de prunier
(Meiyuan Xincun)
✉ Changjiang Lu
🕐 8h-17h

Bibliothèque Zhou Enlai
(Zhou Enlai Tushuguan)
🕐 8h-17h
💶 €

Parc du lac Xuanwu
(Xuanwu Hu Gongyuan)
🕐 5h-20h
💶 €

Zijin Shan
💶 €

Mausolée de Sun Yat-sen
(Zhongshan Ling)
🕐 7h30-17h30
💶 €€

La Révolte des Taiping

La Grande Révolte des Taiping (1851-1864) est un soulèvement contre l'empire Qing qui a gagné une part importante de la Chine centrale et orientale et entraîna des destructions considérables. La révolte fut conduite par son chef suprême, le « roi du Ciel », Hong Xiuquan (1814-1864), un illuminé influencé par le christianisme qui, après une révélation, prétendit être le fils de Dieu et le frère cadet de Jésus-Christ. En 1851, Hong décidait de renverser le pouvoir méprisé des Qing – qui, en tant que Mandchous, étaient assimilés à des envahisseurs étrangers – et souhaitait le remplacer par le Taiping Tianguo, ou royaume du Ciel de la grande harmonie.

Le soulèvement débute en 1851 dans la province du Guangxi et s'étend rapidement au nord du pays. En mars 1853, plus d'un demi-million de soldats Taiping s'emparent de Nanjing, massacrant quelque 30 000 défenseurs des Qing. Nanjing, qui devient la capitale des rebelles, est rebaptisée Tianjing (capitale du Ciel). À son apogée, la rébellion contrôle presque tout le territoire au sud du Yangzi Jiang, dont Suzhou et Hangzhou.

Shanghai, qui bénéficie de la protection de la concession internationale, ne tombe pas aux mains des rebelles. Toutefois, en 1853, une partie de la ville est brièvement occupée par la Société des petites épées, alliée aux insurgés. Bien que les concessions restent intactes, les puissances étrangères créent en 1854 une armée commune – le Shanghai Volunteer Corps – pour renforcer la mainmise occidentale sur la ville et offrir incidemment une protection aux milliers de réfugiés chinois fuyant le combat sans merci que se livrent les armées Qing et Taiping.

Les tentatives des Taiping de contrôler le nord du Yangzi Jiang sont moins fructueuses. L'attaque contre Pékin est repoussée à Tianjing, au sud de la capitale. À partir de 1853, Hong Xiuquan se replie sur lui-même, il consacre plus de temps aux plaisirs sensuels, notamment à son harem, et délègue le pouvoir à différents rois et princes subsidiaires. En août 1860, l'attaque des Taiping contre Shanghai est contrée par l'armée mandchoue – entraînée par les Occidentaux au service des Qing –,

connue sous le nom d'Armée « toujours victorieuse », commandée par le général anglais Charles Gordon. Cette armée est ensuite réorganisée par deux génies militaires Qing, Zeng Guofan (1811-1872) et Li Hongzhang (1823-1901). En 1864, Hong Xiuquan, qui avait déclaré qu'il défendrait toujours Tianjing (Nanjing), meurt. On ne sait pas s'il s'est empoisonné ou s'il a été empoisonné. À ce moment-là, la reconquête des Qing est assurée et les forces Taiping autrefois puissantes sont rapidement anéanties par les armées impériales. Hong est incinéré dans l'ancien palais impérial des Ming à Nanjing ; l'empereur Qing victorieux ordonne en châtiment que les cendres de Hong soient dispersées par un canon afin que l'esprit du défunt, tel un « fantôme errant », ne puisse jamais trouver le repos.

Il est difficile pour un esprit du XXIe siècle de saisir toute l'ampleur de la révolte des Taiping, comparée à deux guerres mondiales et à l'immense souffrance entraînée par les révolutions russe et chinoise. Au plus fort de la révolte, les forces rebelles, qui, singulièrement, comptaient beaucoup de femmes, se montaient à plus d'un million d'individus, combattant avec fougue et discipline. La plupart des sources estiment aujourd'hui que le nombre total de morts militaires et civils se monte à environ 20 millions en 14 ans de combat, ce qui fait de la révolte des Taiping le deuxième conflit le plus sanglant de l'histoire après la Seconde Guerre mondiale.

Curieusement, en dépit de ses visions mystiques et de sa conduite désastreuse pendant la deuxième partie du conflit, Hong Xiuquan est considéré aujourd'hui comme un nationaliste et un paysan révolutionnaire dont Mao Zedong a vanté les exploits. En 1959, le pouvoir communiste ouvrait un mémorial en l'honneur de Hong dans son village natal de Fuyuanshui, dans la province du Guangdong. Certains pensent que cette forme de communisme chrétien radical, défendue par les Taiping, a contribué à l'avènement du communisme chinois. ■

Tableau contemporain représentant les forces rebelles attaquant une ville au cours de la révolte des Taiping.

La montagne de Pourpre et d'Or, densément boisée, doit son nom aux nuages pourpres qui encerclent régulièrement son sommet.

Voie sacrée
(Shandao)
✉ Shixiang Lu
🕐 8h-18h30

Tombes des Ming
(Ming Xiaoliang)
🕐 7h30-16h30
€ €€

Observatoire Zijinshan
(Zijin Shan Tianwentai)
🕐 8h-16h30
€ €

Temple Linggu
(Linggu Si)
🕐 7h30-17h30
€ €€€

Il est rare de voir un tel hommage en République populaire de Chine, ce qui prouve dans quelle estime est tenu Sun Yat-sen, aujourd'hui encore.

À l'ouest du mausolée, dans Shixiang Lu, la **Voie sacrée**, longue de 1 800 m – bordée de 12 paires d'animaux sculptés de la période Ming, dont des chameaux, des lions et des éléphants –, conduit aux **tombes des Ming**. C'est là que repose l'empereur Hongwu, Zhu Yuanzhang, fondateur de la dynastie, qui ordonna la construction de la tombe en 1381, la quatorzième année de son règne. L'édification du mausolée, achevée en 1405, soit sept ans après sa mort, a nécessité le travail de 100 000 ouvriers sur une période de 24 ans. Après la sépulture, un chemin mène à travers la forêt de pins jusqu'au célèbre **mausolée de Sun Quan**, souverain des Wu durant la période des Trois Royaumes (220-265). En 2003, ce monument a été inscrit par l'Unesco, avec les autres tombes Ming, au patrimoine mondial. Juste devant le mausolée se dresse la **tour de l'Autel Ling Ta**.

À l'ouest des tombes Ming, dans Taiping Men Lu et au bout d'un chemin escarpé en direction du nord, vous découvrirez l'**observa-toire Zijinshan**. Bien que récent (1929), il possède une collection d'instruments astronomiques des dynasties Ming et Qing. Un petit musée dédié à l'histoire de l'astronomie chinoise y est aussi aménagé. Sur le flanc oriental de la Zijin Shan, à l'extrémité nord de Linggu Si Lu, se trouve le troisième site le plus important du parc, le **temple Linggu**. Édifié en 515 de notre ère, il a connu les mêmes vicissitudes que les autres temples chinois et a été détruit et restauré plusieurs fois. Son apparence actuelle date du règne de Tongzhi (1861-1875), empereur de la dynastie Qing. Il comprend plusieurs temples restaurés d'époque Ming, notamment le **temple sans Poutre**, ou Wuliang Tang (1831), haut de 22 m et large de 54 m, qui contenait à l'origine des représentations de Bouddha ainsi que des textes sacrés boud-dhiques. En 1928, le temple a été reconverti en un mémorial aux 30 000 soldats nationalistes morts dans l'Expédition du Nord (1926-1927) menée contre les seigneurs de la guerre rebelles. Au-delà du temple, la **pagode Linggu** (1929) à neuf étages, qui culmine à 60,5 m, commémore elle aussi les martyrs de l'Expédition du Nord. ∎

Autres sites à visiter

TOUR DE LA CLOCHE

La tour de la Cloche (Zhong Lou) supporte une énorme cloche fondue en 1388. Elle avertissait la population d'un danger. Selon la légende, l'empereur Hongwu (1368-1398) ordonna que la cloche soit fondue avec un mélange de fer, d'argent, d'or et de sang de vierges. La tour de la Cloche, qui a été joliment restaurée, abrite aussi une maison de thé.

🅰 Plan p. 221 ✉ Pékin Donglu
🕐 8h30-17h30

TOUR DU TAMBOUR

À l'ouest, non loin de la tour de la Cloche, la tour du Tambour (Gu Lou), édifiée en 1362, se dresse au beau milieu d'un carrefour du centre-ville. Elle abrite un tambour et, comme la tour de la Cloche, a été parfaitement restaurée. Elle accueille aussi une maison de thé agréable qui reste ouverte tard le soir.

🅰 Plan p. 221 ✉ Zhongyang Lu
🕐 8h-11h30

TEMPLE FUZI

Au sud de la ville, dans Gongyuan Jie, le Fuzi Miao est un ancien temple dédié à Confucius fondé il y a plus de 1 500 ans. On y passait autrefois les épreuves de l'examen impérial. Le bâtiment a été restauré et paraît aujourd'hui un peu incongru dans ce quartier piétonnier très fréquenté où abondent les boutiques de souvenirs, les maisons de thé, les restaurants et les bars. En face du Fuzi Miao, le **Musée de l'Histoire de l'examen impérial** (Jiangnan Gongyuan Lishi Chenlieguan, *ouvert 8h-18h, €*) rend compte de l'impressionnante

Grand Pont du Yangzi

Enjambant le Yangzi Jiang (fleuve Bleu) juste au nord de Nanjing, le Grand Pont du Yangzi (Nanjing Yangzi Da Qiao) est un témoin impressionnant, quoique daté architecturalement, de l'autarcie maoïste et des grands jours de la construction du socialisme. Achevé en 1968 en dépit de la rupture sino-soviétique comme du retrait des fonds et des experts russes, le pont est le deuxième ouvrage d'art à franchir le Yangzi. Mao érigea le pont au rang de symbole de la capacité de la Chine de « se débrouiller toute seule ».

Cet imposant double pont permet aux trains de passer sous des véhicules. Long de 6 772 m, il assure la première liaison ferroviaire directe entre Pékin, Nanjing et Shanghai. Il vaut la peine d'être visité pour l'ampleur de sa structure, pour la vue qu'il offre sur le Yangzi Jiang et le trafic fluvial, ainsi que pour les sculptures, caractéristiques du réalisme socialiste, dressées de chaque côté du pont. Politiquement correctes à l'époque de la construction, ces statues représentent des ouvriers, des soldats et des paysans musculeux brandissant des outils, des armes et le petit livre rouge des citations de Mao Zedong (*Mao Zedong quanji*). ∎

Des drapeaux de prière flottent sur Jiming Si (temple du Poulet qui crie), à Nanjing.

quantité de savoir que les candidats de l'époque impériale devaient assimiler pour passer l'épreuve et espérer devenir fonctionnaire impérialmandarin.

 Plan p. 221 ⊠ Gongyuan Jie 🕐 8h-21h
€ €

TEMPLE JIMING

Au sud du parc du lac Xuanwu, près de Beijing Donglu, se trouve le Jiming Si, ou temple du Poulet qui crie. Sa forme originelle date de 527 apr. J.-C., mais il a été reconstruit et restauré de nombreuses fois depuis – la dernière remonte à 1973 après un grave incendie. Ce temple bouddhique, parmi les plus vénérés de la ville, est généralement rempli de fidèles. Non loin, la récente **pagode Yaoshi** (Yaoshi Ta) offre une vue panoramique sur la ville et le Yangzi Jiang.

🅰 Plan p. 221 ⊠ Xuanwu Hu Gongyuan
🕐 8h-17h € €

TEMPLE JINGHAI

Au pied de la colline du Lion (Shi Shan) se dresse le temple Jinghai (Jinghai Si), édifié par l'empereur Ming Yongle (1402-1424) en l'honneur de l'amiral Zheng He. L'amiral était un eunuque musulman de la province du Yunnan qui traversa l'océan Indien à la tête de la Flotte du grand trésor de Yongle et arriva jusqu'en Afrique de l'Est et à La Mecque. Le temple abrite aussi le petit **musée du Traité de Nanjing** (Nanjing Tiaoyue Shiliao Chenlieguan), traité inégal imposé aux Chinois par les Britanniques après la première guerre de l'opium (1839-1842).

🅰 Plan p. 221 ⊠ Shi Shan 🕐 8h-16h30 € €

MÉMORIAL DU MASSACRE DE NANJING

Monument essentiel pour qui veut comprendre l'histoire récente de la Chine et l'attitude actuelle des Chinois à l'égard du Japon impérial, le mémorial du Massacre de Nanjing (Nanjing Datusha Jinianguan) présente un intérêt indiscutable, même s'il ne convient pas aux âmes sensibles. Entre la mi-décembre 1937 et le début du mois de février 1938, l'armée impériale japonaise viola et massacra entre 150 000 et 300 000 soldats et civils chinois, un crime que les livres d'histoire japonais continuent d'occulter. Le mémorial de Nanjing présente toutes les preuves de la réalité du massacre, en particulier de nombreuses photographies, des récits de témoins de l'époque et, en premier lieu, les squelettes des victimes qui reposent dans une fosse commune sous la salle d'exposition.

🅰 Plan p. 221 ⊠ 418 Shuiximen Dajie
🕐 8h-17h30 € €

MUSÉE HISTORIQUE DU ROYAUME DU CIEL DES TAIPING

Ce musée (Taiping Tianguo Lishi Bowuguan), installé à proximité de la porte Sud et du temple de Confucius, présente des cartes, des armes et divers objets qui racontent la révolte des Taiping (voir pp. 224-225). On peut y voir notamment des pièces de monnaie frappées à l'effigie de Hong Xiuquan ainsi que les sceaux de celui qui se faisait appeler le « Roi du Ciel ».

🅰 Plan p. 221 ⊠ 128 Zhanyuan Lu

Informations pratiques

Centre de transports de Jingan.

INFORMATIONS PRATIQUES

PRÉPARER SON VOYAGE

QUAND PARTIR ?

Si vous avez le choix, prévoyez votre voyage à Shanghai à une époque de l'année où vous pourrez à la fois profiter d'un climat agréable et éviter la foule. Il fait généralement froid et humide en hiver, chaud et humide en été. Les périodes chargées de l'année sont le nouvel an (connu sous le nom de fête du Printemps), la fête du Travail et la fête nationale. Basé sur le calendrier lunaire, le nouvel an chinois n'a pas de date fixe, bien qu'il tombe habituellement en février (voir p. 56). La fête du Travail est fixée le 1er mai et la fête nationale, qui commémore la création de la République populaire de Chine en 1949, le 1er octobre. Tous ces jours fériés donnent lieu à des vacances d'une semaine. La grande majorité des salariés et des écoliers se voient accorder des jours de congé et des chèques-vacances, ce qui a pour conséquence une vague massive de voyages à travers le pays. Les prix des hôtels s'envolent, et les avions, trains et bus sont pris d'assaut. Bon nombre de restaurants et de sites touristiques mineurs ferment pour la semaine. Les périodes idéales pour visiter Shanghai sont donc le printemps, entre le nouvel an chinois et la fête du Travail, et l'automne, après la fête nationale. Toutefois, si vous vous êtes confortablement installé dans votre hôtel lors de l'une de ces trois périodes un peu bousculées, le spectacle des Chinois découvrant leur propre pays ne manque pas d'intérêt. Dans une nation où voyager au-delà des limites de sa ville natale était jusqu'il y a peu interdit, ou hors de prix pour bien des personnes, l'excitation est palpable.

CLIMAT

Shanghai se situe à 31°N de latitude. L'amplitude des températures est de :

janvier, 1 à 8 °C ;
avril, 10 à 19 °C ;
juillet, 23 à 32 °C ;
octobre, 14 à 23 °C.
Les anciennes générations enchantent leurs petits-enfants d'histoires d'un Shanghai recouvert de neige en hiver, mais l'augmentation de la circulation automobile et l'urbanisation galopante ont eu pour conséquence une hausse des températures, et il est aujourd'hui plus courant que ce soit de la pluie qui tombe en hiver. Les étés sont chauds et humides ; bien que la plupart des lieux publics soient climatisés, il est préférable de se promener tôt le matin ou en soirée.
C'est en été qu'il pleut le plus, mais de façon sporadique, et ces pluies apportent souvent un rafraîchissement bienvenu.

QU'EMPORTER ?

Shanghai est la capitale chinoise de l'élégance et, même si on n'attend pas de vous que vous partagiez le goût immodéré des Shanghaiens pour les dernières tendances, vous vous sentirez certainement plus à l'aise en étant bien habillé, surtout dans les endroits chics.
Les variations météorologiques étant assez marquées, préparez votre valise en conséquence. L'hiver à Shanghai n'est pas aussi froid que dans d'autres régions de Chine, votre épais manteau de laine peut donc rester à la maison ; mais il peut être utile de prévoir une épaisseur de sous-vêtements en soie. La chaleur et l'humidité estivales invitent à prévoir des vêtements en coton amples et aérés. Les Chinois portent rarement des shorts, mais les tolèrent sur les étrangers, sauf à l'intérieur des temples.
Pour remédier à tous les caprices éventuels de la météo, l'idéal est d'emporter un vêtement imperméable ayant une doublure amovible en laine polaire. Sachez que, même si la majeure partie des vestes polaires et des doudounes sont fabriquées en Chine, il vaut mieux les acheter avant de partir : elles ne seront pas meilleur marché ici, à moins de trouver la boutique (voir Shopping, p. 257) qui vend des invendus au rabais ou des articles avec un défaut.
Autres accessoires indispensables à Shanghai : un K-Way ou un parapluie, une paire de chaussures de marche confortables et résistantes à l'eau, et en toute saison sauf en hiver, un chapeau, des lunettes de soleil et une crème solaire écran total.
Il est préférable d'emporter tous les médicaments dont vous avez besoin car certains ne sont pas faciles à trouver sur place. L'industrie internationale du cosmétique ayant découvert le marché chinois, savons et dentifrices de marques occidentales ne manquent pas.
Un guide de conversation peut se révéler précieux. Les Chinois aiment échanger des cartes de visite, emportez donc les vôtres si vous en avez. Le rituel de l'échange veut que l'on présente et que l'on accepte les cartes en utilisant le pouce et l'index des deux mains.

ASSURANCE

Vérifiez auprès de votre compagnie d'assurance que la couverture médicale de votre assurance voyage est appropriée. La plupart excluent les soins à l'étranger mais vous pouvez demander à étendre votre couverture pour la durée du voyage.
Les soins médicaux dispensés dans le centre de Shanghai sont de très bonne qualité mais, si vous devez voyager dans des zones reculées, renseignez-vous sur les assurances proposant une évacuation sanitaire immédiate. Il en est de même pour les assurances contre le vol et les pertes ; la plupart ne les couvrent pas lors de voyages à l'étranger, mais vous pouvez prendre une assurance spéciale temporaire. Il vaut probablement mieux laisser bijoux et autres objets de valeur à la maison, mais si vous choisissez de les emporter avec vous, parlez-en à votre agent d'assurance avant votre départ.

FORMALITÉS

VISAS

Pour voyager en Chine, tous les détenteurs de passeport étranger ont besoin d'un visa délivré à l'avance : il ne peut être délivré à l'arrivée, sauf cas exceptionnel.

Il n'est pas difficile d'obtenir le visa de tourisme standard, valable un mois : il suffit d'en faire la demande auprès de l'ambassade ou du consulat de Chine le plus près de chez vous. Votre passeport doit être valable pour une durée de six mois à compter de votre date d'entrée supposée dans le pays et contenir deux pages de visa vierges. Les visas pour des périodes plus longues, voyages d'affaires ou à entrées multiples, sont aussi disponibles, moyennant alors un tarif proportionné.

Il est possible de prolonger le visa de tourisme d'un mois au Bureau de la sécurité publique (Public Security Bureau ou PSB). Le PSB (*gonganju*) de Shanghai se situe 1 500 Minsheng Lu, tél. : 6834 6205 ou 2895 1900.

Si vous entrez en Chine via la région administrative spéciale de Hong Kong (pour laquelle le visa n'est pas nécessaire, sauf pour les ressortissants africains et moyen-orientaux), vous pourrez obtenir la plupart des visas en vous adressant à une agence de voyages locale. Certains consulats et ambassades acceptent les demandes faites par écrit, alors que d'autres exigent que vous fassiez la demande en personne : contactez l'un des consulats ou ambassades de la liste ci-dessous pour de plus amples détails. Cette liste n'est pas exhaustive ; pour en obtenir une complète, renseignez-vous auprès du site web du ministère des Affaires étrangères chinois : www.fmprc.gov.cn/fra/

France
Ambassade :
11, av. George-V
75008 Paris
Tél. : 01 47 23 34 45
Fax : 01 47 20 24 22
www.amb-chine.fr
Consulat :
20, rue Washington
75008 Paris
Tél. : (0) 1 53 75 88 31
Fax : (0) 1

Canada
Ambassade :
515, Patrick St.
Ottawa, ON K1N 5H3
Tél. : (613) 789-3434
Fax : (613) 789-1911
www.chinaembassycanada.org
Consulat :
240, St Georges St.
Toronto, ON M5R 2P4
Tél. : (416) 964 8861
ou (416) 964 2387
Fax : (416) 324 9010

Belgique
Ambassade :
443-445, av. de Tervuren
1150 Bruxelles
Tél. : (0) 2 771 33 09
ou (0) 2 779 43 33
Fax : (0) 2 779 22 83
www.chinaembassy-org.be
Consulat :
400, boulevard du Souverain
1160 Bruxelles
Tél. : (0) 2 6633001
Fax : (0) 2 66 779 2283

Suisse
Ambassade :
Kalcheggweg 10
3006 Berne
Tél. : (0) 31 351 45 93
Fax : (0) 31 351 45 73
www.china-embassy.ch

DOUANES

Les étrangers ont le droit d'emporter en Chine leurs effets personnels tels que les appareils photo, caméscopes, ordinateurs portables, systèmes GPS, etc. En *duty free*, il est possible d'acheter trois bouteilles d'alcool et deux cartouches de cigarettes. Les devises étrangères excédant 5 000 $ doivent être déclarées, mais il est rare que l'on donne à remplir les formulaires de déclaration de douanes aux étrangers arrivant sur le sol chinois via des grandes villes comme Shanghai. Évitez d'emporter tout livre sur des sujets politiques sensibles, tel que le Tibet. Les ouvrages à caractère religieux ou pornographique ne sont pas non plus les bienvenus en Chine. Lors de périodes de crainte concernant des maladies contagieuses comme la grippe aviaire ou la pneumonie atypique (Sras, syndrome respiratoire aigu sévère), il arrive que les passagers se voient prendre la température à leur arrivée en Chine.

La loi chinoise stipule que les antiquités datant de 1795 à 1949 doivent être accompagnées d'un certificat officiel indiquant leur provenance et que les antiquités antérieures à 1795 ne peuvent être exportées légalement.

DROGUES

Aucune drogue – marijuana comprise –, ne peut être introduite ou consommée en Chine. Même si les amendes infligées aux Chinois pour de telles infractions sont généralement épargnées aux étrangers, la découverte de la moindre quantité de drogue vous mènera à une introduction peu plaisante au système judiciaire chinois, suivie d'une expulsion.

Si vous prenez des médicaments dont on pourrait potentiellement abuser, tels que antidouleur, pilules amincissantes et somnifères, prenez la précaution de les laisser dans leur boîte, accompagnés de l'ordonnance, et, si possible, d'une lettre de votre médecin indiquant que ces médicaments vous ont été prescrits.

OFFICES DU TOURISME

L'office du tourisme de Chine possède des bureaux dans de nombreux pays. On y trouve des informations utiles, telles qu'une liste des tour-opérateurs spécialistes de la Chine, de belles brochures et des cartes. Toutefois, comme les journaux d'État, le portrait idéal qu'ils proposent du pays peut induire le voyageur en erreur.

Canada
480 University Ave., Suite 806
Toronto, ONT M5G 1V2
Tél. : (416) 599-6636
www.tourismchina-ca.com

Suisse
Genfer-Strasse 21

CH-8002 Zürich Schweiz
Tél. : (0) 1 201 8877
Fax : (0) 1 201 8878
France
15, rue de Berri
75008 Paris
Tél. : (0) 1 56 59 10 10
Fax : (0) 1 53 75 32 88

SE RENDRE À SHANGHAI

EN AVION

Tous les vols internationaux arrivent à l'aéroport de Pudong (PVG), à 45 km du centre-ville. Les compagnies suivantes assurent des vols directs pour Shanghai :
Air France
Tél. : 36 54
www.airfrance.fr
Air Canada
Tél. : 888/247-2262
www.aircanada.com
KLM
Tél. : 0 890 710 710
www.klm.com
Swiss
Tél. : 0 848 700 700
www.swiss.com

Trois compagnies aériennes chinoises desservent directement à Shanghai depuis l'étranger : **Air China** (www.airchina.com.cn), **China Eastern Airlines** (www.flychinaeastern.com ou www.ceair.com) et **China Southern Airlines** (www.cs-air.com). China Eastern, basée à Shanghai, est celle qui assure le plus de vols sans escale depuis l'étranger.

À noter que ces compagnies pratiquent le *code-sharing*, c'est-à-dire que même si vous achetez un billet d'avion à l'une d'elles, il se peut que vous voyagiez sur une autre. Mais cela ne devrait pas vous préoccuper, le temps où les compagnies aériennes chinoises utilisaient de vieux avions soviétiques étant révolu. Les avions chinois offrent une très bonne qualité de service, souvent à un meilleur prix.

Depuis l'Asie du Sud, les vols sans escale jusqu'à Shanghai sont réguliers et la compagnie **Dragonair** (www.dragonair.com), basée à Hong Kong, propose plusieurs vols quotidiens.

Si vous cherchez à faire des économies, vous pouvez entrer en Chine via Hong Kong, aller jusqu'à Shenzhen en train ou en ferry rapide et, de là, prendre un vol intérieur. Il est néanmoins probable que vous atterrissiez à l'aéroport Hongqiao (SHA), utilisé pour les vols intérieurs. Même s'il est plus proche du centre-ville, l'expérience sera moins agréable que si vous arrivez Pudong.

Une fois les services d'immigration et des douanes passés, vous devrez vous diriger vers le centre-ville. Plusieurs solutions s'offrent à vous : la plus facile est de prendre l'un des taxis officiels qui stationnent devant les aéroports. Si vous arrivez à Hongqiao, le trajet ne devrait pas vous coûter plus de 80 yuans (7,3 €), ni durer plus d'une demi-heure pour vous conduire au centre-ville. De l'aéroport de Pudong, comptez entre 160 et 200 yuans (15-18 €) pour atteindre le centre de Shanghai. Le voyage jusqu'à Puxi durera au moins une heure, suivant la circulation. Si votre hôtel est à Pudong, comptez bien moins de temps, mais autant d'argent. Évitez toute personne vous proposant ses services de chauffeur de taxi dans le hall d'arrivée de l'aéroport : ces chauffeurs non autorisés vous feront payer beaucoup plus que la normale.

Vous pouvez aussi emprunter l'une des navettes officielles de l'aéroport qui desservent tous les quartiers de Shanghai et vous emmèneront en ville pour 30 yuans environ (2,7 €), selon votre destination. Il existe plusieurs circuits, également renseignez-vous auprès du comptoir des lignes de bus qui se trouve dans le hall d'arrivée de l'aéroport.

Les hôtels haut de gamme proposent des services payants de voitures privées. La dernière solution est le train à sustentation magnétique (Maglev, *voir p. 138*), qui part de Pudong toutes les heures et atteint la vitesse de 431 km/h. Bien que ce soit une merveille sur le plan technique, il reste peu pratique pour la plupart des voyageurs étant donné que son point d'arrivée est le terminus du métro

de Shanghai, d'où vous devrez continuer votre voyage. Mieux vaut garder cette aventure pour plus tard lorsque vous serez débarrassé de vos bagages et que vous ne serez plus en proie au décalage horaire : faites alors un aller-retour pour apprécier ces prouesses technologiques.

EN TRAIN

Si vous arrivez directement à Shanghai de Hong Kong, le train peut être une option. Il part tous les deux jours de la gare Hung Hom KCR, à Kowloon, et le voyage dure 27 heures. Les prix peuvent varier suivant la classe, de 550 dollars de Hong Kong (48 €) pour une couchette rudimentaire à 1 200 dollars de Hong Kong (105 €) par personne pour une cabine double de luxe. Les billets peuvent être achetés à la gare Hung Hom KCR ou dans une agence de voyages.

SE DÉPLACER

À SHANGHAI

À Shanghai, comme dans la grande majorité des villes chinoises, on trouve à la fois de larges avenues et des routes à plusieurs voies, des rues plus petites et des ruelles. Il peut être difficile de trouver son chemin dans cette jungle urbaine, surtout quand on ne parle pas ou qu'on ne lit pas la langue. Le nom de la plupart des grandes artères est donné en chinois écrit en lettres romaines (ou pinyin), en même temps qu'en caractères chinois.

Pour le débutant, il est utile de commencer par apprendre les quatre points cardinaux en pinyin, ainsi que leurs idéogrammes, si possible. Le nord se traduit par *bei*, l'est par *dong*, le sud par *nan* et l'ouest par *xi*. À cela peut s'ajouter le mot *zhong*, qui veut dire centre ou central. D'autres termes utiles sont *lu* pour route, *jie* pour rue et *xiang* pour ruelle. L'usage veut que ces termes soient habituellement complétés par des indications de points cardinaux : ainsi, la célèbre route Nanjing se divise en Nanjing Xilu, soit route Nanjing Ouest, et Nanjing Donglu, soit route Nanjing Est. D'autres variantes sont, par exemple, Henan Beilu (route Henan Nord), Henan Zhonglu (route Henan Centre) et Henan Nanlu (route Henan Sud). Parfois le mot représentant la direction précède le nom, comme dans Dong Daminglu, soit route Daming Est. Si vous apprenez ces directions cardinales, vos déplacements dans Shanghai et dans toutes les grandes villes chinoises seront grandement facilités.

Par ailleurs, il n'existe pas de règle pour la numérotation dans les rues de Shanghai : bâtiments pairs et impairs se mélangent.

EN VOITURE

Seuls les étrangers possédant un permis de résidence peuvent faire une demande de permis de conduire chinois, nécessaire pour acheter ou louer une voiture. Ces restrictions sont en fait un service que l'on rend aux étrangers, car la circulation en ville est chaotique et les panneaux ne sont pas toujours en anglais. Le vrai danger commence lorsque l'on quitte les zones urbaines, où celui qui n'est pas habitué aux règles tacites de la route s'en sort au mieux avec une belle frousse. Si vous souhaitez voyager en véhicule privé, prenez un chauffeur. Votre hôtel peut vous organiser cela ; sinon, des voitures de location avec chauffeur sont disponibles chez Hertz (tél. : 6211 6381) ou chez Avis (tél. : 6241 0215). Ces deux sociétés ont des locaux dans l'aéroport international de Pudong et en ville.

À VÉLO

L'époque où toute la Chine allait travailler à vélo est bien révolue et c'est encore plus vrai à Shanghai qu'ailleurs. Même si des millions de Chinois pédalent encore à travers la ville et si certains quartiers ont des voies réservées aux vélos, la pollution et les risques d'accident rendent ce moyen de transport bien moins plaisant qu'avant. Si

vous êtes un cycliste expérimenté, tentez votre chance. Les services de location sont rares et soit les vélos sont piteux en état, soit les prix sont très élevés : il vaut mieux dépenser 300 yuans (27 €) pour acheter un modèle de base flambant neuf, dans n'importe quel grand magasin. Pensez à prendre un antivol et à vous garer dans les parkings à vélos gardés que les Shanghaiens utilisent.

EN BUS

Les bus sont bon marché mais bondés et il faut faire attention aux pickpockets, surtout lorsque l'on porte un sac à main ou à dos.

Le système des bus est un peu difficile à comprendre pour les personnes ne parlant pas chinois, à moins de connaître la ligne et l'arrêt de bus voulus. Si vous souhaitez admirer le paysage, mieux vaut prendre un taxi ou marcher.

Recommandé : le voyage en bus à impériale importés de Hong Kong (ligne 911) qui circulent dans Huaihai Lu à travers l'ancienne concession française. De facture récente, ils disposent d'un étage à l'air libre et sonorisé avec de la musique. Embarquez à la porte de la vieille cité, au nord des jardins Yu.

Le **Shanghai Bus Sight-Seeing Tour Center** (*Shanghai Stadium, 666 Qianyaogiao, porte 12, escalier 5, tél. : 6426 6666*) propose une visite complète de Shanghai, pendant une journée, comprenant la concession française, le Bund, le temple du Bouddha de jade, le jardin Yu et Pudong. Tentez Jinjiang Tours (*161 Changle Lu, Luwan District, tél. : 6415 1188*). La visite coûte 250 yuans (23 €) et inclut le déjeuner. La compagnie propose également des visites en voiture privée pour petits groupes. **Greyline Tours** (*2 Henshan Lu, Xuhui District, tél. : 35 1216 9650*) propose des visites guidées de Shanghai.

EN MÉTRO

En perpétuelle croissance, le réseau du métro de Shanghai (MRT ou *ditie*) est probablement le moyen le plus efficace pour aller d'un point à un autre, à l'abri des

embouteillages en surface. Les rames, cependant, peuvent être bondées pendant les heures de pointe du matin et du soir, et il va de soi qu'ils ne présentent aucun intérêt au niveau du paysage. Vous trouverez des cartes complètes des lignes dans chaque station et chaque rame. Les annonces sont faites en anglais. Les pass (carte des transports publics de Shanghai, ou *jiaotongka*) peuvent même être utilisés dans les taxis (*voir p. 234*). À l'heure où nous imprimons, cinq des dix lignes prévues sont déjà en service, et les cinq autres devraient ouvrir prochainement.

Ligne 1 : circule du nord au sud et passe par la gare de Shanghai, l'ancienne concession française et la place du Peuple.

Ligne 2 : circule d'ouest en est, du parc Zhongshan au terminus du train Maglev, puis jusqu'à l'aéroport international de Pudong. Elle passe par Nanjing Donglu, la principale rue commerçante, et croise la ligne 1 à la place du Peuple.

Ligne 3 : aérienne en grande partie, la ligne va jusqu'à la gare et au stade de Shanghai.

Ligne 4 : utile pour aller de Pudong à la gare, elle fait essentiellement le tour de la ville.

Ligne 5 : extension vers le sud de Dongchuan Lu à la zone industrielle de Jinshan.

Ligne 6 : son ouverture était prévue à la fin 2007. Elle doit partir de Jiyang Lu, passer par Pudong et arriver à Gangcheng Lu.

Ligne 7 : circulera de Chentai Lu à Longyang Lu et traversera la zone de l'Exposition universelle de 2010 ; ouverture prévue en 2009.

Ligne 8 : la première phase (de Shiguang Lu à Xizang Nanlu) et la seconde phase (de Xizang Nanlu à Chengshan Lu) devaient ouvrir fin 2007.

Ligne 9 : circulera de Songjiang New City à Chongming Island. La première phase, de Songjiang New City à Yishan Lu, devait être ouverte à l'automne 2007, et la ligne complète en 2009.

Ligne 10 : circulera de Hongqiao à New Jiangwan City (première phase), à compter de 2009.

EN TAXI

Les taxis sont nombreux et confortables, les modèles allant essentiellement de la Volkswagen Santana à des Passat construites localement. Ils ne sont cependant pas si faciles à trouver pendant les heures de pointe ou lorsqu'il pleut. Le tarif est de 11 yuans (1 €) pour les trois premiers kilomètres puis 2,10 yuans (0,20 €) par kilomètre. Le tarif de nuit commence à 23h. Plusieurs compagnies de taxis sont en compétition, mais la plus grande et la plus fiable est la flotte Da Zhong, que l'on reconnaît à ses véhicules bleu turquoise. Même si la plupart des chauffeurs sont honnêtes, les recommandations habituelles dans ce genre de situation restent valables. Le levier du compteur doit être à la verticale et allumé en rouge lorsque vous montez dans le taxi, et abaissé quand vous démarrez la course. Si ce n'est pas le cas, dites « qing da biao » ou montrez le compteur du doigt.

Tâchez de montrer au conducteur un papier sur lequel votre destination est inscrite en caractères chinois et de toujours avoir une carte de l'hôtel sur vous pour le voyage du retour. À la fin de la course, demandez un reçu (fapiao), qui est imprimé automatiquement par le compteur, car il indique le numéro du taxi ainsi que le numéro de téléphone de la compagnie, informations utiles au cas où vous auriez oublié quelque chose dans la voiture.

Les pourboires ne sont pas nécessaires et vous pouvez payer avec la carte de métro (carte des transports publics de Shanghai ou jiaotongka). Sinon, assurez-vous d'avoir des billets plus petits que 100 yuan.

Déclinez toute offre de taxi de la part de rabatteurs dans la rue et n'utilisez que ceux qui sont garés dans une station de taxis ou qui sont en maraude. Si, une fois en route, vous avez l'impression de tourner en rond ou si le chauffeur s'arrête plus d'une fois pour demander son chemin, il est probablement perdu. Cela n'arrive pas souvent mais, si c'est le cas, payez le montant inscrit au compteur et prenez un autre taxi. Techniquement, vous n'êtes pas tenu de payer, mais il est des façons plus agréables de passer le temps qu'en se disputant pour quelques euros avec un chauffeur de taxi qui ne parle pas un mot d'anglais.

VOYAGER HORS DE SHANGHAI

Hangzhou

Des bus partent toutes les demi-heures des trois gares routières de Shanghai. Le voyage de 170 km dure deux à trois heures suivant la circulation. Des bus partent aussi directement des deux aéroports de Shanghai, Pudong et Hongqiao. Cinq trains express font le voyage en deux heures tous les jours, au départ de la gare de Meilong, située au sud de Shanghai.

Nanjing

Des bus partent pour Nanjing toutes les demi-heures de la gare routière de Hengfeng ; le voyage dure quatre heures. Il est donc préférable de prendre l'un des trains à étage qui partent de la gare principale de Shanghai et qui ne mettent que trois heures.

Suzhou

Les cars pour Suzhou partent principalement de la gare routière de Hengfeng, et moins fréquemment de celle de Xiajiahui pour les trajets longue distance. Le voyage fait 100 km et dure deux heures. Des trains express à étage (trains non-fumeurs, avec service de rafraîchissements) partent toutes les heures de la principale gare de Shanghai et font le voyage en 45 minutes. Les billets de train doivent être réservés. Des cars partent aussi directement des deux aéroports, Pudong et Hongqiao.

On peut également se rendre en bateau à Suzhou au départ de Hangzhou sur le Grand Canal, mais le trajet se fait de nuit : si vous choisissez cette option, vous manquerez tout le paysage.

VISITES GUIDÉES EN CAR

Le **Shanghai Bus Sight-Seeing Tour Center** (Shanghai Stadium, 666 Qianyaogiao, porte 12, escalier 5, tél. : 6426 6666) propose des visites guidées hors de Shanghai jusqu'aux villes proches de Hangzhou et de Suzhou. Certaines visites durent la journée, d'autres incluent une nuit.

Greyline Tours (2 Henshan Lu, Xuhui District, tél. : 135 1216 9650) propose des visites guidées des environs de Shanghai.

CROISIÈRES

Une croisière sur le Huangpu Jiang vous fera passer un bon moment hors du tumulte de Shanghai (voir pp. 132-133). Ce service est proposé par **Huangpu River Cruises** (239 Zhongshang Dong Er Lu, tél. : 6374 4461). Les bateaux partent du Bund, de jour comme de nuit, et la visite dure environ une heure ; des croisières plus longues (3h30) vous emmèneront à l'embouchure du fleuve Yangzi. Les prix vont de 40 à 100 yuans (de 3,6 à 9,2 €). Pour une expérience plus « couleur locale », prenez le ferry qui part de la pointe sud du Bund et arrive à la pointe sud de Dongchang Lu à Pudong. Cela vous coûtera 1 yuan (0,09 €).

CONSEILS PRATIQUES

ALCOOL

Bien que les bars ferment officiellement à deux heures du matin, n'oubliez pas que vous êtes à Shanghai et que vous pouvez faire la fête jusqu'à l'aube si vous en avez envie. On sert ouvertement les adolescents en alcool dans les bars et les restaurants. Les commerces de proximité vendent également de l'alcool 24h/24.

ARGENT

La monnaie nationale est le renminbi (littéralement « monnaie du peuple »), abrégé en RMB et également appelé le yuan, ou kuai. Un yuan se divise en 10 jiao ou mao. Un jiao se divise en 10 fen, mais ceux-ci sont rarement utilisés.

Les billets de banque ont une valeur de 100, 50, 20, 10, 5 et 1 yuan. Des billets plus petits représentent 5, 2 et 1 *jiao*, mais, par bonheur, ces bouts de papier sont progressivement remplacés par des pièces.

Le taux du renminbi varie parfois, mais légèrement, et il reste autour de 1 renminbi pour 0,09 €. Les bureaux de change de Hong Kong proposent un taux de change correct pour le renminbi, mais partout ailleurs la monnaie est soit indisponible, soit vendue à un taux défavorable. Pensez à échanger ce qu'il vous reste de monnaie chinoise à l'aéroport avant de partir. Pour cela, vous devrez fournir un reçu de banque prouvant que vous avez d'abord échangé vos devises chinoises contre une monnaie étrangère.

Il n'existe pas de marché noir du yuan : toute personne vous proposant un meilleur taux que la banque fait sans doute un trafic de faux billets, qui sont très répandus.

Change

Les bureaux de la Bank of China et de HSBC (Hong Kong and Shanghai Banking Corporation) changent le renminbi contre les principales monnaies étrangères ainsi que les Travellers' Cheques, et peuvent donner des avances en espèces aux détenteurs de cartes Visa et Mastercard – avec toutefois une commission. Les caisses des hôtels changent également les espèces et les chèques de voyage, mais le taux est moins intéressant que dans les banques.

CARTES BANCAIRES

Les cartes bancaires sont acceptées dans tous les grands hôtels et restaurants, mais moyennant des frais pouvant aller jusqu'à 4 %. Si vous devez régler une facture élevée à un hôtel, renseignez-vous d'abord : cela pourrait valoir la peine d'aller jusqu'au coin de la rue pour retirer l'argent nécessaire à un distributeur et payer en liquide. Les cartes de crédit Visa et Mastercard sont acceptées dans beaucoup d'établissements ; l'American Express et les Diners Club sont moins prisées mais tout de même acceptées dans les hôtels et restaurants ayant une clientèle étrangère.

DISTRIBUTEURS DE BILLETS

C'est le meilleur moyen pour obtenir des espèces chinoises à Shanghai. Aux distributeurs de la Bank of China et de HSBC, vous pourrez facilement retirer des yuans à un taux de change raisonnable. Votre carte doit porter le logo Cirrus ou Maestro.

CIRCULATION

Si vous vous déplacez en taxi, attendez-vous à devoir affronter les bouchons pendant les heures de pointe du matin et du soir. Les piétons doivent faire extrêmement attention à Shanghai. N'espérez pas que l'on vous donne la priorité, même si vous êtes sur un passage piéton et que le feu est au vert pour vous. Faites attention aux motos et aux vélos électriques (silencieux) qui roulent sur les trottoirs. Le moyen le plus sûr de circuler dans les rues est de marcher au milieu des piétons shanghaiens : ils connaissent et suivent le code tacite de la route, qui place les piétons tout en bas de la liste des priorités.

COMMUNICATIONS

POSTE

La grande poste de Shanghai se trouve un peu excentrée au 276, Suzhou Beilu. C'est là que les lettres poste restante sont adressées. Les services postaux (poste restante y compris) sont situés au premier étage. Les bureaux de Shanghai Center, 1376 Nanjing Xilu, et de la galerie marchande de Xintiandi sont d'un accès plus commode. Les petits colis peuvent y être envoyés et l'on y trouve de quoi empaqueter. Tous ces bureaux postaux possèdent des comptoirs séparés pour les collectionneurs de timbres ; certains timbres chinois sont de toute beauté.

TÉLÉPHONE

L'indicatif de Shanghai est le 021. On ne le compose pas pour les appels locaux, c'est pourquoi il n'a pas été utilisé dans ce guide. L'indicatif de la Chine est le 86.

Si vous appelez à Shanghai de l'étranger, composez l'indicatif donnant accès à l'international, puis 8621 (en omettant le zéro) suivi du numéro local.

Si vous appelez à Shanghai de la Chine, mais en dehors de la zone couverte par l'indicatif 021, composez le 021 puis le numéro local. Pour le service des renseignements, composez le 121. On vous mettra en communication avec un opérateur parlant anglais lorsque l'on se sera rendu compte que vous êtes un étranger. En composant le 108, il est possible d'être mis en relation avec un opérateur dans votre pays, et de là téléphoner en PCV ou par carte bancaire.

China Telecom vend des cartes de téléphone par protocole Internet (VOIP) que l'on peut utiliser pour appeler à l'étranger à des tarifs très attractifs, étant donné que les cartes sont vendues moins cher que leur valeur indiquée. Il en existe deux types : le meilleur marché, qui ne s'utilise qu'à Shanghai, et l'autre, qui peut s'utiliser partout en Chine.

La Chine recourt au système de téléphone portable GSM, dont on se sert dans le monde entier sauf aux États-Unis. Vous pouvez donc prendre votre portable et acheter sur place une carte SIM et une carte prépayée. Vous serez ainsi non seulement joignable à tout moment pour votre famille ou vos amis chez vous, mais aussi pour les autres voyageurs de votre groupe.

INTERNET

La Chine s'est mise à l'heure d'Internet avec frénésie et, malgré ses efforts, le gouvernement n'a pas été en mesure de fermer complètement cette fenêtre sur le monde. Des sites d'information traditionnels tels que celui de la BBC sont bloqués en permanence mais les Chinois et expatriés futés passent par les nombreux serveurs proxy pour contourner la difficulté. Certains serveurs d'e-mails, comme Hotmail, sont de temps à autre inaccessibles. Les cybercafés (*wangba*) sont désormais moins courants à

CONSEILS PRATIQUES

Shanghai, car la plupart des gens ont Internet chez eux. Ces cafés sont devenus le royaume de jeunes qui jouent en réseau en fumant cigarette sur cigarette. Une exception à cette règle : l'accès Internet de la librairie de Shanghai (*1555 Huaihai Zhonglu* dans l'ancienne concession française), où boissons et cigarettes sont interdites. Certains bureaux de China Telecom possèdent des ordinateurs où l'on peut aller sur le Web. Les *business centers* des hôtels proposent également ce service, mais le tarif à l'heure est très élevé. Si vous séjournez dans un hôtel haut de gamme, vous aurez certainement un accès ADSL dans votre chambre. Si vous avez emporté votre ordinateur de poche ou portable, vous trouverez beaucoup de halls d'hôtel et de cafés chics avec un accès Wi-Fi.

CONSULATS ÉTRANGERS À SHANGHAI

Les consulats sont ouverts du lundi au vendredi. Renseignez-vous sur les horaires car la plupart doivent accueillir de longues files de Chinois en quête de visa, c'est pourquoi ils créent des horaires spéciaux pour leurs ressortissants, afin de leur faire éviter une longue attente.

Canada
1376 Nanjing Xilu
Shanghai Center
West Tower, suite 604
Jingan District
Métro : Jingan Temple
Tél. : 6279 8400
Fax : 6279 8401
www.shanghai.gc.ca

France
United Plaza, 12 F,
1468 Nanjing Xi Lu
Tél. : (86-21) 62 89 74 14
Tél. : (86-21) 62 79 22 49

Suisse
22F, buildling A, Far East
International Plaza, N. 319
Tél. : (0-21) 6270 0519-21
Fax : (0-21) 6270 0522

DÉCALAGE HORAIRE

Toute la Chine, Shanghai y compris, est à l'heure de Pékin, soit en avance de 8h par rapport au méridien de Greenwich (GMT), de 8h par rapport à la France, la Belgique et la Suisse, de 13h par rapport au Québec. Le système heure d'été/heure d'hiver n'existe pas.

ÉLECTRICITÉ

La Chine utilise du 220 V. Même si la plupart des objets électroniques destinés à voyager (comme les chargeurs d'appareils photo numériques et d'ordinateurs portables) passent automatiquement de 110 à 220 V, pensez à le vérifier sur le manuel ou directement sur le chargeur avant de le brancher. On peut se procurer des transformateurs, mais ils sont lourds et dangereux car ils surchauffent et peuvent provoquer un incendie. Une grande variété de prises électriques (deux ou trois fiches, cylindriques, plates ou carrées) sont utilisées en Chine, il vaut donc mieux emporter son propre adaptateur.

HANDICAPÉS

La tâche n'est pas aisée pour les handicapés à Shanghai. Même si l'aéroport, le métro et les hôtels cinq étoiles ont des accès aménagés, ailleurs, les trottoirs sont bondés et accidentés. Des taxis monospaces pouvant contenir une chaise roulante sont toutefois disponibles.

HORAIRES

Les banques, les commerces et les administrations ouvrent officiellement du lundi au vendredi de 8h30 à 18h, avec parfois une ou deux heures de pause au déjeuner. Les temples, les musées, les zoos et les autres sites touristiques sont généralement ouverts tous les jours, de 8h ou 9h à 17h. Les grands magasins et les boutiques privées restent pour la plupart ouverts jusqu'à 20h ou 21h.

JOURS FÉRIÉS

Les jours fériés officiels impliquent la fermeture des banques, de la plupart des administrations et des entreprises (*voir p. 56*).

Jour de l'an : 1er janvier
Le nouvel an chinois, appelé également fête du Printemps, est basé sur le calendrier lunaire. Les dates des prochaines années sont :
le 7 février 2008,
le 25 janvier 2009,
le 14 février 2010.
Cette date marque le début d'une semaine de voyage pour les Chinois, qui retournent dans leur famille ou font simplement une escapade touristique. Attendez-vous à ce que les transports et les hébergements soient limités.

Journée internationale de la femme : 8 mars
Fête du Travail : 1er mai, suivi d'une semaine de congés
Jour de la jeunesse : 4 mai
Jour des enfants : 1er juin
Anniversaire de la fondation du Parti communiste chinois : 1er juillet
Anniversaire de la fondation de l'Armée de libération du peuple : 1er août
Anniversaire de la fondation de la République populaire de Chine : 1er octobre.

Comme lors du nouvel an et de la fête du Travail, attendez-vous à de grandes foules et à des difficultés pour vous déplacer lors de cet anniversaire. Ces fêtes sont très amusantes à observer tant que vous avez un endroit où loger et que vous n'avez pas à utiliser les transports. Des défilés et des feux d'artifice sont à voir sur le Bund.

MARCHANDAGE

Dans les centres commerciaux et les grands magasins, les prix sont clairement indiqués ; mais vous obtiendrez peut-être une petite réduction si vous la demandez. Pour tout le reste, le marchandage est de règle, et c'est une affaire sérieuse.
Les boutiques des hôtels ne sont pas du tout recommandées pour

l'achat de produits locaux : vous trouverez les mêmes à un dixième du prix sur les marchés locaux, où la règle veut que les étrangers paient plus cher – alors soyez prêts à marchander.

Certaines tactiques d'experts en marchandage valent la peine d'être essayées : si vous voyez quelque chose qui vous intéresse, commencez par feindre de l'ignorer, marchandez un peu pour d'autres articles, puis faites semblant de remarquer ce que vous voulez vraiment et demandez nonchalamment quelques détails. Plutôt que de faire immédiatement une autre offre au vendeur, laissez celui-ci réduire son prix. Enfin, essayez de négocier seul à seul avec le vendeur.

On vous montrera généralement les prix sur une calculette de poche, dont vous vous servirez à votre tour pour faire une offre. Commencez par proposer 25 % du prix demandé. Sachez que la plupart des « antiquités » sont des copies produites en masse, certes assez belles mais qui devraient être vendues en tant qu'articles neufs puisque c'est ce qu'elles sont. Prenez votre temps, restez souriant, et n'oubliez pas que cela doit rester une expérience amusante : si ce n'est pas le cas, ne vous en faites pas, vous trouverez le même article, ou même mieux, dans une autre boutique un peu plus loin.

MÉDIAS

L'État chinois garde fermement le contrôle sur les médias électroniques et imprimés. Livres, journaux, magazines et sites web sont régulièrement censurés lorsque le gouvernement pense que certaines informations présentent le pays sous une lumière peu flatteuse ou qu'elles compromettent le sens moral des Chinois.

Malgré une récente amélioration, les publications en anglais appartenant à l'État (comme *China Daily*) font preuve d'une telle outrance dans leur caractère de propagande qu'elles semblent presque desservir la volonté du gouvernement de présenter le

pays sous un jour favorable. Les publications appartenant à des fonds privés, bien qu'elles soient toujours sous la coupe de l'État, sont bien plus fiables.

MAGAZINES

Vous trouverez des magazines étrangers dans les boutiques des hôtels, les librairies, les restaurants et les bars. Shanghai possède plusieurs bons magazines gratuits en anglais destinés aux visiteurs et aux expatriés, qui répertorient les lieux de divertissement et les événements. Ces publications ont également de bons articles couvrant plusieurs aspects du passé et du présent de la ville. Voici la liste des meilleurs et de leur site :
City Weekend
www.cityweekend.com.cn
That's Shanghai
www.thatssh.com
8 Days
www.8days.sh
Smart Shanghai
www.smartshanghai.com

JOURNAUX

Mis à part l'*International Herald Tribune*, omniprésent, et le *China Daily*, assez terne, Shanghai propose le *Shanghai Daily* (une publication d'État) et l'hebdomadaire *Shanghai Star*, qui ont souvent des chroniques culturelles intéressantes. Voici leurs sites web :
Shanghai Daily
www.shanghaidaily.com
Shanghai Star
www.shanghai-star.com.cn

RADIO

Sur place, RFI international émet par satellite. Vous pourrez écouter des programmes en anglais sur 101.7 FM. Sur les ondes courtes, BBC World Service se trouve sur 17760, 21660 et 9740 MHz, et Voice Of America sur 17820, 14525, 21840 et 9769 MHz. Toutes ces radios retransmettent sur leur site web, qui marche bien quand il n'est pas bloqué par l'État.

TÉLÉVISION

Les hôtels haut de gamme reçoivent la BBC, CNN, CNBC, ESPN, HBO et TV5 Monde par satellite. L'une des chaînes diffusées sur le

réseau d'État (CCTV 9) est exclusivement en langue anglaise et propose quelques programmes intéressants sur la culture et l'histoire chinoises, même si elle est aussi un outil de propagande.

OFFICES DU TOURISME À SHANGHAI

Les offices du tourisme disséminés dans la ville sont plus faits pour les touristes chinois qu'étrangers, et le niveau d'anglais parlé varie donc considérablement. On vous y fournira néanmoins des cartes et des brochures de luxe et on y fera vos réservations d'hôtel. Le plus grand se trouve 303 Moling Lu, à l'entrée sud de la gare. Celui de Century Square, plus central, est 561 Nanjing Donglu. Vous pouvez également obtenir des informations touristiques en appelant une hotline, tél. : 6252 0000.

PASSEPORTS

On vous demandera votre passeport à votre arrivée dans un hôtel, pour changer de l'argent et parfois pour acheter un billet d'avion ; dans les autres cas, mieux vaut porter sur vous une photocopie de bonne qualité des pages avec votre photo et votre visa chinois, et laisser l'original dans le coffrefort de l'hôtel ou de votre chambre. Remplacer un passeport perdu vous demanderait du temps et beaucoup d'énergie.

POIDS ET MESURES

Même si un système de mesure traditionnel perdure, la Chine utilise le système métrique.

POURBOIRES

Bien que découragé par les autorités, le pourboire est l'une des habitudes occidentales que Shanghai a rapidement adoptée. Dix yuans par bagage devraient être donnés aux porteurs dans les hôtels. Dans les restaurants, donnez 10 % de l'addition, à moins que le service ne soit inclus dans la note. En revanche, les chauffeurs de taxi ne s'attendent pas à un pourboire.

RELIGION

La population chinoise est officiellement athée mais la tolérance à l'égard des religions a progressé et les Chinois sont en train de redécouvrir leur foi bouddhiste ou taoïste. Le christianisme gagne également en popularité.

La plus grande église catholique de Shanghai est la cathédrale Saint-Ignace (voir p. 121), située 158 Puxi Lu, Xujiahui District. La messe est célébrée le dimanche à 6h, à 7h30, à 10h et à18h, ainsi qu'à 7h en semaine.

Des messes protestantes sont célébrées au temple de la Communauté, situé 53 Hengshan Lu, Xujiahui District.

La synagogue Beit Menachem, qui fait partie du Shanghai Jewish Center, se trouve à Shang-Mira Garden, 1720 Hong Qiao Lu, au nord-ouest du district de Hongqiao, tél. : 6278 0225.

La plus grande mosquée de Shanghai, Xiaotaoyuan Qingzhen Si (littéralement « mosquée du jardin aux pêchers ») se trouve 2 Xiaotaoyan dans la vieille ville, au sud du Bund.

SANTÉ

Les maux les plus susceptibles de toucher les voyageurs à Shanghai sont d'ordre digestif (diarrhée ou crampes d'estomac causées par une nourriture inconnue ou salé) ou respiratoire (du simple rhume aux infections dues à la pollution de l'air). Même s'ils ne sont pas graves en règle générale, ils rendent le voyage difficile et mieux vaut les prévenir. Pour cela, buvez seulement de l'eau en bouteille et évitez de manger de la nourriture achetée dans la rue. Faites attention aux brusques changements de température. Rendez-vous dans l'un des hôpitaux ou cliniques mentionnés plus loin au moindre signe de maladie. Si vous avez simplement besoin d'un médicament sans ordonnance, vous le trouverez sûrement dans les pharmacies Watson's (il y en a un peu partout dans la ville) ou au City Supermarket du Shanghai Center, dans Nanjing Xilu.

Mieux vaut se prémunir avant le départ de problèmes de santé plus graves par le biais de vaccins, mais pour Shanghai vous aurez besoin de moins de vaccins que si vous envisagez de vous rendre aussi dans des zones rurales ou subtropicales.

Pour avoir des informations réactualisées, consultez le site Internet du ministère des Affaires étrangères, rubrique « conseils aux voyageurs » :

Belgique
www.diplomatie.be/fr/travel/default.asp

Canada
www.hc-sc.gc.ca

France
www.diplomatie.gouv.fr/fr/conseils-aux-voyageurs

Suisse
www.eda.admin.ch/eda/fr/home/travad/travel.html

Les menaces de grippe aviaire ont effrayé nombre de voyageurs mais, pour le corps médical, il n'y a pas de quoi s'alarmer. Le virus se transmet par les oiseaux migrateurs aux oiseaux de basse-cour, comme les poulets. La transmission aux humains nécessite d'être en contact étroit avec un volatile infecté. Suivez les précautions de base, en évitant les marchés où la volaille est vivante et en ne mangeant pas de poulet ou d'œufs peu ou pas cuits. Lavez-vous fréquemment les mains et consultez un médecin à la moindre fièvre.

SAVOIR-VIVRE

Bien que les Shanghaiens s'enorgueillissent d'être les plus cosmopolites de tous les Chinois, certains particularismes valent la peine d'être soulignés, notamment lorsque l'on a affaire à des personnes de plus de 40 ans.

Pour se saluer, l'usage est de se serrer la main ou d'incliner légèrement la tête, mais la poignée de main chinoise reste molle : une poignée de main trop ferme serait déplacée. En Chine, les noms de famille précèdent le prénom : Li Dong Feng veut donc dire monsieur ou madame Li. Les titres honorifiques sont également utilisés : vous pourrez être présenté à docteur, professeur, monsieur l'enseignant ou encore monsieur l'ingénieur Li. Si l'on vous présente à un groupe, il se peut que l'on vous applaudisse ; applaudissez en retour.

L'importance accordée par les Chinois au fait de « sauver la face » n'est pas toujours comprise par les étrangers. Bien que le concept existe en Occident, il est beaucoup plus important ici, et faire perdre la face à quelqu'un (c'est-à-dire le faire se sentir bête ou lui montrer qu'il a tort sur un point spécifique) doit être à tout prix évité. Un comportement de confrontation se retournera toujours contre vous. Les refus devraient toujours être indirects : « peut-être », « plus tard », « nous verrons » et autres ambiguïtés sont bien mieux qu'un « non » définitif.

Les Chinois se retiennent d'exprimer leurs sentiments. L'éloge de soi et les gestes animés de la main sont bien moins vus en Chine qu'en Occident.

À l'inverse, certains comportements que l'on considérerait comme grossiers sont courants ici, en particulier à Shanghai, espace urbain surpeuplé par excellence. Attendez-vous donc à ce que l'on vous pousse, que l'on vous passe devant sans complexe lorsque vous faites la queue, que l'on vous coupe le chemin alors que vous marchez, et autres indélicatesses. Les regards insistants portés sur les étrangers sont banals en dehors du centre urbain : ne les prenez pas personnellement.

Si un inconnu vous salue en criant « hello », souriez simplement ou ignorez-le, étant donné que c'est souvent le seul mot anglais qu'il connaît ; le fait de répondre provoquerait seulement un autre « hello » ou bien de grands éclats de rire. Cracher se fait toujours couramment, malgré les multiples campagnes du gouvernement contre cette pratique désagréable et porteuse de germes.

Évitez toute discussion en rapport avec le Tibet, Taïwan ou les droits de l'homme. Même si certains Chinois ne sont pas d'accord avec la politique de l'État en privé, ils n'aiment pas plus que les autres que leur pays soit critiqué ouvertement par un étranger.

SÉCURITÉ

Les crimes violents contre les étrangers sont rares, probablement à cause de la sévérité des peines encourues. Les pickpockets sont en revanche assez nombreux. Soyez attentifs dans les marchés, le bus et le métro. Si vous avez un sac à main ou à dos, gardez-le devant vous, car l'une des méthodes courantes consiste à couper le sac au rasoir. Le quartier autour de la gare est peuplé d'immigrés dans la misère, il vaut donc mieux l'éviter. De faux artistes envahissent les zones touristiques et, si vous vous faites accoster par des « étudiants en art » qui souhaitent vous montrer leur travail, ou par des gens qui veulent pratiquer leur anglais autour d'une bière dans un café voisin, refusez poliment mais fermement. Des gangs de pickpockets peuvent se servir de ces techniques pour vous distraire. La prostitution est en plein essor à Shanghai, et la tendance est au coup de téléphone tard le soir dans votre chambre d'hôtel pour vous proposer un *massagee*. Si l'on est assez naïf pour accepter une telle invitation, on peut se retrouver victime de voyous. Certains se font passer pour la police. Les femmes étrangères sont rarement victimes de harcèlement sexuel.

SERVICES MEDICAUX

Une grande communauté d'expatriés vit à Shanghai, il n'est donc pas surprenant que la ville soit réputée pour la qualité de ses services médicaux adaptés aux étrangers. Les hôpitaux chinois ont des salles qui leur sont réservées et le personnel des cliniques étrangères privées se compose de médecins expatriés. Parmi les meilleures :

Shanghai United Family Hospital
1139, Xian Xialu
Changning District
Tél. : 5133 1900
Urgences 24h/24 : 5133 1999

Huashan Hospital Foreigners' Clinic
12, Central Wulumuqi Lu
Service pour les étrangers
au 19e étage
Tél. : 6248 9999 poste 1900

Pour les affections mineures, les consultations des cliniques sont plus indiquées. Par exemple :

World Link Medical Center
Room 203, West Tower Shanghai Center (Portman Ritz-Carlton Hotel)
1376, Nanjing Xilu
Jingan District
Tél. : 6279 7688

Shanghai East International Medical Center
551 Pudong Nanlu
Pudong District
Tél. : 5879 9999

URGENCES

Si vous perdez votre passeport, contactez le consulat de votre pays à Shanghai ou, s'il n'y en a pas, l'ambassade à Pékin. Vous devriez également contacter la police, connue en Chine sous le nom de Bureau de la sécurité publique (Public Security Bureau, PSB ou *gonganju*), et il en va de même pour les autres urgences comme les accidents de la circulation ou les délits. Doté d'un personnel excessivement poli (envers les étrangers) mais incroyablement bureaucrate, le bureau du PSB de Shanghai se situe 333 Wusong Lu, tél. : 6357 7925 ou 6357 6666.

Numéros de téléphone en cas d'urgence :
Ambulance : 120
Pompiers : 119
Police : 110

POUR EN SAVOIR PLUS

DOCUMENTS

Bobin, Frédéric, *Good Bye Mao*, La Martinière, 2006. Comment le Parti communiste chinois a donné naissance à l'une des économies de marché les plus puissantes du monde.

Bramly, Serge, *Le Voyage de Shanghai*, Grasset, 2005. Journal tenu par l'auteur lors d'un séjour de plusieurs mois à Shanghai. Un guide culturel et littéraire.

Brossollet, Guy, *Les Français de Shanghai*, Belin, 1999. Un siècle dans la concession française.

Chang, Jung, *Les Cygnes sauvages*, Plon, 1992 et 2001. La vie d'une famille chinoise de Tian'anmen, racontée par l'auteur, né en 1952. Sa grand-mère naît sous la Chine féodale, sa mère s'engage au côté des communistes avant de subir l'épuration de la Révolution culturelle dans les années 1960-1970.

Chen, Yan, *L'Éveil de la Chine. Les bouleversements intellectuels après Mao : 1976-2002*, édition de l'Aube, 2003.

Chieng, André, *La Pratique de la Chine*, Grasset, 2006. Pour aborder la Chine, il faut d'abord la comprendre. Chieng sollicite du lecteur la vertu essentielle de tout voyageur : la curiosité.

Collectif, *La Chine à l'horizon 2020*, L'Harmattan, 2006. Les atouts et les handicaps de la Chine, les conséquences de son développement pour le reste du monde.

Cousin, Anne-Marie, *Le Goût de Shanghai*, Mercure de France, 2005. Balade anthologique en compagnie d'Albert Londres, de Paul Morand, de Paul Claudel, d'André Malraux, de Kazuo Ishiguro, de Mao Dun, de J.G. Ballard et de bien d'autres…

Domenach, Jean-Luc, *Comprendre la Chine d'aujourd'hui*, Perrin, 2007. Au cours d'un séjour de quatre ans en Chine, l'auteur s'est efforcé de regarder ce pays comme une société intelligible et non radicalement différente.

Haski, Pierre, *Cinq ans en Chine*, Éditions des Arènes, 2006. Sélection

POUR EN SAVOIR PLUS

de reportages et de portraits du correspondant de *Libération* en Chine.

Izraelewicz, Erik, *Quand la Chine change le monde*, LGF, 2005. La Chine représente à la fois une chance et une menace pour les économies des vieilles nations comme la France.

Le Quement, Joël, *Shanghai à la croisée des chemins du monde*, L'harmattan, 2002. Rouverte sur le monde depuis 1990, Shanghai redevient une capitale économique, industrielle et financière.

Leys, Simon, *Essais sur la Chine*, Robert Laffont, 1998.

Pimpaneau, Jacques, *Chine, culture et traditions*, Philippe Picquier, 2000. L'essentiel des mœurs et des coutumes de la Chine traditionnelle.

Youzhi, *Cent métiers du vieux Shanghai*. Les petits métiers des rues de Shanghai pendant l'enfance de l'auteur, en 90 dessins parus dans le grand quotidien du soir de Shanghai.

HISTOIRE

Bergère, Marie-Claire, *Histoire de Shanghai*, Fayard, 2002.

Debré, Bernard, *Le Roman de Shanghai*, Rocher, 2005.

Bianco, Lucien, *Les Origines de la révolution chinoise*, Gallimard, 1987.

Elisseeff, Danielle et Vadime, *La Civilisation de la Chine classique*, Arthaud, 1988.

Frèches, José, *Il était une fois la Chine : 4 500 ans d'histoire*, XO, 2006. La Chine à travers des récits de la vie quotidienne, des biographies et des légendes populaires.

Gernet, Jacques, *La Chine ancienne, des origines à l'empire*, Puf, coll. « Que sais-je ? » 2005.

Grousset, René, *Histoire de la Chine*, Payot, 1994.

Lombard, Denys, *La Chine impériale*, Puf, coll. « Que sais-je ? », 2001.

Metzger, Laurent, *Les Lauriers de Shanghai, des concessions internationales à la métropole moderne*, Olizane, 1999. Une histoire de Shanghai qui s'appuie sur des documents historiques et sur des romans, comme ceux de Mao Dun et d'André Malraux.

ROMANS

Ballard, James Graham, *L'Empire du soleil*, Gallimard, 1990. Le lendemain de Pearl Harbor, alors que les Japonais s'emparent de Shanghai, Jim, onze ans, est séparé de ses parents. Il va passer trois ans dans un camp japonais.

Feiyu, Bi, *Les Triades de Shanghai*, Philippe Picquier, 2007. Dans les années 1930, Tang, un adolescent ingénu, débarque de la campagne à Shanghai. Il est introduit dans l'univers de la mafia.

Fière, Stéphane, *La Promesse de Shanghai*, Actes Sud, 2007. Au début du XXIe siècle, un paysan part pour Shanghai afin d'y devenir manœuvre.

Ishiguro, Kasuo, *Quand nous étions orphelins*, coll. 10-18, 2002. Dans l'Angleterre des années 1930, Christopher Banks joue le Sherlock Holmes et résout les affaires les plus complexes. Jusqu'au jour où il s'attaque à un crime irrésolu depuis son enfance : la disparition de ses parents dans la concession internationale de Shanghai.

Le Nabour, Éric, *Les Démons de Shanghai*, Presses de la Cité, 2006. À Shanghai, en 1932, un homme d'affaires français tombe amoureux de la concubine favorite du chef d'une puissante triade.

Malraux, André, *La Condition humaine*, Gallimard, coll. « Folio ». Mars 1927. Alors que l'armée du Guomindang s'approche de Shanghai et que les cellules communistes de la ville organi-

sent le soulèvement des ouvriers, les Occidentaux des concessions soutiennent Tchang-Kaï-chek contre les communistes. Une fresque saisissante sur le conflit révolutionnaire chinois et une réflexion sur l'absurdité et la cruauté de la guerre.

Mian Mian, *Les Bonbons chinois*, Seuil, 2002. Après le suicide de sa meilleure amie, Hong quitte Shanghai pour une ville du sud. Elle y rencontre l'amour, le rock, l'alcool et la drogue. Le destin désenchanté et cruel d'une génération de Chinois en quête d'identité.

Qiu Xiaolong, *Mort d'une héroïne rouge*, Seuil, 2004 ; *Visa pour Shanghaï*, Seuil, 2004. Des romans noirs mettant en scène l'inspecteur principal Chen Cao, de la police criminelle de Shanghai.

Vittachi, Nury, *Shanghai fengshui*, Philippe Picquier, 2007. Maître de fengshui et romancier, Nury Vittachi, met en scène un duo de détectives (lui, un vieux Chinois traditionaliste, elle, une jeune Australienne férue de modernité), qui mène l'enquête avec l'aide des principes du fengshui et d'une bonne dose d'humour.

Weihui, Zhou, *Shanghai baby*, Philippe Picquier, 2003. Jeune Shanghaienne sans complexes, Ni Ke admire Chanel, Henry Miller, Marguerite Duras et travaille dans un bar

Xun, Lu, *Journal d'un fou*, Stock, 1996. Le premier livre de l'auteur, publié en 1918. Une critique acerbe de la société chinoise traditionnelle.

Xun, Lu, *La Véritable Histoire de Ah Q*, Éditions en langues étrangères, 2002. Ah Q vit dans le temple de la Protection des récoltes de Weizhuang, travaille de temps en temps comme journalier, se dispute. Il joue et perd le peu d'argent qu'il possède et aime avoir le dernier mot. Écrit dans les années 1920, le roman le plus célèbre de l'auteur.

HÔTELS ET RESTAURANTS

À Shanghai, l'offre d'hébergement et de nourriture est pratiquement sans limites. Du futuriste au traditionnel, vous trouverez un mélange de ce qu'il y a de meilleur en Orient comme en Occident, à des prix pas forcément prohibitifs. On peut se nourrir correctement et pour moins de 5 € dans l'un des multiples *food courts* (espaces réunissant plusieurs stands de restauration) des centres commerciaux et des grands magasins, et quelques hôtels bon marché existent encore. Toutefois, si vous souhaitez apprécier tout ce que la ville a à offrir, préparez-vous à dépenser plus que la normale. Mais sachez que la plupart des étrangers repartent de Shanghai en ayant le sentiment que, même si la ville est chère, l'investissement en a valu la peine.

HÔTELS

Vous trouverez à Shanghai quelques-uns des hôtels les plus spectaculaires au monde… à un niveau de prix non moins spectaculaire. La clientèle visée est avant tout celle des hommes et des femmes d'affaires mais tous ceux qui ont un budget illimité trouveront aussi leur bonheur en matière d'hébergement.

Ces temples de l'opulence se situent en règle générale dans le quartier de Pudong et dans la zone centrale de Nanjing Donglu, à Puxi, et font pour la majorité partie de chaînes internationales haut de gamme. Certaines de ces chaînes possèdent même plusieurs succursales en ville.

Si votre budget ne vous permet pas de telles extravagances, vous pouvez opter pour un hôtel aménagé dans un immeuble restauré datant des années 1930 ; certains de ces établissements peuvent être tout aussi luxueux que les chaînes internationales mais restent dans une gamme de prix moyenne.

Actuellement le taux d'occupation est assez élevé, aussi les discounts sont-ils moins fréquents. Toutefois, les prix indiqués dans le hall de l'hôtel font presque toujours l'objet d'une réduction : ignorez le tableau et demandez directement le prix à l'accueil. Les tarifs fluctuent également suivant la saison, l'hiver étant relativement meilleur marché.

La construction d'hôtels est en plein boom car Shanghai se prépare pour l'Exposition universelle de 2010. On peut donc présumer d'une baisse à moyen et à long terme des prix d'hébergement. Il existe enfin des hôtels récents de catégorie moyenne un peu partout dans la ville ; gérés par des sociétés chinoises, ils sont en règle générale conçus pour le voyageur chinois ; vous devrez par conséquent vous munir de votre guide de conversation et ne pas vous attendre à un service impeccable.

Si vous êtes en voyage d'affaires, le choix de votre hôtel devrait être dicté par le quartier où vous allez travailler – dans la plupart des cas Pudong ou Hongqiao –, car les problèmes de circulation peuvent avoir de fâcheuses conséquences sur un emploi du temps déjà chargé.

Quant à ceux qui voyagent pour leur plaisir, il leur est conseillé de choisir un hôtel proche du Bund ou de l'ancienne concession française. Mieux vaut réserver, étant donné le fort taux d'occupation. Si vous réservez par Internet, vous bénéficierez sans doute d'un prix intéressant, mais vérifiez si possible la description des lieux auprès d'autres sources.

RESTAURANTS

Shanghai se flatte d'être la ville chinoise où l'on peut mener la grande vie : les adresses ne manquent pas où mettre l'adage en pratique en dégustant une nourriture exquise dans un cadre extraordinaire, qu'il s'agisse de cuisine asiatique ou occidentale. Hormis ces occasions exceptionnelles, n'hésitez pas à faire halte dans l'un des très nombreux restaurants de catégorie moyenne que compte la ville. Ces établissements servent une bonne nourriture dans des cadres très agréables, notamment dans les villas restaurées de l'ancienne concession française.

Quelques-uns de ces restaurants appartiennent à des chaînes (comme Zen ou Shanghai Uncle), mais cela ne nuit en rien à leur qualité.

De même, vous ferez des repas très corrects pour un prix modéré dans les restaurants des chaînes d'hôtels internationales. Les gargotes et les stands vendant de la nourriture dans les rues se font désormais plus rares que par le passé, le gouvernement ayant eu l'heureuse idée, étant donné les niveaux de pollution de la ville, de limiter leur présence à la banlieue. Reste comme alternative pour bien se nourrir à un prix modeste les omniprésents *food courts* que l'on trouve dans tous les centres commerciaux et les grands magasins, généralement au sous-sol.

PRIX

HÔTELS

Le nombre d'€ indique le prix d'une chambre double, petit déjeuner non compris.

€€€€€	+ de 270 €	+ de 3 092 yuans
€€€€	200-270 €	2 320-3 092 yuans
€€€	135-200 €	1 546-2 320 yuans
€€	67-135 €	773-1 546 yuans
€	- de 67 €	- de 773 yuans

RESTAURANTS

Le nombre d'€ indique le prix d'un dîner, boissons non comprises.

€€€€€	+ de 67 €	+ de 773 yuans
€€€€	47-67 €	541-773 yuans
€€€	27-47 €	309-541 yuans
€€	13-27 €	154-309 yuans
€	- de 13 €	- de 154 yuans

Classement alphabétique des hôtels et des restaurants par quartier.

HÔTELS

N°		tél.	prix	chambres	cartes bancaires
09	88 XIANTIANDI	53838 833	€€€€	53	•
01	ASTOR HOUSE HOTEL	63246 388	€€€	116	•
38	BAIYUN HOTEL	0572 803 3336	€-€€	80	•
43	BAMBOO GROVE HOTEL	51265205 601	€€€	356	•
02	CAPTAIN HOSTEL	63235 053	€€	21	•
10	CITY HOTEL	62551 133	€€	274	•
19	COURTYARD BY MARRIOTT	68867 886	€€€	318	•
25	CYPRES HOTEL	62688 868	€€€	149	•
11	DONGHU HOTEL	64158 158	€€€	310	•
26	FOUR SEASONS HOTEL	62568 888	€€€€€	439	•
20	GRAND HYATT	50491 234	€€€€€	555	•
23	GRAND MERCURE BAOLONG HOTEL	65425 425	€€€	400	•
27	GRAND MERCURE HONGQIAO	51727 960	€€€	496	•
12	HENGSHAN MOLLER VILLA	62478 881	€€-€€€	40	•
28	HILTON HOTEL	62480 000	€€€€	700	•
03	HOWARD JOHNSON PLAZA	33134 888	€€€	360	•
35	HYATT REGENCY HANGZHOU	57187791 234	€-€€	390	•
13	JINGAN HOTEL	62481 888	€-€€	210	•
47	JINGLING HOTEL	0 254711888	€€€	600	•
14	JINJIANG HOTEL	62582 582	€€-€€€	328	•
29	JW MARRIOTT	53594 969	€€€€	342	•
44	MAN PO BOUTIQUE HOTEL	62801 000	€€	76	•
30	MARRIOTT HOTEL HONGQIAO	62376 000	€€€€	315	•
15	MASON HOTEL	64662 020	€€	120	•
48	NANSHANG HOTEL	0 25371 6440	€	200	
16	OKURA GARDEN HOTEL	64151 111	€€€€	500	•
17	OLD HOUSE INN	64286 118	€€	12	•
04	PACIFIC HOTEL	63276 226	€€	161	•
31	PARK HOTEL	63275 225	€€€	250	•
32	PORTMAN RITZ-CARLTON	63798 888	€€€€€	564	•
21	PUDONG SHANGRI-LA	68828 888	€€€€€	981	•
41	PUTUOSHAN HOTEL	0 580 609 2828	€	150	
39	QINGFENG SHANZHUANG	0 5728033275	€€	40	
40	RADISSON VILLAS	0 572 803 3601	€€-€€€	12	•
05	RAMADA PLAZA	63500 000	€€€	333	•
18	RUIJIN GUESTHOUSE	64725 222	€€€€	62	•
22	SAINT-REGIS SHANGHAI	50504 567	€€€€	318	•
42	SANSHENGTANG HOTEL	0 580 609 1277	€	97	
45	SCHOLARS INN	0 512 6251 7388	€	37	•
06	SEAGULL HOTEL	63251 500	€€	128	•
24	SHANGHAI LUXUN PARK INN	56961 828	€	80	•
07	SHANGHAI MANSIONS	63246 260	€€	233	•
36	SHANGRI-LA HOTEL HANGZHOU	0571 8707 7951	€€€€	387	•
34	SHERATON GRAND TAI PING YANG	62758 888	€€€€	496	•
49	SHERATON NANJING KINGSLEY HOTEL & TOWERS	0 25 8666 8888	€€€€	350	•
46	SHERATON SUZHOU HOTEL & TOWER	0 512 6510 3388	€€€€	407	•
33	THE REGENT SHANGHAI	61159 988	€€€€	511	•
08	THE WESTIN BUND CENTER	63351 888	€€€€€	580	•
37	XIHU STATE GUEST HOTEL	0 571 8797 9889	€€€€	180	•
51	ZHENGFU CAOTANG	0 512 6333 6358	€	12	
50	ZHOUZHUANG HOTEL	0 512 5721 6666	€€	108	•

Du Bund à Renmin Gongyuan

Pudong

Shanghai ouest

De Fuxing à Huaihai

Shanghai nord

Excursions au sud de Shanghai

parking	ascenseur	restaurant	climatisation	piscine	salle de sport	hôtel non-fumeur		fax
•	•		•	•	•		www.88xintiandi.com	53838 877
		•			•		www.pujianghotel.com	63246 388
							www.morgan-mountain.com	5728033 274
•	•		•	•	•		www.bg-hotel.com	51265208 778
								63219 331
•	•		•		•	•	www.cityhotelshanghai.com	62550 211
•	•	•		•	•	•	www.marriott.com	68867 889
•	•			•	•	•		62681 878
•	•	•		•	•		www.donghuhotel.com	64157 759
•	•		•	•	•	•	www.fourseasons.com	62565 678
•	•			•	•	•	www.shanghai.hyatt.com	50491 111
•				•		•	www.accorhotels.com	
•	•		•	•	•	•	www.grandmercure-asia.com	51727 961
•	•		•		•		www.mollervilla.com	62891 020
•	•		•	•		•	www.hilton.com	62483 848
•	•		•		•	•	www.hojoshanghai.com	33134 880
•	•		•		•		www.hangzhou.regency.hyatt.com	57187791 818
•	•	•			•		www.jinganhotel.net	62482 657
•	•		•		•		www.jinglinghotel.com	254711 666
•	•	•		•	•		www.jinjianghotels.com	64725 588
•	•		•	•	•		www.marriott.com	63755 988
								62806 606
•	•		•		•		www.marriott.com	62376 222
•	•		•				www.masonhotel.com	64671 693
								0 25373 8174
•			•	•	•		www.gardenhotelshanghai.com	64158 866
		•	•				www.oldhouse.cn	64296 869
	•		•					63726 374
	•		•		•		www.parkhotel.com.cn	63276 958
•	•	•		•	•		www.ritzcarlton.com	62798 800
•	•		•	•	•		www.shangri-la.com	68826 688
		•			•		www.radisson.com.cn	
•	•		•		•		www.ramadaplazashanghai.com	63506 666
•	•	•		•	•		www.shedi.net.cn/outedi/ruijin	64732 277
•	•		•		•		www.stregis.com	68756 789
								0 580 609 1140
								0 512 6727 7006
•	•		•	•	•		www.seagull-hotel.com	63241 263
•	•		•		•		www.broadwaymansions.com	63065 147
			•				www.shangri-la.com	0 571 8707 3545
	•		•	•	•		www.sheratongrand-shanghai.com	62755 420
	•		•		•		www.starwoodhotels.com	0 2586669999
•	•		•	•	•		ww.sheratonintl.com	0 512 6510 0888
•	•	•		•	•		www.regenthotels.com	61159 977
•	•		•	•	•		www.westin.com/shanghai	63352 888
			•				www.xihusgh.com	0 571 8797 2348
	•						www.zfct.net	

Tous les hôtels ci-dessus acceptent les principales cartes bancaires internationales

Indication de prix (chambre double, petit déjeuner non compris) :

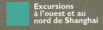

Excursions à l'ouest et au nord de Shanghai

€ : - de 67 €
€€ : de 67 à 135 €
€€€ : de 135 à 200 €

€€€€ : de 200 à 270 €
€€€€€ : + de 270 €

HÔTELS

DU BUND À RENMIN GONGYUAN

La proximité du Bund, les vues sur le Huangpu Jiang et sur Pudong, la présence de nombreux magasins, restaurants et bars font de ce quartier le lieu de séjour idéal – à condition d'aimer le bruit et la foule.

01-ASTOR HOUSE HOTEL
€€€

(PUJIANE FANDIAN)
15, HUANGPU LU
TÉL. : 6324 6388
FAX : 6324 3179
www.westin.com/shanghai
www.pujianghotel.com
sales@pujianghotel.com
🚇 Nanjing Donglu

Une très bonne adresse sur le Bund. Chaplin et Einstein ont séjourné dans cet ancien 5-étoiles qui a été rénové.

02-CAPTAIN HOSTEL
€€

(CHUANZHANG QINGNIAN JIUDIAN)
37, FUZHOU LU
DISTRICT DE HUANGPU
TÉL. : 6323 5053
FAX : 6321 9331
www.captainhostel.com.cn
captain@captainhostel.com
🚇 Nanjing Donglu

Située dans un immeuble Art déco, cette auberge de jeunesse propose à la fois des dortoirs et des chambres doubles avec salle de bains. Belle vue du bar sur la terrasse. Vélos à louer.

03-HOWARD JOHNSON PLAZA HOTEL
€€€

(GU XIANG DAJIUDIAN)
595, JIUJIANG LU
TÉL. : 3313 4888
FAX : 3313 4880
www.hojoshanghai.com
reservations.shanghai@hojoplaza.com
🚇 People's Square ou Nanjing Donglu

Succursale d'une chaîne américaine, l'hôtel occupe une tour de 26 étages tout près de la rue commerçante Nanjing Donglu.

04-PACIFIC HOTEL
€€

(JINMNEN DAJIAODIAN)
108, NANJING XILU
DISTRICT DE HUANGPU
🚇 PEOPLE'S SQUARE
TÉL. : 6327 6226
FAX : 6372 6374
🚇 Nanjing Donglu

Dans un immeuble des années 1920, un hôtel bien entretenu, n'offre pas le grand luxe mais le personnel est obligeant.

05-RAMADA PLAZA
€€€

(NAN XINYA HUAMEIDA DAJIU-DIAN)
700, JIUJIANG LU
DISTRICT DE HUANGPU
🚇 PEOPLE'S SQUARE
TÉL. : 6350 0000
FAX : 6350 6666
www.ramadaplazashanghai.com
E-MAIL marketing@ramada plazashanghai.com
🚇 Nanjing Donglu

Attrayant et d'un bon rapport qualité-prix, dans le quartier piétonnier de Nanjing Lu. Quatre restaurants.

06-SEAGULL HOTEL
€€€

(HAIOU FANDIAN)
60, HUANGPU LU
TÉL. : 6325 1500
FAX : 6324 1263
www.seagull-hotel.com
🚇 Nanjing Donglu

Cet hôtel confortable et à prix modéré est difficile à manquer, avec son immense néon Epson sur le toit. Demandez une chambre avec vue sur le fleuve.

07-SHANGHAI MANSIONS
€€

20, SUZHOU BEILU
TÉL. : 6324 6260
FAX : 6306 5147
www.broadwaymansions.com
🚇 Nanjing Donglu

Construit en 1935, cet immeuble domine la rivière Suzhou. La terrasse panoramique du 17e étage offre des vues extraordinaires du Bund et de Pudong. Ne logez ici que si vous pouvez obtenir une chambre orientée au sud.

08-THE WESTIN BUND CENTER
€€€€€

(WEISITING DAFANDIAN)
88, HENAN ZHONGLU
TÉL. : 6335 1888
FAX : 6335 2888
www.westin.com/shanghai
rsvns-shanghai@westin.com
🚇 Nanjing Donglu

Situé dans le Bund Center, le Westin offre des chambres tout confort décorées avec goût. Service très efficace. Restaurants italien, thaï, japonais et chinois. Spa luxueux.

DE FUXING À HUAIHAI

Ce quartier, moins trépidant que Nanjing Donglu, foisonne de bons restaurants, boutiques et galeries d'art. La plupart de ses anciennes villas ont été reconverties en hôtels de charme.

09-88 XINTIANDI
€€€€

380, HUANGPI NANLU
TÉL. : 5383 8833
FAX : 5383 8877
www.88xintiandi.com
enquiry@88xintiandi.com
🚇 Huangpi Nanlu

Recréation de *shikumen*, cet hôtel de charme est situé dans le complexe Xintiandi (*voir pp. 116-117*). Les chambres, décorées avec goût, sont toutes des suites ou possèdent au moins une kitchenette. Si la vôtre donne sur la zone piétonne, assurez-vous d'être à un étage élevé pour éviter l'animation tardive.

10-CITY HOTEL
€€

(CHENGSHI JIUDIAN)
5-7, SHANXI NANLU
DISTRICT DE LUWAN
TÉL. : 6255 1133
FAX : 6255 0211
www.cityhotelshanghai.com
reserve@cityhotelshanghai.com
🚇 Shanxi Nanlu

Dans l'ancienne concession française, tout le confort et de belles vues des étages supérieurs. De bonnes tables dans le quartier.

11-DONGHU HOTEL
€€
70, DONGHU LU
TÉL. : 6415 8158
FAX : 6415 7759
www.donghuhotel.com
🚇 Changsu Lu ou Shanxi Nanlu

Cet ancien hôtel particulier, qui appartenait au célèbre truand Du les Grandes Oreilles, chef de la Bande verte, est entouré de sept pavillons où logeaient les maîtresses de Du. Bien aménagé, tout confort, proche des restaurants d'Huaihai Lu.

RECOMMANDÉ

12-HENGSHAN MOLLER VILLA
€€-€€€
(HENGSHAN MALE BIESHU FANDIAN)
30, SHANXI NANLU
DISTRICT DE JINGAN
TÉL. : 6247 8881
FAX : 6289 1020
www.mollervilla.com
sde@mollervilla.com
🚇 Shanxi Nanlu

Autrefois la résidence d'un magnat britannique, cette villa excentrique s'inscrit dans un jardin luxuriant orné de statues de bronze et de météorites – tout ceci s'accordant bien avec les chandeliers, les meubles de style européen et les boiseries des chambres. Le bâti moins chère mais ce n'est pas l'original.

13-JINGAN HOTEL
€-€€
370, HUASHAN LU
TÉL. : 6248 1888
FAX : 6248 2657
www.jinganhotel.net
🚇 Jingan Temple

Cet hôtel de style espagnol, bâti en 1934, fut saisi par le parti communiste après 1949 qui le confia à sa cellule locale, mais le lieu redevint vite un hôtel lorsque les autorités se rendirent compte qu'il était trop grand pour leurs besoins. Il a conservé son charme d'antan, avec son restaurant orné de gracieuses colonnes au 8e étage et ses nombreux chandeliers. Les chambres sont relativement simples mais confortables.

14-JINJIANG HOTEL
€€-€€€€
(JIN JIANG FANDIAN)
59, MAOMING NANLU
DISTRICT DE LUWAN
TÉL. : 6258 2582
FAX : 6472 5588
www.jinjianghotels.com
marketing@jinjianghotels.com
🚇 Shanxi Nanlu

Ouvert en 1920 sous le nom de Cathay Mansions, ce complexe comprend aujourd'hui, en plus du bâtiment d'origine, la Grovesnor House, qui date des années 1930 et n'est composée que de suites, et le bâtiment sud, qui a été rénové. Plusieurs restaurants offrent une grande variété de choix, de la cuisine thaïe à la cuisine mexicaine… Le parc est magnifique. Des concerts de musique classique ont lieu dans le grand hall des Cathay Mansions. La récente annexe, la Jinjiang Tower, est gérée séparément.

15-MASON HOTEL
€€
(MEICHEN DAJIUDIAN)
935, HUAIHAI ZHONGLU
DISTRICT DE LUWAN
TÉL. : 6466 2020
FAX : 6467 1693
www.masonhotel.com
🚇 Shanxi Nanlu

Très bien situé, le Mason est intime et fonctionnel. Grâce à son service ADSL, son bar en plein air sur le toit et son Starbucks, il attire une clientèle jeune. Les chambres donnant sur Huaihai Zhonglu sont bruyantes.

16-OKURA GARDEN HOTEL
€€€€
(HUAYUAN FANDIAN)
58, MAOMING NANLU
DISTRICT DE LUWAN
TÉL. : 6415 1111
FAX : 6415 8866
www.gardenhotelshanghai.com
sales@gardenhotel
shanghai.com
🚇 Shanxi Road South

Occupant l'ancien Cercle sportif de la concession française, l'Okura Garden Hotel se sert du somptueux bâtiment de deux étages pour son hall, ses restaurants et ses salles de réception. Après le départ des Français, son décor majestueux trouva grâce aux yeux du président Mao et de ses proches collaborateurs, qui se réunirent fréquemment ici. L'hôtel appartient désormais au groupe japonais Okura. Les chambres occupent l'annexe et baignent dans une ambiance japonaise (soit un style minimaliste de bon goût) mais elles sont un peu petites.

RECOMMANDÉ

17-OLD HOUSE INN
€€
(LAOSHI GUANG LAO SHIGUANG JIUDIAN)
N°16
351, ALLÉE HUASHAN LU
TÉL. : 6428 6118
FAX : 6429 6869
www.oldhouse.cn
E-MAIL info@oldhouse.cn
🚇 Changsu Lu

Au bout d'une allée résidentielle, ce petit hôtel donne la sensation de séjourner dans une vieille maison de famille, ce qu'il était bel et bien autrefois. Il est géré par son actuel propriétaire, un architecte local qui a décoré les chambres, ornées de boiseries, dans le style chinois. Intime et charmant.

18-RUIJIN GUESTHOUSE
€€€€
(RUIJIN BINGUAN)
118, RUIJIN ER LU
DISTRICT DE LUWAN
TÉL. : 6472 5222
FAX : 6473 2277
www.shedi.net.cn/outedi/ruijin/
🚇 Shanxi Nanlu

Le Ruijin Guesthouse regroupe cinq villas qui appartenaient à

---

des entrepreneurs étrangers dans les années 1930. Elles ont été restaurées et, dans le parc de 7 ha, vous trouverez le Face Bar, le Lan Na Thai Restaurant et l'Hazzara Indian Restaurant.

PUDONG

Dépourvu du cachet historique de Puxi, Pudong est du moins facilement accessible en métro ou en taxi, moins pollué, plus calme et plus proche de l'aéroport international. C'est ici que se trouvent les hôtels les plus luxueux de Shanghai.

19-COURTYARD BY MARRIOTT
€€€
(SHANGHAI QILU WANYI DAJIUDIAN)
838, DONGFANG LU
DISTRICT DE PUDONG
TÉL. : 6886 7886
FAX : 6886 7889
www.marriott.com
🚇 Dongfang Lu
Un bon choix pour les voyageurs d'affaires.

RECOMMANDÉ

20-GRAND HYATT
(SHANGHAI JINMAO JINYUEJUNYUE DAJIUDIAN)
€€€€€
JINMAO TOWER
(ÉTAGES 53 À 87)
88, CENTURY BOULEVARD
DISTRICT DE PUDONG
TÉL. : 5049 1234
FAX : 5049 1111
www.shanghai.hyatt.com
E-MAIL info.ghshanghai@hyatt intl.com
🚇 Lujiazui
Présenté comme l'hôtel le plus haut du monde (vous le trouverez au 53e étage de la tour Jinmao), le Grand Hyatt mérite en soi le voyage. Le design est fondamental ici, à commencer par le hall en atrium haut de 32 étages : du futurisme à l'Art déco, tous les genres y sont représentés, agrémentés de touches de chinois contemporain. Étonnamment, l'ensemble rend bien,

et les chambres, dotées de fenêtres allant du sol au plafond, ont des vues incroyables. La cuisine est tout aussi exceptionnelle, et le Cloud Nine Bar (87e étage), légendaire.

21-PUDONG SHANGRI-LA
€€€€€
(PUDONG XIANGGELILA FANDIAN)
33, FUCHENG LU
DISTRICT DE PUDONG
TÉL. : 6882 8888
FAX : 6882 6688
www.shangri-la.com
slpu@shangri-la.com
🚇 Lujiazui
Deux tours de 27 étages au design élégant. Les chambres sont spacieuses et le spa est l'un des meilleurs de la ville.

22-ST-REGIS SHANGHAI
€€€€€
(SHANGHAI RUIJI HONGTA DAJIUDIAN)
889, DONGFANG LU
DISTRICT DE PUDONG
TÉL. : 5050 4567
FAX : 6875 6789
www.stregis.com
🚇 Shiji Avenue
La décoration du St-Regis est le comble du raffinement mais ce qui rend cet hôtel unique, c'est son service de majordome (*Lifestyle Butler Service*) : il va jusqu'à fournir un guide personnel qui vous emmène dans les derniers lieux à la mode.

SHANGHAI NORD

Bien que la partie nord de Shanghai soit distante du centre-ville, elle connaît un regain d'intérêt et présente une alternative intéressante aux habituels repaires de touristes.

23-GRAND MERCURE BAOLONG HOTEL
€€€
(BAOLONG FANDIAN)
180, YIXIAN LU
TÉL. : 6542 5425
www.accorhotels.com
reservations@baolonghotel.com

Moderne et confortable, le Baolong a été repris par le groupe Accor, qui lui a fait atteindre un niveau international.

24-SHANGHAI LUXUN PARK INN
€
2164, SICHUAN NANLU
TÉL. : 5696 1828
Un hôtel propre pour petits budgets à proximité du parc de Lu Xun.

SHANGHAI OUEST

À l'ouest du Bund et au nord de la Concession française, Nanjing Xilu et Jingan sont centraux et donc appréciés des voyageurs.

25-CYPRESS HOTEL
€€€
(LONGBAI FANDIAN)
2419, HONGQIAO LU
DISTRICT DE CHANGNING
TÉL. : 6268 8868
FAX : 6268 1878
Ce bâtiment récent occupe l'ancien domaine du richissime industriel Victor Sassoon, dans 16 ha de parc. Chambres et service satisfaisants.

26-FOUR SEASONS HOTEL
€€€€€
(SHANGHAI SIJI JIUDIAN)
500, WEIHAI LU
DISTRICT DE JINGAN
TÉL. : 6256 8888
FAX : 6256 5678
www.fourseasons.com
🚇 Shimen Road N° 1
D'une élégance classique, l'hôtel semble être à des lieues du quartier animé de Nanjing Xilu pourtant tout près. Le personnel est accueillant et les chambres sont spacieuses. Une boîte de jazz égaie le tout au dernier étage, et le restaurant cantonais est l'un des meilleurs de la ville.

27-GRAND MERCURE HONGQIAO
€€€
369, XIAN XIA
DISTRICT DECHANGNING
TÉL. : 5172 7960
FAX : 5172 7961
www.grandmercure-asia.com

reservation@grandmercure-hong-qiao-shanghai.com
À dix minutes de l'aéroport Hongqiao. Service impeccable.

28-HILTON HOTEL
€€€€
(JINGAN XIERDUN FANDIAN)
250, HUASHAN LU
DISTRICT DE JINGAN
TÉL. : 6248 0000
FAX : 6248 3848
www.hilton.com
🚇 Jingan Temple
Près d'Hengshan Lu et de l'ancienne concession française. Un spa et six restaurants raffinés.

29-JW MARRIOTT
€€€€
TOMORROW SQUARE
399, NANJING XILU
TÉL. : 5359 4969
FAX : 6375 5988
www.marriott.com
🚇 People's Place
Le Marriott donne sur le parc du Peuple et occupe les 24 derniers étages de la tour de Tomorrow Square. Le confort y est extraordinaire : douches hydromassantes dans des salles de bains, courts de squash, spa, excellents restaurants…

30-MARRIOTT HOTEL HONGQIAO
€€€€
(SHANGHAI WANHAO HONG QIAO DAJIUDIAN)
2270, HONGQIAO LU
DISTRICT DE CHANGNING
TÉL. : 6237 6000
FAX : 6237 6222
www.marriott.com
Entouré d'un joli parc, cet hôtel est commode pour se rendre à l'aéroport Hongqiao.

31 - PARK HOTEL `
€€€
(GUOJI FANDIAN)
170 NANJING XILU
TÉL. : 6327 5225
FAX : 6327 6958
www.parkhotel.com.cn
E-MAIL parkhtl@parkhotel.com.cn
🚇 People's Place
Un hôtel historique, de style Art déco, donnant sur la place du Peuple. Quand il a été construit, en 1934, c'était l'immeuble le plus haut d'Asie. Vous y trouverez deux restaurants (l'un occidental, l'autre chinois), ainsi qu'une discothèque et une galerie marchande.

32-PORTMAN RITZ-CARLTON
€€€€
(SHANGHAI BOTEMAN LIJIA DAJIUDIAN)
1376, NANJING XILU
DISTRICT DE JINGAN
TÉL. : 6279 8888
FAX : 6279 8800
www.ritzcarlton.com
🚇 Jingan Temple
Situé dans le Shanghai Center et entouré d'excellents restaurants et commerces, cet élégant hôtel obtient invariablement un sans-faute dans les enquêtes sur les hôtels grâce à son service impeccable. Club de sport, piscines intérieure et extérieure, restaurants et bars.

33-THE REGENT SHANGHAI
€€€€€
(LONGZHIMENG LIJING DAJIUDIAN)
1116, YAN'AN XILU
DISTRICT DE CHANGNING
TÉL. : 6115 9988
FAX : 6115 9977
www.regenthotels.com
Épuré et luxueux, doté de la plus grande piscine intérieure de la ville, d'un spa (Institut Guerlain) et de grandes chambres, cet hôtel est l'un des musts du quartier.

34-SHERATON GRAND TAI PING YANG
€€€€
(XI LAI DENG HAO DA TAI PING YANG DA FANDIAN)
5, ZUNYI NANLU
DISTRICT DE CHANGNING
TÉL. : 6275 8888
FAX : 6275 5420
www.sheratongrand-shanghai.com
sheratongrand@uninet.co.cn
Une oasis de confort. Le traiteur de la maison sert de bons plats aux voyageurs en plein décalage horaire.

EXCURSIONS AU SUD DE SHANGHAI

Les villes du sud de Shanghai sont une bonne base pour visiter le delta du Yangzi Jiang et des lieux de pèlerinage comme Putuoshan.

HANGZHOU

35-HYATT REGENCY HANGZHOU
€€€€
(HANGZHOU KAIYUE JIUDIAN)
28, HU BIN LU
TÉL. : 0571 8779 1234
FAX : 0571 8779 1818
http://hangzhou.regency.hyatt.com/hyatt/hotels/index.jsp
hangz.reservation@hyattintl.com
Face au lac de l'Ouest, le Hyatt Regency fait partie d'un complexe haut de gamme ayant son propre centre commercial.

36-SHANGRI-LA HOTEL HANGZHOU
€€€€
(HANGZHOU XIANGELILA FANDIAN)
78, BEISHAN LU
TÉL. : 0571 8707 7951
FAX : 0571 8707 3545
www.shangri-la.com
Sur la rive du lac de l'Ouest dans 12 ha de parc, l'escale la plus raffinée de Hanghzou.

37-XIHU STATE GUEST HOTEL
€€€
7 XISHAN ROAD, HANGZHOU
TÉL. : 0571 8797 9889
FAX : 0571 8797 2348
www.xihusgh.com
sales@xihusgh.com
Bordant la côte ouest du lac de l'Ouest sur 2 km, cet hôtel occupe l'ancien domaine d'un milliardaire. Piscine extérieure et practice de golf.

MOGANSHAN

38-BAIYUN HOTEL
€€€
502, MOGANSHAN
TÉL. : 0572 803 3336 ou 803 3382
FAX : 0572 803 3274
www.mogan-mountain.com
En haut de la montagne du parc

Indication de prix pour une chambre double, petit déjeuner non compris :
€ : - de 67 € €€ : 67-135 € €€€ : 135-200 € €€€€ : 200-270 € €€€€€ : + de 270 €

H Ô T E L S

Hua Yang, plusieurs bâtiments, du confortable au luxueux.

39-QINGFENG SHANZHUANG
€€
240, MOGANSHAN LU
TÉL. : 0572 803 3275
Un hébergement moyen, mais une cuisine excellente.

RECOMMANDÉ

40-RADISSON VILLAS
€€-€€€€
TÉL. : 0572 803 3601
www.radisson.com.cn
hzrph1@mail.hz.zj.cn
Deux superbes maisons de campagne ont été divisées en chambres et en suites. Dans la première venait se reposer le gangster Du les Grandes Oreilles, et l'autre appartenait à un missionnaire suédois. Sophistiqué, somptueux, cher.

PUTUOSHAN

41-PUTUOSHAN HOTEL
€
93, MEICEN LU
TÉL. : 0580 609 2828
Près du temple Puji et du port, un hôtel récent et propre.

42-SANSHENGTANG HOTEL
€
121, MIAO ZHUANGYAN LU
TÉL. : 0580 609 1277
FAX : 0580 609 1140
Cet ancien couvent bouddhiste a gardé une ambiance simple. Chambres de qualités diverses.

EXCURSIONS À L'OUEST ET AU NORD DE SHANGHAI

Un séjour dans une des villes de canaux proches de Shanghai vous permettra de profiter d'une ambiance calme à l'écart de la foule.

SUZHOU

43-BAMBOO GROVE HOTEL

€€
168, ZHUHUI LU
TÉL. : 0512 6520 5601
FAX : 0512 6520 8778
www.bg-hotel.com
bghsz@public1.sz.js.cn
Dans un parc de style Suzhou avec un bassin de rocaille où barbotent des canards. Concert le soir dans le bar.

44-MAN PO BOUTIQUE HOTEL
€€
660, XINHUA LU
TÉL. : 6280 1000
FAX : 6280 6606
🚇 Route Hongqiao
Les chambres et les suites sont confortables et équipées pour cuisiner. Deux restaurants et vente de billets d'avion.

45-SCHOLARS INN
€
(SHUXIANG MENDI SHANGWU JIUDIAN)
277, JINGDE LUINGDE LU
TÉL. : 0512 6521 7388
FAX : 0512 6521 7326
Un emplacement central près de Guanqian Lu. Bon rapport qualité-prix. Cuisine chinoise.

46-SHERATON SUZHOU HOTEL & TOWER
€€€€
(SUZHOU WUGONG XILAIDENG DAJIUDIAN)
388, XIN SHI LU
TÉL. : 0512 6510 3388
FAX : 0512 6510 0888
www.sheratonintl.com
www.sheraton-suzhou.com
sheraton.suzhou@starwoodhotels.com
Le meilleur hôtel de Suzhou, de style local : avant-toits retroussés, ponts enjambant des canaux et parc somptueux.

NANJING

47-JINGLING HOTEL
€€€
(JINGLING FANDIAN)
2, HANZHONG LU
TÉL. : 025 471 1888
FAX : 025 471 1666
www.jinlinghotel.com
Dans cet hôtel de premier

ordre et bien situé, vous trouverez un restaurant panoramique tournant au 35ᵉ étage.

48-NANSHANG HOTEL
€
(NANJING SHIFAN DAXUE NANSHAN JIALOU)
UNIVERSITÉ DE NANJING
122, NINGHAI LU
TÉL. : 025 371 6440
FAX : 025 373 8174
Près du lac Xuanwu, au cœur de la paisible université de Nanjing, dans un parc d'une rare beauté. Les chambres sont calmes, propres et très bon marché.

49-SHERATON NANJING KINGSLEY HOTEL & TOWERS
€€€€
169, HANZHONG LU
TÉL. : 025 8666 8888
FAX : 025 8666 9999
UNIVERSITÉ DE NANJING
122 NINGHAI LU
TÉL. : 025 371 6440
FAX : 025 373 8174
www.starwoodhotels.com
Les chambres sont spacieuses et l'hôtel possède un bon centre de remise en forme.

ZHOUZHUANG

50 - ZHOUZHUANG HOTEL
€€
108, QUANFU LU
TÉL. : 0512 5721 6666
Situé en plein centre-ville, cet hôtel récent est commode et propre.

TONGLI

51-ZHENGFU CAOTANG
€
138, MINGQING JIE
TÉL. : 0512 6333 6358
ou 0512 6332 0576
www.zfct.net
book@zfct.net
Une maison sur cour restaurée de belle façon, qui évoque l'ambiance de la Chine ancienne. Le propriétaire joue de son *qin* (un instrument à cordes traditionnel) le soir. L'établissement est petit, il vaut donc mieux réserver.

RESTAURANTS

N°		tél.	cartes bancaires	métro
Moins de 13€				
26	**BRASIL STEAK HOUSE**	62559 898		Jingan Temple
07	**FONG'S VIETNAMESE**	63877 228	⬡	Huangpi Nanlu
08	**FRAGRANT CAMPHOR GARDEN**	64334 385	⬡	Hengshan Lu
40	**GOLDEN HARVEST THAI OPERA CAFE**	030 20 05 41 02		
29	**GONGDELIN**	63270 218		People's Square
10	**HOT POT KING**	64746 380	⬡	Changshu Lu
41	**LAO ZHENG XING**			
31	**MALONE'S AMERICAN CAFÉ**	02583242525		Jingan Temple
37	**MOGANSHAN LODGE**	0 5728033011		
23	**OLD FILM CAFE**	56964 753		
21	**THAI THAI**	50471 255	⬡	Lujiazui
15	**XINJIANG FENGWEI**	64689 198		Yishan Lu
05	**YUNNAN GOURMET GARDEN**	63403 076	⬡	People's Square
De 13 à 27 €				
24	**1221**	62136 585	⬡	
22	**AFANTI RESTAURANT**	65549 604		
39	**BELLA NAPOLI**	0 2584718397	⬡	
27	**CHINA MOON**	32181 379	⬡	Changshu Lu
06	**CRYSTAL JADE RESTAURANT**	36858 752	⬡	Huangpi Nanlu
28	**FOLK RESTAURANT**	62951 717	⬡	
30	**GIOVANNI'S**	62758 888	⬡	
35	**LOUWAILOU RESTAURANT**	0 57187969023	⬡	
36	**PEPPINO'S**	0 57187077951	⬡	
38	**PINE & CRANE RESTAURANT**	0 51267277006	⬡	Görlitzer Bahnhof (U1)
42	**SHANGER RESTAURANT**	0 51263320576		
20	**SOUTH BEAUTY**	50471 917	⬡	Lujiazui
34	**UIGHUR RESTAURANT**	62550 843		Shanxi Nanlu
De 27 à 47 €				
25	**BARBAROSSA LOUNGE**	63180220	⬡	People's Park
18	**DANIELI'S**	50504 567	⬡	Dongfang Lu
09	**HAZARA**	64664 328	⬡	Shanxi Lu
11	**LAN HA THAI**	64664 328	⬡	Shanxi Road
12	**PAULANER BRAUHAUS**	63203 935	⬡	Huangpi Nanlu
13	**SASHA'S**	64746 628	⬡	Hengshan Lu
03	**SHANGHAI UNCLE**	63391 977	⬡	Nanjing Donglu
33	**SOPHIA'S TEA RESTAURANT**	62758 888	⬡	Jingan Temple
14	**T8**	63558 999	⬡	Huangpi Nanlu
16	**YIN**	54665 070	⬡	Shanxi Road
17	**ZEN**	63906 390	⬡	Huangpi Nanlu
De 47 à 67 €				
19	**FOOK LAM MOON**	58773 786	⬡	Lujiazui
01	**JEAN GEORGES**	63217 733	⬡	Nanjing Donglu
02	**M ON THE BUND**	63509 988	⬡	Nanjing Donglu
32	**SHINTORI NULL II**	54045 252	⬡	Changshu Road
04	**WHAMPOA CLUB**	63213 737	⬡	Nanjing Donglu

Du Bund à Renmin Gongyuan

Pudong

Shanghai ouest

De Fuxing à Huaihai

Shanghai nord

Excursions au sud de Shanghai

Excursions à l'ouest et au nord de Shanghai

RESTAURANTS

RESTAURANTS

DU BUND À RENMIN GONGYUAN

RECOMMANDÉ

01-JEAN-GEORGES
€€€-€€€€ 🍴 190
3ᵉ ÉTAGE
N° 3 SUR LE BUND
3, ZHONGSHAN DONG YI LU
TÉL. : 6321 7733
🚇 Route Donglu

Ce temple de la haute cuisine a été ouvert par Jean-Georges Vongerichten en 2004 à la suite du succès de son restaurant de New York. Style continental et fusion France-Asie sont de mise ici, dans le décor comme dans la cuisine. Les spécialités incluent la crème brûlée de foie gras, les coquilles Saint-Jacques, les sashimis de maquereau et la longe d'agneau aux trompettes-de-la-mort. Vous pourrez choisir un menu et un plat à la carte. L'ambiance est élégante sans être tape-à-l'œil, et l'établissement est considéré par beaucoup comme le meilleur restaurant occidental de la ville. Les prix sont élevés mais correspondent à la qualité de la table. Réservez plusieurs jours à l'avance.

02-M ON THE BUND
€€€€ 🍴 250
(MISHI XICANTING)
N° 5 sur le Bund
TÉL. : 6350 9988
www.m-restaurantgroup.com
🚇 East Donglu

Ouvert en 1999, ce fut le premier restaurant occidental de Shanghai depuis 1949. Alors que les locaux et les expatriés sont partis en quête du dernier lieu branché, M on the Bund prépare toujours une nourriture délicieuse dans un cadre superbe. Le restaurant se trouve au 6ᵉ étage d'un immeuble Art

déco datant de la concession (l'entrée se fait par le 20, Guangdong Lu) et offre une vue sur le Huangpu depuis la terrasse. Le menu varie selon les saisons mais reste sobre et inclut des influences méditerranéennes et nord-africaines. Parmi les spécialités de la maison : le gigot d'agneau et le dessert Pavlova. Réservation indispensable.

03-SHANGHAI UNCLE
€€€ 🍴 500
(HAISHANG ASHU)
222, YAN'AN DONGLU
BUND CENTER, PRÈS DE
HENAN ZHONGLU
TÉL. : 6339 1977
🚇 Nanjing Donglu

Le propriétaire étant d'origine shanghaienne et américaine et fils d'un critique culinaire du *New York Times*, ce restaurant sert une cuisine agrémentée d'intéressantes audaces. Vous pourrez y goûter la spécialité de la maison (le porc croustillant à la flamme d'Uncle), le poisson fumé froid, un plat traditionnel de Shanghai, et les crêpes à la pékinoise, c'est-à-dire fourrées de coquilles Saint-Jacques dans une sauce au cognac XO. Le restaurant se trouve au sous-sol du Bund Center, ce qui fait qu'il n'y a rien à voir si ce n'est le cadre amusant et les clients pleins d'entrain, que l'on admirera mieux des banquettes de la mezzanine. Il en existe un autre à Pudong. Réservez.

04-WHAMPOA CLUB
€€€€ 🍴 290
3, ZHONGSHAN DONG YI LU
4ᵉ ÉTAGE
N° 3 SUR LE BUND
TÉL. : 6321 3737
🚇 Nanjing Donglu

Situé un étage au-dessus du Jean-Georges et magnifiquement décoré d'œuvres d'art originales, ce restaurant vous enchantera par sa cuisine shanghaienne, préparée par le chef de renom Jereme Leung. L'ambiance est chic et chaleureuse, les mets préférés des Shanghaiens (des fruits de mer

principalement) sont préparés avec des ingrédients de grande qualité et des réinterprétations surprenantes mais délicieuses. L'un des plats qui a fait la renommée de la maison est l'abalone jaune d'Australie braisé. La plupart des tables ont vue sur le fleuve. Invariablement classé comme l'un des meilleurs restaurants de Shanghai ; réservation recommandée.

05-YUNNAN GOURMET GARDEN
€ 🍴 40
(YUNNAN MEISHI YUAN)
268, XIZANG ZHONGLU
RAFFLES CITY BI 19/20
TÉL. : 6340 3076
🚇 People's Square

Situé au sous-sol du centre commercial Raffles City, sur le Bund, ce restaurant n'a pas de jardin comme son nom le laisserait penser, mais vous y trouverez une nourriture simple, bonne et pas chère de la province Yunnan, au sud-est de la Chine. Parmi les plats de base, le poulet cuit à la vapeur avec des herbes dans un pot de terre (*chiguoji*) – très nourrissant –, et des nouilles exquises, préparées avec différentes viandes et légumes dans du bouillon brûlant et très huileux (*guoqiao mixian*).

DE FUXING À HUAIHAI

06-CRYSTAL JADE RESTAURANT
€€ 🍴 200
(FEICUI JIUJIA)
MAISON 6-7, ALLÉE 123
XINGYE LU
XINTIANDI PLAZA
TÉL. : 6385 8752
🚇 Huangpi Nanlu

Spécialité de mets à base de farine de riz. La cuisine ouverte permet de voir la pâte se transformer en nouilles, raviolis et *dim sum*. Vaste choix de garnitures : porc, poulet à la crevette, crabe, homard, canard rôti. Le restaurant est grand, mais cloisonné par des paravents. C'est l'une des nombreuses succursales de cette chaîne populaire de Shanghai, et l'un des meilleurs endroits pour goûter les *xiao long bao*, raviolis préférés des Shanghaiens. Réservation recommandée.

07-FONG'S VIETNAMESE
€-€€

1er ÉTAGE, LIPPO PLAZA
222, HUAIHAI ZHONGLU
TÉL : 6387 7228

🚇 Huangpi Nanlu

Fong's est réputé pour être le meilleur restaurant vietnamien de Shanghai et tente de recréer une atmosphère typiquement sud asiatique dans un immeuble de bureaux. Les aménagements intérieurs en bambou et les oiseaux chanteurs en cage aident à donner le ton, de même que les serveuses portant l'*ao dai*, l'élégante robe traditionnelle vietnamienne. On y sert toutes les spécialités du pays, des rouleaux de printemps aux nouilles *pho*, et une vraie sauce nuoc mâm. Au menu également, vous trouverez quelques plats français.

08-FRAGRANT CAMPHOR GARDEN
€ 🍴 300

(HARN SHEH)
10, HENGSHAN LU
DISTRICT DE XUHUI
TÉL : 6433 4385

🚇 Hengshan Lu

Officiellement un salon de thé, mais il est possible d'y prendre des repas : la maison propose une cuisine chinoise et occidentale allant des currys aux pâtes, le tout à un prix raisonnable. Idéal pour prendre un thé ou un *smoothie*, et regarder passer la foule sur l'artère animée de Hengshan Lu. Un peu loin de la concession française, mais l'ambiance vaut le détour.

09-HAZARA
€€€ 🍴 30

(HAZHALA CANTING)
118, RUIJIN ER LU
VILLA 4
RUIJIN GUESTHOUSE
DISTRICT DE LUWAN
TÉL : 6466 4328

🚇 Shanxi Nanlu

Situé dans le superbe parc du Ruijin Guesthouse (en fait, un étage en dessous du restaurant Lan Ha Thai décrit ci-après), Hazara sert une délicieuse cuisine d'Inde du Nord dans une ambiance sud-asiatique stylée. On y fait bon usage du *tandoor*, le four d'argile. Bien que les aficionados prétendent que les currys ne sont pas assez riches en goût, la simple soupe *daal* (aux lentilles) ou le *raita* (au concombre), les *samosas* et le riz *pulao* sont cuisinés à la perfection. Réservation indispensable.

10-HOT POT KING
€ 🍴 290

(LAIFU LOU)
1416, HUAIHAI ZHONGLU
DISTRICT DE LUWAN
TÉL : 6474 6380

🚇 Changshu Lu

Une bonne adresse pour goûter à une tradition culinaire chinoise, le *huo guo*, une fondue chinoise qui consiste en une sélection de viandes, fruits de mer, raviolis chinois et légumes apportés crus à votre table, et qu'il faut ensuite faire mijoter dans une marmite de bouillon commune. Une fois qu'ils sont cuits, vous pouvez les tremper dans plusieurs sauces au choix. Très agréable un jour froid et pluvieux à Shanghai. La chaîne possède plusieurs succursales à travers la ville ; allez à la plus proche ou arrêtez-vous si vous voyez l'enseigne.

11-LAN HA THAI
€€€ 🍴 160

118, RUIJIN ER LU
VILLA 4
RUIJIN GUESTHOUSE
DISTRICT DE LUWAN
TÉL : 6466 4328

🚇 Shanxi Nanlu

Les vues sur le parc de la maison coloniale en contrebas sont magnifiques et l'élégante décoration thaïe faite de soies et d'orchidées sert de cadre à une cuisine authentique. De la salade de papaye verte au curry de poulet à la noix de coco verte et aux crevettes au basilic, tout y

est piquant mais pas trop épicé. Le chef est thaï, bien sûr, et le service impeccable. Si vous y allez le soir, vous pourrez éventuellement continuer la soirée au Face Bar, l'une des discothèques les plus populaires de Shanghai, située sous le restaurant. Réservation indispensable.

12-PAULANER BRAUHAUS
€€€ 🍴 540

(BAOLAINA CANTING)
MAISON 19-20, RUE NORD
181, TAICANG LU
XINTIANDI
DISTRICT DE LUWAN
TÉL : 6320 3935

🚇 Shanxi Nanlu

Cette minibrasserie allemande occupe deux niveaux d'un *shikumen* dans le complexe Xintiandi, au cœur de Shanghai. Elle sert une nourriture copieuse (voire lourde) dans une ambiance de bar à bières bruyante sur les deux niveaux. D'autres Paulaner Brauhaus existent à Pudong et à Xuhui.

13-SASHA'S
€€€ 🍴 200

11, DONGPING LU
DISTRICT DE XUHUI
TÉL : 6474 6628

🚇 Hengshan Lu

Bien que les lieux soient imprégnés d'histoire chinoise, Sasha's sert de la nourriture occidentale. Le pavillon élégant qui abrite le restaurant était autrefois la maison de la famille Song, et fut cédé plus tard à Jiang Qing, l'épouse de Mao. Aujourd'hui c'est une bonne adresse pour manger de la cuisine européenne, à l'étage, ou prendre un verre en grignotant des *tapas* dans le pub confortable du rez-de-chaussée, connu pour sa vaste sélection de bières étrangères à la pression. Quand il fait beau, nourriture et boissons sont servies dans le jardin. Le district de Xuhui est à seulement deux arrêts de métro de l'ancienne concession française, tout en étant moins touristique que cette dernière. Réservation recommandée.

RESTAURANTS

14-T8
€€€-€€€€ 📋 106
MAISON 8, RUE NORD
XINTIANDI
181, TAICANG LU
TÉL. : 6355 8999
🚇 Huangpi Nanlu
Situé dans un *shikumen* de
Xintiandi, dont le décor est un
mélange de traditionnel et de
contemporain, ce restaurant
chic est un repaire de célébrités. La cuisine fusion du chef
australien utilise les saveurs
thaïes et chinoises pour créer
des plats d'inspiration européenne. Tout (du ravioli au
homard et à la queue de bœuf
en entrée à l'agneau cuit len-
tement en plat) est unique et
délicieux. La carte des vins est
l'une des meilleures de la ville.
Réservez pour le soir.

15-XINJIANG FENGWEI
€-€€
280 YISHAN LU
181, TAICANG LU
TÉL. : 6468 9198
🚇 Yishan Lu
Les restaurants ouïgours sont
populaires à Shanghai, car ils fleu-
rent bon l'exotisme, pour les
étrangers comme pour les
locaux ; leur succès semble tenir
autant à leurs spectacles de
danse et de musique qu'à leur
délicieuse cuisine, de loin la
meilleure d'Asie centrale. Les
serveurs prendront votre commande en chantant et vous
encourageront à venir danser.
Réservation recommandée.

16-YIN
€€€ 📋 84
59, MAOMING NANLU
REZ-DE-CHAUSSÉE DU
JINJIANG HOTEL
GOURMET STREET
DISTRICT DE LUWAN
TÉL. : 5466 5070
🚇 Shanxi Nanlu
La décoration de ce restaurant
situé dans le Jinjiang Hotel s'inspire du Shanghai d'antan (plan-
chers en bois dur, paravents
sculptés, serveuses habillées en
qipao), mais des touches d'art
contemporain et de lumière ont
été ajoutées. On y sert des plats

locaux et d'autres spécialités
chinoises, comme l'agneau à la
Xinjiang. Cuisine stylée mais
consistante.

17-ZEN
€€€ 📋 320
283, HUAIHAI ZHONGLU
3F HONG KONG PLAZA
DISTRICT DE LUWAN
TÉL. : 6390 6390
🚇 Huangpi nanlu
Même s'il fait partie d'une chaîne spécialisée en cuisine canto-
naise, Zen met l'accent sur le
goût et sur un service impeccable. Parmi les bons plats,
vous trouverez une salade de
pomélos, du rôti de porc
croustillant et du crabe à la
vapeur dans une sauce au saké.
Une bonne sélection de vins
est disponible.

PUDONG

18-DANIELI'S
€€€ 📋 56
28ᵉ ÉTAGE, ST. REGIS HOTEL
889, DONGFANG LU
DISTRICT DE PUDONG
TÉL. : 5050 4567 poste 6370
🚇 Dongfang Lu
Danieli's se trouve en haut du
St. Regis Hotel de Pudong, où
l'ambiance est chaleureuse et
intime. La nourriture italienne
mêle habilement pâtes, fruits
de mer et plats de viande. Les
expatriés d'ici disent que c'est la
meilleure cuisine italienne de la
ville. Réservez.

19-FOOK LAM MOON
€€€€ 📋 160
33, FUCHENG LU
1ᵉʳ ÉTAGE, PUDONG
SHANGRI-LA HOTEL
DISTRICT DE PUDONG
TÉL. : 5877 3786
🚇 Lujiazui
Sa spécialité est la cuisine can-
tonaise agrémentée d'une touche locale. Le chef et la plupart
des ingrédients viennent de
Hong Kong et les plats de fruits
de mer y sont exceptionnels.
Goûtez aux peaux d'holothurie
séchées à l'aigre-doux et à l'abalone du Japon séché et braisé.
La salle offre de belles vues sur

le Huangpu Jiang et le Bund.
Réservation indispensable.

20-SOUTH BEAUTY
€€ 📋 800
(QIAO JIANGNAN)
168, LUJIAZUI XILU
9ᵉ ÉTAGE, SUPERBRAND MALL
DISTRICT DE PUDONG
TÉL. : 5047 1917
🚇 Lujiazui
Ce restaurant sert principalement de la cuisine du Sichuan,
mais il a aussi un choix de plats
chinois moins épicés.

21-THAI THAI
€ 📋 120
156, LUJIAZUI XILU
4ᵉ ÉTAGE, SUPERBRAND MALL
DISTRICT DE PUDONG
TÉL. : 5047 1255
🚇 Lujiazui
À l'intérieur d'un centre commercial de Pudong, ce restaurant sert les classiques de la
cuisine thaïe, comme le *tom yam
kung* (soupe épicée aux crevettes) et le *gang khiaw wan*
(curry vert).

SHANGHAI NORD

22-AFANTI RESTAURANT
€€ 📋 120
(AFANTI SHICHENG)
775, QUYANG LU
TÉL. : 6554 9604
Une cuisine ouïgoure authentique et copieuse ; les mets sont
à base de mouton, mais quelques
plats végétariens sont aussi au
menu. Le restaurant se trouve
au sous-sol du Tianshan Hotel.

23-OLD FILM CAFÉ
€ 📋 40
123, DUOLUN LU
TÉL. : 5696 4753
Café, thé et plats légers servis
dans un décor de vieux films.

SHANGHAI OUEST

24-1221
€€-€€€ 📋 120
(YI ER ER YI)
1221, YAN'AN XILU
DISTRICT DE CHANGNING
TÉL. : 6213 6585
Très populaire parmi les expa-

triés et les hommes d'affaires en visite, cette adresse est réputée pour sa cuisine chinoise variée servie dans une ambiance chic et pour ses prix raisonnables. Les classiques du menu sont le poulet ivre, le poisson fumé à la shanghaienne, et le bœuf épicé du Sichuan. Le thé parfumé aux fruits secs que l'on vous versera d'une théière au bec très long se nomme *babaocha* (thé des huit trésors). C'est un excellent digestif. Réservez longtemps à l'avance.

25-BARBAROSSA LOUNGE
€€€ 🍴 300
231, NANJING XILU
TÉL. : 6318 0220
🚇 People's Park

Cet espace au thème nord-africain accueille restaurant, discothèque et bar à narguilé sur trois niveaux. Le toit est en forme de dôme et la terrasse donne sur le parc du Peuple. La cuisine du Proche-Orient (couscous d'agneau, thon à la tunisienne) est très bonne, mais la plupart des clients y viennent attirés par la musique arabe et par la nouveauté. Un vrai spectacle. Pensez à réserver.

26-BRASIL STEAK HOUSE
€ 🍴 200
(BAXI SHAOKAO CANTING)
1649, NANJING XILU
JINGAN TEMPLE
TÉL. : 6255 9898

En vedette ici, un barbecue à volonté, une spécialité connue sous le nom de *churrrascaritas* au Brésil, pays natal des propriétaires. Un petit buffet de crudités est à disposition, et des serveurs sont à l'affût pour vous proposer diverses tranches de viande fraîchement grillées. Jolies vues sur le parc adjacent de Jingan. Le prix est raisonnable et le restaurant toujours animé. Une succursale a ouvert ses portes en face de la bibliothèque de Shanghai dans Huaihai Zhonglu. Les réservations ne sont pas acceptées.

27-CHINA MOON
€€-€€€ 🍴 240
316-317, CITIC SQUARE
1168 NANJING XILU
DISTRICT DE JINGAN
JINGAN TEMPLE
TÉL. : 3218 1379
🚇 Changshu Lu

Au deuxième étage d'un grand complexe de bureaux et de magasins, le China Moon est à la fois grandiose et sobre et de bon goût. Le décor de peintures abstraites fait écho aux touches de modernité données à la cuisine de tradition chinoise (plats surtout cantonais, de Shanghai et du Sichuan). Quelques mets très appréciés : l'abalone cristal, le porc à la sauce soja et le poisson mandarin. Réservez pour le dîner.

28-FOLK RESTAURANT
€€-€€€ 🍴 480
(XIAN QIANG FANG)
1468, HONGQIAO LU
DISTRICT DE CHANGNING
TÉL. : 6295 1717

Situé au rez-de-chaussée d'une belle maison de style Tudor, Folk sert une cuisine de Shanghai et d'autres régions, interprétée chaque fois de façon unique, dans un décor d'objets et des meubles anciens. Au deuxième étage, vous trouverez The Door, un bar qui propose une carte de plats mais qui sert principalement de lieu de rendez-vous pour la *jet-set* shanghaienne.

29-GONGDELIN
€ 🍴 150
445, NANJING XILU
DISTRICT DE HUANGPU
TÉL. : 6327 0218
🚇 People's Place

Ce restaurant végétarien, le premier de Shanghai, a ouvert ses portes en 1922. Cependant, on n'y propose pas de la cuisine végétarienne telle qu'on la conçoit en Occident : la plupart des plats sont annoncés comme étant de la viande, alors qu'en réalité ils sont préparés à base de tofu. Le cadre sobre et calme est approprié.

30-GIOVANNI'S
€€-€€€€ 🍴 40
5, ZUNYI NANLU
26ᵉ ÉTAGE, SHERATON GRAND TAI PING YANG
DISTRICT DE CHANGNING
TÉL. : 6275 8888

Vue superbe du dernier étage du Sheraton d'Hongqiao et belle sélection de plats italiens de classe internationale. Le lieu est petit, mieux vaut réserver.

31-MALONE'S AMERICAN CAFÉ
€€ 🍴 200
(MALONG MEISHI JIULOU)
257, TONGREN LU
DISTRICT DE JINGAN
TÉL. : 6247 2400
🚇 Jingan Temple

Si vous voulez manger un hamburger accompagné d'une bière pression, vous êtes au bon endroit. Des plats tex-mex sont aussi au menu, ainsi que des steaks et des pizzas. Grand écran pour les événements sportifs et concert après 22h.

32-SHINTORI NULL II
€€€€ 🍴 130
(XINDULI WUER DIAN)
803, JULU LU
DISTRICT DE JINGAN
TÉL. : 5404 5252
🚇 Changshu Lu

Les opinions varient sur le décor de ce restaurant mais tout le monde s'accorde sur la qualité de la cuisine qui y est serviee. On y accède par un tunnel qui sert d'entrée. Le cadre est austère, tout en béton lisse et chrome. La salle principale ressemble au fond d'une piscine vide, les sashimis sont servis sur des plats de pierre polie et les nouilles froides, dans des bols en glace. Réservation indispensable.

33-SOPHIA'S TEA RESTAURANT
€€€ 🍴 200
480, HUASHAN LU
DISTRICT DE JINGAN
TÉL. : 6249 9917
🚇 Jingan Temple

Dans une vieille maison près de l'hôtel Hilton, Sophia's est un

---

lieu intime et plaisant, qui sert une cuisine shanghaienne et des plats d'autres régions, y compris de Guandong et du Nord. D'excellents thés accompagnent le repas et parfument aussi certains plats, comme ces crevettes revenues dans le thé vert *longjin*. Pensez à réserver.

RECOMMANDÉ

34-UIGHUR RESTAURANT
€€-€€€
1, SHANXI NANLU
TÉL. : 6255 0843
🚇 Shanxi Nanlu
Un ashkana ouïgour servant un grand nombre de mets du Xinjiang, comme des nouilles (*laghman*), du riz pilaf (*poluo*), des raviolis farcis au mouton et à l'oignon (*manta*), des samosas (*samsa*), de la soupe de raviolis (*chushira*), des pains délicieux (*nan*) et plusieurs sortes de kebabs. La nourriture est *halal*, bien sûr, et l'ambiance est agrémentée d'un groupe de danseurs ouïgours en costumes traditionnels. Réservez.

EXCURSIONS AU SUD DE SHANGHAI

HANGZHOU

35-LOUWAILOU RESTAURANT
€€ 🍴 390
(LOUWAILOU CAIGUAN)
30, GUSHAN LU
TÉL. : 0571 8796 9023
FAX : 0571 8799 7264
Ce restaurant réputé de Hangzhou, qui offre des vues sur le lac de l'Ouest, propose des plats locaux, comme le porc *sudong po* et le poulet mendiant. Autres spécialités : le poisson du lac au vinaigre (*xihu cuyu*) et les crevettes de Longjing (*longjing xiaren*). Menu en anglais.

36-PEPPINO'S
€€ 🍴 140
SHANGRI-LA HOTEL

TÉL. 0571 8707 7951
Un grand choix de pizzas. Menu en anglais.

MOGANSHAN

37-MOGANSHAN LODGE
€€
SONGLIANG SHANZHUANG
343, MOGANSHAN
TÉL. : 0572 803 3011
www.moganshanlodge.com
Le Moganshan Lodge, à l'intérieur de l'agréable Songliang Shanzhuang Hotel, est géré par une dame chinoise dont le mari, britannique, est le chef. Réservation indispensable pour le dîner. Également sur les lieux, un café et un bar proposant une belle sélection de vins et de spiritueux. Si vous avez besoin d'informations (en anglais) sur ce qui concerne Moganshan, c'est ici qu'il faut s'adresser.

EXCURSIONS À L'OUEST ET AU NORD DE SHANGHAI

SUZHOU

JIA YOU FANG
Le lieu n'est pas un restaurant mais une rue de restaurants au nord du jardin du Bonheur. Elle est très populaire auprès des habitants et rien ou presque ne distingue un restaurant d'un autre. Emportez votre guide de conversation et préparez-vous à pointer du doigt.

38-PINE & CRANE RESTAURANT
€€ 🍴 220
(SONG HE LOU)
141, GUANQIAN JIE
TÉL. 0512 6727 7006
Ce restaurant célèbre dans le coin, ouvert depuis 200 ans sert les spécialités de Suzhou telles que le poisson mandarin en forme d'écureuil et le canard mariné (*gusu*). Menu en anglais ; prix pour les touristes.

NANJING

39-BELLA NAPOLI
€€ 🍴 80

(BEILANABOLI YIDALI CANTING)
75, ZHONGSHAN DONGLU
TÉL. : 025 8471 8397
Cet Italien qui s'est installé à Nanjing propose un menu varié de la cuisine de son pays, des pizzas cuites au feu de bois à des plats plus conséquents comme des steaks.

40-GOLDEN HARVEST THAI OPERA CAFE
€-€€ 🍴 80
(JINHE TAI CANTING)
HUNAN LU
2, SHIZI QIAO
TÉL. : 025 8324 2525
ou 025 8324 1823
Si vous voulez goûter à d'autres saveurs asiatiques que celles de la cuisine chinoise, essayez la bonne nourriture thaïe de ce restaurant. Avec son cadre de bon goût, le lieu est prisé des expatriés de la région et sert tous les currys épicés qui font de la Thaïlande un pays réputé pour sa cuisine. Les prix varient de modéré à assez élevé. Réservation recommandée.

41-LAO ZHENG XING
€ 🍴 100
CONFUCIUS TEMPLE
Situé dans le parc du temple de Confucius à Nanjing, voici une bonne adresse pour goûter aux spécialités locales, comme les raviolis à la vapeur. C'est une cafétéria, qui fonctionne de façon très pratique comme un *food court* : vous achetez des tickets puis vous les échangez contre de la nourriture à chaque stand de spécialités.

TONGLI

42-SHANGER RESTAURANT
€€ 🍴 120
(XIANGGE JIULOU)
MINGQING JIE
TÉL. : 0512 6333 6988
Même si ce lieu sert principalement des groupes de touristes, la qualité des plats chinois qu'il propose reste très convenable, et il y a un menu en anglais.

SHOPPING

Les Shanghaiens sont connus pour raffoler de la mode, aussi attendez-vous à trouver dans les rayons des boutiques un vaste choix de vêtements et accessoires dernier cri. Pendant 30 ans, ces pratiques bourgeoises ont été rejetées et, aujourd'hui, acheteurs et vendeurs semblent vouloir rattraper le temps perdu. Vos achats varieront certainement de ceux des Chinois car ces derniers ont un faible pour les marques telles que Louis Vuitton, Prada ou Cartier et elles sont en règle générale plus chères ici qu'en Occident à cause des taxes à l'importation. Cependant, vous ne manquez pas de tentations, que ce soit parmi la profusion d'objets d'artisanat local ou dans les innombrables petites boutiques de mode proposant des articles créés ici, dans un style moderne et élégant et sans chinoiserie aucune.

En matière d'artisanat traditionnel, vous n'aurez que l'embarras du choix : textiles tels que de la soie et de la laine (que les tailleurs habiles de Shanghai transformeront pour vous en beaux vêtements), perles du lac Taï, rouleaux de calligraphie, peintures originales, céramiques, reproductions de meubles anciens, et même souvenirs de l'époque de Mao.

OÙ FAIRE SES ACHATS ?

Vous ne prévoyez sans doute pas d'acheter des articles de luxe importés d'Occident ou des objets domestiques, aussi les secteurs de Nanjing Donglu et de Nanjing Xilu ne présentent-ils pas grand intérêt pour ce qui est du shopping. Pour les objets traditionnels et la mode, les bonnes adresses se nichent dans l'ancienne concession française et la vieille ville, notamment autour des jardins Yu. Le quartier de Nanshi et la très chic Huaihai Lu sont réputés pour leurs boutiques d'artisanat local. Certains vendeurs du *fake market* (marché aux faux) de Xiangyang, aujourd'hui fermé et où se vendaient des DVD et du matériel informatique piratés ainsi que des vêtements de designers au rabais et la contrefaçon, se sont réinstallés au marché Qipu, dans le quartier Zhabei.

MARCHÉS

Marché aux antiquités de Dongtai Lu
Près de Xizang Lu
District de Luwan
Métro : Huangpi Nanlu

Peu d'objets vraiment anciens sur les dizaines d'étals et dans les petites boutiques de ce marché, mais vous trouverez beaucoup de bibelots intéressants : souvenirs de l'époque de Mao, reproductions récentes de posters de propagande, céramiques, bouteilles de tabac à priser et autres petits objets.

Marché d'antiquités de Fuyou
(Fuyou Gongyipin Shichang)
457 Fangbang Zhonglu
Au coin d'Henan Nanlu
District de Nanshi
Métro : Huangpi Nanlu
Le meilleur moment pour visiter ce marché est le matin des week-ends, quand des vendeurs s'y rassemblent de toute la ville et même de plus loin pour remplir cet immeuble de trois étages. Néanmoins, cela vaut le détour quel que soit le jour de la semaine. Peu d'objets sont vraiment anciens, mais vous trouverez quantité de porcelaines, de vieilles pièces et de gravures, ainsi que du petit mobilier. Faites attention lorsque vous passez près des céramiques : certains vendeurs les placent de façon à ce qu'elles tombent facilement et soient cassées, pour ensuite être vendues à un prix élevé à la victime. Si vous vous retrouvez dans cette situation, demandez à voir le surveillant (*jiandi*), qui connaît bien ce genre d'histoires.

Marché du temple du Dieu de la ville
(Chenghuang Miao Shichang)
265 Fangbang Zhonglu
District de Nanshi
Métro : Huangpi Nanlu

D'habitude limité au sous-sol de l'Huabao Building qui se trouve en face des jardins Yu, le marché déborde sur la rue le week-end. Une grande variété d'articles intéressants sont proposés dans cette partie de Fangbang Lu, qui a été rénovée dans le style de la dynastie Qing : peintures, rouleaux de calligraphie et pinceaux sont très prisés. Le bon endroit pour acheter un *chop*, c'est-à-dire un tampon à encre en pierre où l'on inscrira votre prénom en caractères chinois.

Marché aux tissus du Bund Sud
(Nanwaitan Mianliao Shichang)
399 Lujiabang Lu
District de Dongjiadu
Métro : Nanpu Dajiao
Ce marché aux tissus s'appelait le Dongjiadu Shichang jusqu'à son réaménagement sur ce site abrité ; les chauffeurs de taxi utilisent encore l'ancien nom mais connaissent le nouveau lieu, dans la partie sud-est de la vieille ville (Nanshi). Ici, on vend beaucoup en gros ; à moins de vouloir acheter des rouleaux de tissus, le mieux est donc de regarder les tailleurs travailler. Vous pouvez aussi apporter un vêtement que vous aimez bien, choisir un morceau de tissu et revenir une semaine plus tard pour récupérer votre vêtement. Le choix de tissus est incroyable : soie, coton, lin, chanvre, laine…

Marché Qipu Lu
(Qipu Fuzhuang Shichang)
District de Zhabei
Métro : Baoshan Lu
Si vous voulez voir autre chose que des produits fabriqués pour les étrangers, voilà la bonne adresse. Vous y trouverez principalement des vêtements et des bijoux bon marché, et notamment des invendus d'usines d'exportation qui inondent le marché mondial. Un tuyau : si vous voyez « made in USA » sur l'étiquette, cela veut dire que c'est une contrefaçon.

Doulun Lu
Près de Sichuan Beilu
District de Hongkou

Cette petite rue déborde de boutiques où sont vendus des objets antiques. Dans le Shanghai des années 1930, c'était le royaume des gens lettrés et les bâtiments ont été reconstruits dans un style ancien. L'ambiance y est plus détendue que dans d'autres quartiers marchands de Shanghai.

Marché du temple de Longhua

Municipalité de Longhua
Près du temple de Longhua
Métro : Longcao Lu

Situé à la périphérie sud-est de la ville, le temple de Longhua organise chaque année une fête (*voir P. 56*), mais un grand nombre de boutiques et d'étals sont à voir toute l'année dans l'une des rues piétonnes. L'ambiance y est franchement locale, voire rurale, et vous y trouverez peut-être des objets uniques. N'achetez surtout pas de jade : vous vous feriez certainement rouler.

LIVRES

La Chine n'est pas un paradis pour les amateurs de livres du fait des restrictions gouvernementales, mais il existe à Shanghai quelques bonnes librairies.

Shanghai City of Books

465 Fuzhou Lu
District de Huangpu
Tél. : 6391 4848

Old China Hand Reading Room

27 Shaoxing Lu
District de Luwan
Métro : Shanxi Nanlu
Tél. : 6473 2526

Librairie et café agréables, bon choix de livres, anciens et neufs, sur l'art et l'architecture.

Shanghai Foreign Language Bookstore

390 Fuzhou Lu
District de Huangpu
Métro : Nanjing Donglu
Tél. : 6322 3200
Ouvert 9h-18h

Bon choix de livres sur l'art chinois, cartes, méthodes pour apprendre le chinois.

ART ET ANTIQUITÉS

Henry Antique Warehouse

(Hengli Gudian Jiaju)
3F bâtiment 2, 8 Hongzhong Lu
District de Changning
Tél. : 6401 0831
www.h-antique.com

Vous y trouverez surtout des meubles restaurés. Des étudiants de l'université Tongji voisine y sont formés à la restauration et à la création de meubles chinois anciens et modernes.

Shanghai Antique and Curio Store

(Shanghai Wenwu Shangdian)
200-242 Guangdong Lu
District de Huangpu
Métro : Henan Lu
Tél. : 6321 5868

Si vous n'aimez pas marchander, ce magasin d'État est pour vous. Les prix sont fixes, et vous recevrez un certificat officiel pour les objets antérieurs à 1949. Parmi les articles les plus intéressants : éventails peints à la main, vieilles jades, céramiques, sculptures, tapisseries, paravents...

Chine Antiques

1660 Hongqiao Lu
District de Hongqiao
Métro : Hongqiao Lu
Tél. : 6270 1023

Comme la plupart des bons entrepôts d'antiquités de Shanghai, cette adresse est un peu excentrée. Ici, beaucoup de meubles, dont de très belles pièces anciennes vendues avec leur certificat d'authenticité.

Hu & Hu Antiques

1685 Wu Zhonglu
District de Hongkou
Métro : Zhong Shan Lu
Tel : 6405 1212
Ouvert 9h-18h

Grand choix de meubles et d'objets plus petits dans la salle d'exposition et l'entrepôt. Prix fixes.

Zhongzhong Jiayuan Gongsi

3050 Hechuan Lu
Tél. : 6406 4066

Sans doute le plus large choix de meubles anciens de Shanghai, dont

un immense entrepôt rempli d'objets attendant d'être restaurés.

GALERIES MARCHANDES ET CENTRES COMMERCIAUX

Raffles City

286 Xizang Zhonglu
District de Huangpu
Métro : People's Square

Dans cette succursale de chaîne singapourienne, vous trouverez toutes sortes de vêtements, d'articles électroniques et domestiques en provenance d'Occident, ainsi qu'une pharmacie occidentale.

Citec Square

1168 Nanjing Xilu
District de Huangpu
Métro : Shimen Lu n° 1

Articles haut de gamme importés d'Occident.

Plaza 66

1266 Nanjing Xilu
District de Huangpu
Métro : Shimen Lu n° 1

Le plus élégant des centres commerciaux de Nanjing Lu. Quelques bons restaurants.

Westgate Mall

1038 Nanjing Xilu
District de Huangpu
Métro : Shimen Lu n° 1

Des marques un peu moins chics qu'à Plaza 66 et des importations occidentales de qualité.

GALERIES D'ART ET DE DESIGN

Number D

1518, Xikang Lu
Peninsula Garden, Bât. 15,
Tél. : 6299 4289
http://www.numberD.com

La galerie de l'artiste-designer Jiang Qionger, près de la rivière Suzhou. Vente de meubles anciens et de créations de l'artiste (bijoux, peintures, mobilier moderne) : un voyage dans l'art et le design actuels. Ouvert tous les jours 11h-19h.

Eddy Tam's Gallery

20 Maoming Nanlu
Métro : Shanxi Nanlu

Tél. : 6253 6715
La rue est remplie de galeries
d'art et de design contemporains.
Eddy's est l'une des meilleures.

Musée d'Artisanat d'art de Shanghai

(Shanghai Gongyi Meishuguan)
79, Fenyang Lu
District de Xujiahui
Métro : Changshu Lu
Tél. : 6437 0509

Cela s'appelle musée (voir p. 111),
mais le principal attrait de cette
galerie logée dans la concession
française réside dans les objets
d'art raffinés qui y sont fabriqués
et vendus : céramiques, calligraphie, cerfs-volants…

Chinese Ink Painting Shop

(Moxiiang Gongyipin
Shanghang)
134, Nanchang Lu
Tél. : 5386 3997
Métro : Shanxi Nanlu

Peintures sur parchemin créées
par l'artiste en résidence et
ornées de motifs d'oiseaux, de
fleurs et de calligraphies. Prix raisonnables et négociables.

Shanghai Museum Art Store

201, Renmin Dadao
Métro : People's Square

La boutique vend des livres d'art,
des gravures et des reproductions de grande qualité (mais
chères) de pièces de céramiques
exposées dans le musée.

Art Scene

8, allée 37, Fuxing Xilu
District de Xuhui
Métro : Changshu Lu
Tél. : 6437 0631

Situé dans une villa française restaurée, Art Scene est spécialiste
d'art chinois contemporain et
représente des artistes connus
ou en passe de le devenir.

ShanghART Gallery

50 Moganshan Lu
Bâtiments 16 et 18
Tél. : 6359 3923
Fax : 6359 4570
www.shanghartgallery.com
Ouvert 10h-19h

Dans le quartier des galeries de
Moganshan Lu, cette galerie d'art

contemporain propose des expositions de peinture et de sculpture, des vidéos et des performances.

BizArt

50, Moganshan Lu
Bâtiment 7, 3ᵉ étage
Tél. : 6377 5358

Le nom est une contraction des
mots *bizarre* et *business* mais il
s'agit d'un centre à but non
lucratif qui soutient de jeunes
artistes à travers des expositions,
des colloques et des programmes de résidence.

Jingdezhen Porcelain Artware

(Jingdezhen Yishu Taoqi)
1175, Nanjing Xilu
District de Jingan
Métro : Shimen Lu n° 1
Tél. : 6253 8865

Une bonne adresse pour acheter
de la porcelaine traditionnelle de
grande qualité, de style classique
en blanc et bleu ainsi que dans
des tons céladon. Possibilité d'envoi par bateau.

Bokhara Carpets

679, Xianxia Lu
District de Changning
Tél. : 6290 1745
Ouvert : 10h-18h30

Tapis d'Iran, d'Afghanistan, et
d'Asie centrale.

Shanghai N° 1 Department Store

800, Nanjing Xilu
District de Huangpu
Métro : People's Square

Ce grand magasin d'État de dix
étages est l'antithèse des centres
commerciaux chics. Les Shanghaiens s'y fournissent en toutes
sortes de marchandises.

Next Age Department Store

501, Zhangyang Lu
Pudong
Métro : Dongchang Lu
Tél. : 5830 1111

Vous trouverez aussi de tout
dans cet autre magasin d'État de
neuf étages. Les prix sont fixes
(voir p. 136).

Silk King

(Zhensi Da Wang)
590, Huaihai Zhonglu
Métro : Huangpi Nanlu
Tél. : 6372 0561

Un excellent choix de soies et de
laines de qualité. Les tailleurs travaillant sur place peuvent vous
confectionner un vêtement sur
mesure aussi bien dans le style
chinois traditionnel que dans le
style occidental, pour les hommes comme pour les femmes ;
comptez une semaine pour que
le travail soit réalisé. Tissus au
mètre et prêt-à-porter sont également disponibles.

Shanghai Tang

Promenade Shop E
59, Maoming Nanlu
District de Luwan
Métro : Shanxi Nanlu
Tél. : 5466 3006

À l'origine basé à Hong Kong, ce
temple du chic est réputé pour
ses interprétations modernes
des classiques du vêtement chinois, comme les *qipaos* et les
vestes pour homme ; le magasin
propose également un grand
choix d'accessoires et d'articles
pour la maison. Plutôt onéreux.

Jooi Design

n° 21, allée 210
Taikang Lu
District de Luwan
Métro : Shanxi Nanlu
Tél. : 6473 6193

Ce designer danois réinterprète
librement les motifs traditionnels
chinois. De beaux accessoires, en
particulier les sacs à main et les
écharpes en soie.

La Vie

n° 7, allée 210
Taikang Lu
District de Luwan
Métro : Shanxi Nanlu
Tél. : 6445 3585

Des articles traditionnels mais
surtout de la mode d'avant-garde.

Yi Hui

n° 15, allée 210
Taikang Lu
District de Luwan

Métro : Shanxi nanlu
Tél. : 6466 5429
Un choix de vêtements traditionnels avec quelques touches de
modernité. Spécialiste des tenues
de soirée.

Insh
n° 3, allée 210
Taikang Lu
District de Luwan
Métro : Shanxi Nanlu
Tél. : 6473 1921
Insh est l'abrégé de « in
Shanghai », un raccourci qui
incarne bien le parti pris de simplicité caractérisant ce lieu, mêlé
d'une pointe d'ironie à l'égard
des prétentions du petit monde
de la mode shanghaienne. Des
T-shirts aux vestes, tout y est à la
fois original et amusant.

Hanyi
217, Changle Lu
District de Luwan
Métro : Shanxi Nanlu
Tél. : 5404 4727
Ici, la tradition règne en maître :
le meilleur magasin de Shanghai
pour se faire confectionner un
qipao en soie de qualité irrépro-
chable. Si vous voulez une pièce
ayant une grande quantité de
broderies, préparez-vous à attendre votre vêtement un mois. En
revanche, une pièce avec des
motifs plus simples peut être réa-
lisée en quelques jours.

**Chinese Printed Blue
Nankeen Exhibition Hall**
(Zhongguo Lanyinhua
Bu Guan)
Maison 24, 637, Changle Lu
District de Xuhui
Métro : Changshu Lu
Tél. : 5403 7947
Vous aimeriez bien acheter du
tissu chinois traditionnel mais
pas de la soie ? Les batiks teintés
à l'indigo (*nankeen*) vendus ici
sont une très bonne alternative.
Cette tradition populaire a été
relancée par le propriétaire des
lieux, un artiste japonais qui gère
son entreprise depuis plus de
20 ans. Le tissu est vendu au
mètre, ou taillé en chemises,
nappes et autres accessoires de
la maison.

ALIMENTATION

City Supermarket
Shanghai Center
1376, Nanjing Xilu
District de Jingan
Tél. : 6279 8018
Le choix le plus complet de produits importés, aliments et
articles de la maison. Si l'un de
vos aliments favoris vous
manque, vous le trouverez sûrement ici, mais pas au prix auquel
vous êtes habitué. Bon choix de
vins, de livres et de magazines
également.

**Shanghai Huanshang
Tea Company**
853, Huaihai Lu
District de Huangpu
Tél. : 6711 4919
Outre un bel assortiment de thés
vendus au poids, des théières et
autres objets liés au thé y sont
proposés, comme les pots en porcelaine et en céramique Yixing
(non émaillée, *voir p. 94*), appréciés
des amateurs. Dégustation de thé
gratuite. La méthode de préparation, même si ce n'est pas un rituel
aussi important qu'au Japon, vaut
la peine d'être regardée.

BIJOUX

**Amy Lin's Pearls
and Jewelry**
580, Nanjing Xilu, 2ᵉ étage
District de Jingan
Métro : Shimen Lu n° 1
Tél. : 5228 2372
Le meilleur magasin de Shanghai
pour les perles d'eau douce du
lac Tai et les perles d'eau de mer
du Pacifique sud. Plus cher que
dans les petites boutiques, mais
de meilleure qualité.

Pearl Village
(Zhenzhu Cun)
288, Fuyou Lu
District de Nanshi
Métro : Henan Zhonglu
Tél. : 6355 3418
Quelques boutiques vendant des
perles réunies à l'intérieur du
First Asia Jewelry Plaza, en face
des jardins Yu. Vous y trouverez
des perles de culture d'eau douce
et d'eau de mer.

Lao Feng Xiang Jewelers
(Lao Feng Xiang Yinlou)
432 Nanjing Donglu
District de Huangpu
Métro : Henan Zhonglu
Tél. : 6322 0033
Cet établissement fait du commerce depuis la lointaine époque
de la dynastie Qing, bien qu'il ait
connu des hauts et des bas liés
aux aléas de la politique. Il continue à fournir du jade, des perles
et des bijoux en métal précieux
de très grande qualité.

ACHATS
PARTICULIERS

**ÉLECTRONIQUE ET
INFORMATIQUE**
Cybermart
282, Huaihai Zhonglu
District de Luwan
Métro : Huangpi Nanlu
Tout le matériel électronique
dont vous pouvez rêver, des ordinateurs portables aux lecteurs
MP3, sans oublier tous les accessoires et les pièces de rechange.
Mais ne vous faites pas d'illusions :
ce ne sera pas meilleur marché
qu'en Occident, à moins d'opter
pour une marque locale.

JOUETS
Tots
77, Ruijin Lu
Métro : Shanxi Nanlu
Un choix varié de jouets amu-
sants et de jeux éducatifs pour
les plus jeunes. Il existe une succursale au centre commercial
Raffles City dans Nanjing Donglu.

Bao Da Xiang
685, Nanjing Donglu
Métro : Nanjing Donglu
Tél. : 6322 5122
Cinq niveaux entièrement dédiés
aux jouets pour tous les âges.

MATÉRIEL DE PLEIN AIR
Ye Huo Huwai Yongpin Dian
296, Changle Lu
Métro : Shanxi Nanlu
Tél. : 5386 0591
Excellent choix de sacs à dos, ten-
tes, chaussures de marche et autres équipements de plein air, tous
d'une qualité de niveau international, bien qu'assez chers.

ACTIVITÉS ET LOISIRS

La scène shanghaienne est l'une des plus raffinées, des plus variées et des plus dynamiques de Chine. Après 30 ans de répression, les Shanghaiens tiennent non seulement à retrouver leur position à l'avant-garde culturelle, mais aussi à prendre du bon temps. Le nombre croissant d'expatriés leur facilite la tâche et influence leurs choix musicaux. L'animation ne manque pas dans les innombrables discothèques et les bars de la ville, en particulier autour de Xintiandi Lu et de Maoming Lu. Théâtres et cinémas abondent également. Plusieurs guides des spectacles et divertissements édités en anglais (*That's Shanghai* et *SH Magazine*, par exemple) paraissent chaque mois : vous les trouverez dans les bars, les restaurants et à la réception des hôtels.

plus indiqué pour aller au cinéma, mais si vous y tenez absolument, essayez le Peace Cinema sur le Bund, qui est équipé d'un écran Imax. Le Shanghai International Film Festival, qui se déroule en juin, est intéressant pour les fans d'art et essai.

MUSÉES

Les € indiquent les tarifs d'entrée, qui vont de € (moins de 4 €) à €€ (de 4 à 8 €).

SPECTACLES

THÉÂTRE

Shanghai possède plusieurs salles prestigieuses où se jouent des spectacles d'un niveau international. Vous pourrez acheter vos billets à l'avance au guichet de ces salles ou auprès du concierge de votre hôtel, mais évitez les vendeurs à la sauvette aux abords des salles, vous vous feriez avoir.

Grand Théâtre de Shanghai

300, Renmin Dadao
Métro : People's Square
Tél. : 6386 8686
La meilleure scène de Shanghai pour les opéras et les ballets occidentaux, ainsi que pour que les comédies musicales de Broadway. C'est ici que jouent le philharmonique de Shanghai et les orchestres classiques étrangers. Des représentations d'opéras chinois s'y donnent également.

Shanghai Concert Hall

523, Yan'an Donglu
Métro : People's Square
Tel : 6386 2836
Cet impressionnant immeuble Art déco accueille des spectacles classiques, chinois et étrangers.

Centre d'art oriental de Shanghai

(Shanghai Dongfang Yishu Zhongxin)
425, Dingxiang Lu
Métro : Science and Technology Museum
Tél. : 6854 7757
Située à Pudong, cette salle à l'architecture étonnante (extérieur en acier et en verre, intérieur en boiseries) possède une acous-tique exceptionnelle dans ses trois salles qui accueillent de grandes troupes étrangères.

OPERA
Théâtre Yifu/Opéra de Pékin

701, Fuzhou Lu
Place du Peuple
Métro : People's Square
Tél. : 6351 4668
Il faut du temps et de la persévérance pour apprécier l'opéra chinois. Il va sans dire que l'intrigue échappe à ceux qui ne parlent pas le chinois ancien couramment, et la musique, qui utilise beaucoup les instruments à cordes et les gongs, peut sembler cacophonique. Mais les costumes sont très beaux et le langage des corps n'a pas besoin de traduction. Le théâtre Yifu est le meilleur endroit pour assister à du *kunhu*, version locale de l'opéra, plus douce que les autres aux oreilles occidentales car elle utilise les bois.

Théâtre central de Shanghai

Shanghai Centre
1376, Nanjing Xilu
Métro : Jingan Si
Tél. : 6279 8948
Si vous renoncez à assister à un opéra, vous pouvez tenter un spectacle d'acrobaties : les troupes de Shanghai sont les meilleures du pays. En scène, des funambules, des tourneurs d'assiettes, des pyramides humaines et des magiciens.

CINÉMA

Non seulement l'État censure certains films chinois et étrangers mais il limite également le nombre de films étrangers à 50 par an. La Chine n'est donc pas le pays le

Musée de Shanghai

201 Renmin Dadao
Place du Peuple
District de Huangpu
Métro : People's Square
Tél. : 6372 3500
www.shanghaimuseum.com
Ouvert dim.-ven. 9h-17h, sam. 9h-20h
€€ adulte ; € étudiant
Riche d'une superbe collection d'art chinois sur 5 000 ans, il est souvent considéré comme le plus beau musée de Chine.

Musée d'Art de Shanghai

325, Nanjing Xilu
Place du Peuple
District de Huangpu
Métro : People's Square
Tél. : 6327 2829
www.sh-artmuseum.org.cn
Ouvert 9h-17h
€
Il expose des peintures et des sculptures du XXᵉ siècle et des œuvres contemporaines.

Musée d'Histoire du Bund

1, Zhongshan Dong Er Lu
District de Huangpu
Métro : Nanjing Donglu
Tél. : 6321 6542
Ouvert 9h-16h15
€
Surtout des photos d'époque ; la boutique et la terrasse panoramique méritent le détour.

Musée Duolun d'Art moderne

27, Duolun Lu
District de Hongkou
Métro : Baoxing Donglu
Tél. : 6587 2530
www.duolunart.com

Ouvert mar.-dim. 10h-18h, fermé lun.

€

Financé par l'État, ce musée à but non lucratif est de loin le meilleur musée public d'art contemporain chinois au monde.

Musée Lu Xun

2288, Sichuan Beilu
Hongkou Park
District de Hongkou
Métro : Baoxing Donglu
Tél. : 6540 4378
Ouvert 9h-16h

€

Le musée commémore la vie de Lu Xun, une figure de proue de la littérature chinoise moderne, notamment par des lettres, des photos et des meubles d'époque.

Musée de la Sexualité

479, Nanjing Donglu
District de Huangpu
Métro : Nanjing Donglu
Tél. : 6351 4381
Ouvert 10h-21h

€

Dans une perspective historique, une exposition osée mais instructive. Interdit aux moins de 18 ans.

Museum Zendai d'Art moderne

Maison 28
199, Fang Dian Lu
District de Pudong
Tél. : 5033 9801
www.zendaiart.com
Ouvert mar.-dim. 10h-21h
€ (gratuit le dimanche)
Un beau musée à Pudong.

Site du premier congrès national du Parti communiste chinois

78, Xingye Lu
District de Luwan
Métro : Huangpi Nanlu
Tél. 6328 5266
Ouvert 9h-17h

€

Logé dans la villa française où les futurs leaders de la Chine se rencontrèrent pour la première fois.

Musée de la Synagogue Ohel Moishe

62, Changyang Lu
District de Hongkou
Métro : Baoxing Donglu
Tél. : 6541 5008
Ouvert lun.-ven. 9h-11h30 et 13h-16h
N'étant plus utilisée comme lieu de culte, cette synagogue retrace l'histoire des juifs de Shanghai.

Musée d'Art contemporain/MOCA

231, Nanjing Xilu
Parc du Peuple
District de Huangpu
Métro : People's Square
Tél. : 6327 9900
www.mocashanghai.org
Ouvert 10h-18h (jusqu'à 22h mer.)
€

Un beau bâtiment, des œuvres d'art éclectiques.

Musée d'Art populaire

1551, Zhongshan Nan Yi Lu
District de Nanshi (Vieille Ville)
Tél. : 6313 5582
Ouvert 9h-16h

€

Abrité dans l'ancien immeuble de la corporation des marchands, d'une grande valeur architecturale, le musée présente l'art populaire de toute la Chine.

Centre de l'affiche de propagande

868, Huashan Lu
Sous-sol, bâtiment B
District de Changning
Tél. : 6211 1845
Ouvert 9h30-16h30

€

Affiches de l'époque de Mao (voir p. 126). À la fois exposition et galerie d'art. Certaines pièces sont donc à vendre.

Musée des Sciences et des techniques

(Shanghai Keji Guan)
2000, Shiji Dadao
District de Pudong
Métro : Science & Technology Museum
Tél. : 6862 2000
www.sstm.org.cn
Ouvert mar.-dim. 9h-17h15
€€ adultes ; € enfants de moins de 12 ans
Grâce à des robots interactifs, à une simulation de forêt tropicale

humide et à un cinéma iWerks (en 4D), ce musée de renommée mondiale donne vie à la science. Des hordes de jeunes visiteurs s'y pressent le week-end et les matinées en semaine (voir p. 137).

Musée des Enfants de Shanghai

330, Yangqu Lu
District de Zhabei
Métro : Shanghai Tiyuguan
Tél. : 5688 0844
www.shanghaidiscovery.org
Ouvert mar.-dim. 9h-17h
€

Expositions interactives pour les enfants, en sciences et en art.

MUSÉES EN DEHORS DE SHANGHAI

Musée de la Sexualité dans la Chine ancienne

Tuisi Garden
Tongli
Tél. : 0512 6332 2972
Ouvert 8h-17h
€

Musée national de la soie de Chine

Yuhuang Shan
Hangzhou
Tél. : 0571 8703 2060
www.chinasilkmuseum.com
Ouvert 8h30-16h30
€

Vous y découvrirez tous les aspects de la culture et de la confection de la soie.

Musée provincial de Zhejiang

25, Gushan Lu
Hangzhou
Tél. : 0571 8797 1177
www.zhejiangmuseum.com
Ouvert lun. 12h-16h et mar.-dim. 8h30-16h30
€

Musée de l'opéra Kunqu

Maanshan Donglu
Tinglin Park
Suzhou
Ouvert 8h-17h
€

Parmi les objets exposés, des masques, des costumes, des manuscrits et des instruments de musique anciens.

Musée de la soie de Suzhou
661, Renmin Lu
Suzhou
Tél. : 0512 6753 6538
Ouvert 9h-17h30
€

SORTIR

Chacun trouvera son bonheur en matière de sorties, des bars où écouter du jazz *live* aux discothèques de *trance*, en passant par les lieux raffinés et feutrés. Les bars sont censés fermer à 2h du matin, mais jouent souvent les prolongations jusqu'à l'aube. Les hommes voyageant seuls doivent savoir que certaines dames rencontrées dans les bars exercent le plus vieux métier du monde.

CLUBS DE JAZZ

CJW
Rez-de-chaussée
2, allée 123
Xingye Lu
Métro : Huangpi Nanlu
Tél. : 6385 6677
L'acronyme CJW signifie cigares, jazz et vin. Du jazz moderne joué par d'excellents musiciens d'ici et d'ailleurs. L'ambiance est chic, les prix sont élevés. L'autre CJW, au 49e étage du Bund Center, s'apparente plus à un restaurant et offre des vues époustouflantes.

Cotton Club
8, Fuxing Lu
District de Xuhui
Métro : Changshu Lu
Tél. : 6437 7110
Une institution à Shanghai : l'ambiance est détendue et on peut y écouter un bon mélange de jazz et de blues, en règle générale joué par les musiciens de la maison. Chinois comme étrangers s'y bousculent le week-end.

DISCOTHÈQUES

Attica
15, Zhongshan Donglu,
10e étage
District de Huangpu
Métro : Nanjing Donglu
Tél. 6373 3588
Elle est située tout en haut d'un vieil immeuble du Bund. Les terrasses de la discothèque offrent de belles vues de la rivière et des gratte-ciel de Pudong. À l'intérieur deux salles de danse, l'une techno, l'autre hip-hop. Cher.

Guandii
2, Gaolan Lu
Parc de Fuxing
District de Luwan
Métro : Shanxi Nanlu
Tél. : 3308 0726
L'épicentre du hip-hop et de la *house*, en vogue chez les jeunes Shanghaiens, Taïwanais et Hongkongais. Ouvert jusqu'à 4h du matin le week-end.

Mint
333, Tongren Lu
1er étage
District de Jingan
Métro : Jingan Si
Tél. : 6247 9666
Construite dans une ancienne serre, Mint est une discothèque assez petite spécialisée en musique house. Terrasse agréable.

Monsoon Lounge
Pier One
82, Yichang Lu
Tél. : 5155 8318
Située sur le toit du complexe Pier One, dans une ancienne brasserie Art déco donnant sur la rivière Suzhou, cette discothèque joue un mélange éclectique de dance et propose même un Jacuzzi.

Rojam
(Long Shu)
3e étage, Hong Kong Plaza
283, Huaihai Zhonglu
District de Luwan
Métro : Huangpi Nanlu
Tél. : 6390 7181 ou 6390 7161
Deux niveaux pour danser, le premier étant relativement plus calme, mais attendez-vous quand même aux stroboscopes et à des rythmes techno et *trance*.

BARS ET PUBS

Cloud 9 and Sky Lounge
Tour Jinmao
88, Century Avenue
District de Pudong
Métro : Lujiazui
Tél. : 5049 1234
Au 86e étage du Grand Hyatt, ce lieu revendique le titre de bar le plus haut du monde. Il faut prendre trois ascenseurs pour y parvenir, mais les vues en valent la peine. Le Sky Lounge, situé au-dessus, est un peu plus intime.

Cotton's
132, Anting Lu
District de Xuhui
Métro : Hengshan Lu
Tél. : 6433 7995
Dans une villa rénovée de la concession française, l'endroit est cosy, agrémenté de cheminées et de canapés confortables, et d'un beau bar en plein air quand le temps le permet.

DR Bar
15, North Block
District de Xintiandi
Métro : Huangpi Nanlu
Tél. : 6311 0358
Dans le quartier à la mode de Xintiandi, un lieu serein et chic pour siroter un Martini ou boire une coupe de champagne. Murs en marbre, meubles noirs, bar argenté et personnel élégant.

Face Bar
Ruijin Guesthouse
118, Ruijin Lu
District de Luwan
Métro : Shanxi Nanlu
Tél. : 6466 4328
Situé dans le parc de la Ruijin Guesthouse, dans l'ancienne concession française, ce bar en plein air, éclairé aux bougies, est parfait pour se détendre. Deux excellents restaurants se trouvent également dans l'une des villas.

Bar Rouge
18, Zhongshan Dong Yi Lu
6e étage, 18 On The Bund
District de Huangpu
Métro : Henan Zhonglu
Tél. : 6339 1199
L'adresse glamour pour voir et être vu. Des paysages superbes, une terrasse très agréable, une carte des cocktails inspirée et après 22h, on peut y danser.

O'Malley's
42, Taojiang Lu
Métro : Changshu Lu
Tél. : 6474 4533

Une institution pour les expatriés de Shanghai : banquettes en cuir, souvenirs d'Irlande aux murs et Guinness à la pression. Musique irlandaise en soirée et retransmission des événements sportifs sur grand écran. L'été, vous pourrez savourer une bière en terrasse.

FESTIVALS

Outre les trois grandes fêtes de l'année (le nouvel an en février, la fête du Travail le 1er mai et la fête nationale le 1er octobre), qui donnent lieu chacune à une semaine de vacances, d'autres fêtes revêtent une grande importance pour les Chinois (*voir aussi p. 56*).

Festival des cerfs-volants d'Anting

Se déroulant à Anting, aujourd'hui une banlieue de Shanghai, cette fête est très appréciée des enfants. Des compétitions sélectionnent le plus beau cerf-volant et celui qui volera le plus haut. Vous y verrez exposés de vieux cerf-volants et pourrez même fabriquer le vôtre. Tous les ans, les 4 et 5 avril.

Anniversaire du Bouddha Sakyamuni

Plus une cérémonie qu'une fête, durant laquelle les moines chantent dans les temples et procèdent au rituel du nettoyage des images de Bouddha. Le Jingan Temple, dans Nanjing Lu, accueille les visiteurs étrangers, à condition qu'ils soient habillés de façon appropriée. Fête basée sur le calendrier lunaire, généralement en mai.

Fête des Bateaux-dragons

Cette fête célèbre la mémoire de Qu Yuan, poète du IIIe siècle av. J.-C., qui se noya pour protester contre la corruption de l'empereur. Selon la légende, les habitants, attristés, tentèrent d'empêcher les poissons de dévorer le corps en jetant dans la mer des boulettes de riz enveloppées dans des feuilles de bambou et en battant les eaux avec des bâtons. La tradition a perduré : en mai, des boulettes de riz sont jetées dans l'eau et des bateaux

aux longues rames, construits traditionnellement, font la course sur le Huangpu et la rivière Suzhou.

Festival international du thé

Organisée à la gare de Shanghai de la mi-avril à la fin avril, elle comprend une exposition, des dégustations de thé et des visites de jardins de thé de la région de Shanghai. Un événement sérieux pour les adeptes du thé.

Fête des Lanternes

Fondée sur une tradition taoïste qui voulait que l'on pende une lanterne rouge devant chez soi pour obtenir la bénédiction du dieu du Bonheur, la fête est aujourd'hui principalement célébrée aux jardins Yu, dans la vieille ville. De belles lanternes en papier et des sucreries traditionnelles sont en vente. Cette fête, dont la date est basée sur le calendrier lunaire, se déroule 15 jours après le nouvel an chinois.

Foire du temple de Longhua

Dans le district de Xuhui, ce temple célèbre l'arrivée prochaine de Maitreya, également appelé le Bouddha rieur. En plus des rites religieux, une foire (en général bondée) se tient dans le temple et autour. Vous pourrez y admirer des jongleurs, des échassiers et une panoplie d'arts traditionnels. Basée sur le calendrier lunaire, elle a généralement lieu en avril.

Fête de la Mi-Automne

Appelée aussi fête de la Lune, elle célèbre l'abondance des récoltes. Des pâtisseries en forme de lune sont échangées et les familles se rassemblent pour admirer l'astre de la pleine récolte.

Fête du Balayage des tombes de Qingming

C'est l'époque où les Chinois rendent hommage à leurs ancêtres. Dans les zones rurales, ils nettoient les tombes familiales ; dans les rues des villes, ils font brûler des rouleaux de faux billets de banque et d'autres objets pour les défunts. La fête de Qingming a généralement lieu en mars.

SPORTS ET ACTIVITÉS

Beaucoup d'hôtels proposent des centres de remise en forme dernier cri et des massages relaxants. Si vous souhaitez pratiquer des sports d'équipe (basket-ball, football…), renseignez-vous dans les magazines de loisirs : vous trouverez des gens qui organisent des rencontres le week-end.

CENTRES DE REMISE EN FORME

Clark Hatch Fitness Center
Radisson Plaza Hotel
78, Xingguo Lu
District de Changning
Tél. : 6212 9998
Machines, piscine, courts de squash, cours de taï-chi et de yoga, et un service de massages.

Kerry Center
1515, Nanjing Xilu
District de Jingan
Métro : Jingan Si
Tél. : 6279 4625
Musculation, aérobic, courts de tennis et mur d'escalade.

Total Fitness Club
6F Zhong Chuang Building
819, Nanjing Xilu
District de Huangpu
Métro : Nanjing Lu
Tél. : 6255 3535
Massage et spa.

Banyan Tree
Westin Hotel, 2e étage
88, Henan Zhonglu
Métro : Nanjing Donglu
Tél. : 6335 1888
Le spa le plus luxueux de Shanghai. Massages, gommages du visage et du corps dans une ambiance de la Chine d'autrefois.

CHI, The Spa
Pudong Shangri-La Hotel
5e étage, tour 2
33, Fucheng Lu
District de Pudong
Métro : Lujiazui
Tél. : 6882 8888 poste 460
Le thème tibétain est décliné jusque dans les soins, qui incluent un gommage à la *tsampa* (farine

d'orge grillée), base de l'alimentation traditionnelle tibétaine. Soins du visage, enveloppements et massages à la pierre chaude.

Dragonfly
206, Xinle Lu
District de Luwan
Métro : Shanxi Nanlu
Tél. : 5403 9982
Un traitement simple mais complet dans un cadre zen et relaxant. Onze succursales dans la ville.

Funing Feining Blind Massage Center
597, Fuxing Zhonglu
District de Luwan
Métro : Shanxi Nanlu
Tél. : 6347 8378
Selon la tradition chinoise, les massages sont ici accomplis par des aveugles. Le cadre est sobre, mais les massages sont agréables et le prix est raisonnable.

Ming
298, Wulumuqi Nanlu
District de Dapuqiao
Métro : Hengshan Lu
Tél. : 5465 2501
Cadre japonais et élégant pour des soins sensationnels.

GOLF
L'agglomération de Shanghai dispose de plus de 20 terrains de golf. Les prix sont généralement élevés et peuvent aller jusqu'à 800 yuans (73 €) en semaine, et deux fois plus le week-end, où les réservations sont indispensables. L'accès à certains terrains recourt d'être membre du club ; vérifiez avec votre propre club s'il existe des partenariats avec eux.

Binhai Golf Club
Binhai Resort
Baiyulan Dadao
Nanhui
Pudong
Tél. : 5805 8888
Ouvert aux non-membres. Style écossais : fairways, greens durs et rapides, de nombreux pièges.

Shanghai East Asia Golf Club
135, Jianguo Xilu
Tél. : 6433 1198

Ce n'est pas un terrain, mais un bon practice à deux niveaux où frapper quelques seaux de balles.

Shanghai International Golf and Country Club
Xinyang Village
Zhujiajiao
Qingpu County
Tél. : 5972 8111
Robert Trent Jones Jr. a conçu ce parcours, considéré comme le meilleur de la ville, et qui inclut un obstacle d'eau sur la plupart des trous. Pour y accéder, il faut être présenté par un des membres du club ou être client de l'hôtel Sheraton Grand Tai Ping.

Shanghai Riviera Golf Resort
277, Yangzi Lu
Nanxiang
Tél. : 5912 6888
À une heure de route au moins de Shanghai, mais le terrain est éclairé pour jouer de nuit.

Tianma Country Club
Zhaokun Lu
Tianma Town
District de Songjiang
Tél. : 5766 1666
Ouvert aux non-membres, l'endroit offre de jolies vues sur la montagne Sheshan, non loin.

VÉLO
Si vous ne voulez pas vous noyer dans la masse du cyclisme urbain, peut-être apprécierez-vous en revanche un tour en VTT dans la campagne environnante, en direction de Hangzhou et de Suzhou.

Cycle China
1/F N° 25, chemin 1984
Nanjing Xilu
Tél. : 139 1707 1775
www.cyclechina.com
Excursions à vélo dans et autour de Shanghai, et ailleurs en Chine. Les guides parlent anglais.

Shanghai Bike Club
Suite 2308, bâtiment 2
2918, Zhongshan Lu Nord
Tél. : 5266 9013
Ce club vend des VTT, loue des vélos de bonne qualité et organise des excursions à vélo d'une

journée pour cyclistes de tous niveaux.

BOWLING
Orden Bowling Center
10, Hengshan Lu
District de Xiujiahui
Métro : Xiujiahui
Tél. : 6474 6666
Ouvert 24/24h

TENNIS
Beaucoup d'hôtels ont des courts de tennis, et Shanghai possède une grande communauté de passionnés, locaux comme expatriés.

Changning Tennis Club
Allée 1038, Caojiayan Lu
District de Changning
Métro : Jiangsu Lu
Tél. : 6252 4436

Luwan Tennis Center
128, Zhaojiabang Lu
Métro : Shanxi Nanlu
Tél. : 6467 5245

Pudong Tennis Center
Yuansheng Stadium
9, Yushan Lu
Tél. : 5821 5850

Shanghai Jiabao Tennis Club
118, Xincheng Lu
Jiading Sports Center
Tél. : 5999 7151

Shanghai Racquet Club
Lane 555, Jinfeng Lu
Hua Cao
District de Minhang
Tél. : 2201 0100

TAÎ-CHI, WU SHU ET QI GONG
Si vous faites une promenade matinale n'importe où en Chine, vous ne manquerez pas de rencontrer des personnes seules ou en groupe pratiquer cet art ancien, qui ressemble à de la boxe dans le vide au ralenti. Le qi gong implique principalement des positions stationnaires, le taî-chi des mouvements lents, et le wu shu est le plus actif des trois.

Long Wu International Kung Fu Centre
1, Maoming Nanlu

District de Luwan
Tél. : 6287 1258
Métro : Shanxi Nanlu
Ici, ce sont plutôt des arts martiaux, mais il y a également des cours de taï-chi, plus doux.

Mingwu International Kungfu Club
3/F 359, Hongzhong Lu
Changning
Tél. : 6465 9806
Arts martiaux, taï-chi, yoga et tae kwon do pour tous âges. Cours enseignés en deux langues.

Taï-chi and Pushing Hands
2/F Jingwu Building
157, Dongbaoxing Lu
District de Hongkou
Tél. : 130 2012 4902
Forme douce de cet art ancien.

Karma Yoga Center
3-4/F, 172, Pucheng Lu
District de Pudong
Tél. : 3887 0669
www.karmayoga.com
Une grande variété de cours, des débutants aux confirmés. Un spa et un café sur les lieux.

Shanghai Wushu Center
595, Nanjing Xilu
District de Huangpu
Métro : Nanjing Xilu
Tél. : 6215 3599

PARCS À THÈMES
Aquaria 21
Porte 4, Parc de Changfeng
451, Daduhe Lu
Tél. : 6223 5280
www.oceanworld.com.cn
€€
Dans ce parc à thème, vous pourrez admirer des pingouins et des requins. Plongée avec des instructeurs diplômés.

Parc Dino Water
78, Xinzhen Lu, près de Gudai Lu
Qibao
Tél. : 6478 3333
www.ty04.com
€€
Un parc familial très agréable, qui possède la plus grande piscine à vagues d'Asie et la plus grande plage artificielle de Shanghai.

PARCS
Century Park
1001, Jinxiu Lu
District de Pudong
Métro : Century Park
Spacieux et aéré, un bon endroit pour pique-niquer ou faire voler un cerf-volant. Aire de jeux pour les enfants et murs d'escalade.

Parc forestier Binjiang de Shanghai
3, Lingqiao Lu
Gaoshatan
Gaoqiao
Tél. : 5864 8426
Situé à Pudong près du Huangpu, l'endroit est parfait pour s'évader de l'animation urbaine. Locations de vélos et de pédalos.

Jardins botaniques de Shanghai
1111, Longwu Lu
District de Xuhui
Tél. : 5436 3369
Ouvert 7h-17h30
€
Toutes sortes d'espèces botaniques y compris des plantes médicinales, des orchidées et des bonzaïs, le tout sur plus de 80 ha.

Lac et jardins Taipingqiao
Madang Lu
District de Luwan
Métro : Huangpi Nanlu
Petite oasis idéalement située près du quartier Xintiandi.

Parc de Fuxing
2, Gaolan Lu
District de Luwan
Métro : Huangpi Nanlu
Tél. : 6372 6083
Ouvert 6h-18h
Autrefois réservé aux Français, ce parc arboré et orné de fontaines et de parterres fleuris dispose d'une aire de jeux pour les enfants ainsi que des cafés.

SPORTS À VOIR
Shanghai accueille souvent les équipes de football étrangères et des événements d'athlétisme s'y déroulent fréquemment : pour en connaître le calendrier, consultez les magazines locaux. Les plus grandes manifestations se déroulent au stade de

Shanghai. L'open de tennis se tient en novembre et l'équipe de basket-ball des Shanghai Sharks (où Yao Ming fit ses débuts) joue au stade Luwan durant la saison de novembre à avril.

Circuit international de Shanghai
2000, Yining Lu
District de Jiading
Tél. : 6956 9999
www.icsh.sh.cn
Le circuit accueille des compétitions automobiles tout au long de l'année, dont la Formule 1 et le Grand Prix Moto GP.

Stade Luwan
135, Jianguo Xilu
Métro : Shanxi Nanlu
Tél. : 6467 4239
Ce stade couvert accueille événements sportifs et concerts.

Stade Hongkou
444, Dongjiangwan Lu
Métro : Hongkou Stadium
Tél. : 6540 0009
Ce stade de foot sert de lieu d'entraînement à l'équipe locale, les Shanghai Shenhua, et accueille régulièrement des compétitions internationales.

Palais des sports de Shanghai
444, Dongjiangwan Lu
District de Putuo
Tél. : 6265 3338
L'équipe locale de base-ball, les Golden Eagles, joue ici.

Stade de Shanghai
666, Tianyaoqiao Lu
District de Xujiahui
Métro : Shanghai Stadium
Tél. : 6426 6666 poste 2567
Un stade de 80 000 places où se tiennent d'importantes manifestations sportives et musicales.

Cirque de Shanghai
2266, Gonghe Xin Lu
District de Zhabei
Métro : Shanghai Circus World
Tél. : 5665 6622 poste. 202
Cet amphithéâtre doté d'une scène tournante et possédant une capacité de 1 600 places accueille des spectacles de cirque.

GLOSSAIRE

MOTS ET PHRASES UTILES

Bonjour *ni hao*
Au revoir *zaijian*
Merci *xiexie*
Veuillez m'excuser
　dui bu qi
Je *wo*
Nous *women*
Vous (sing.) *ni*
Vous (plur.) *nimen*
Il, elle *ta*
Ils, elles *tamen*
Je m'appelle… *wo jiao…*
Comment vous appelez-vous ?
　ni gui xing ?
Je veux… *wo yao…*
Avez-vous… ? *ni you mei you… ?*
Je n'ai pas… *wo mei you…*
Je comprends *wo mingbai*
Je ne comprends pas
　wo bu mingbai
Pas de problème *mei wenti*
Je suis français *wo shi foguoren*
Je suis belge *wo shi bilishiren*
Je suis suisse *wo shi ruishiren*
Je suis canadien *jianadaren*
Belgique *bilishi*
Canada *jianada*
Chine *zhongguo*
France *faguo*
Suisse *ruishi*
Toilettes *cesuo*
Où se trouve… ? *zai nar… ?*
Où sont les toilettes ?
　cesuo zai nar ?
Combien coûte… ?
　duoshao qian… ?
Bière *pijiu*
Eau *shui*
Combien coûte la bière ?
　pijiu duoshao qian ?
Trop cher *tai gui le*
Légumes *cai*
Fruit *shuiguo*
Argent *qian*
Je n'aime pas…
　wo bu xihuan…

CHIFFRES

Un *yi*
Deux *er*
Deux (suivi d'un nom) *liang*
Trois *san*
Quatre *si*
Cinq *wu*
Six *iu*
Sept *qi*
Huit *ba*

Neuf *jiu*
Dix *shi*
11 *shiyi*
20 *ershi*
21 *ershiyi*
30 *sanshi*
100 *yi bai*
200 *liang bai*
1 000 *yi qian*
10 000 *yi wan*
1 000 000 *yi bai wan*
0 *ling*

AU RESTAURANT

Baguettes *kuaizi*
Café *kafei*
Coca-Cola *kele*
Fourchette *chazi*
Couteau *daozi*
Menu *caipu/caidan*
Plat *panzi*
Thé *cha*
Serveuse *xiaojie*
Eau *shui*
Vin *putaojiu*
Je suis végétarien *wo chisu*
Tiède/chaud *re*
Froid *leng*
L'addition, s'il vous plaît
　qing jiezhang

À L'HÔTEL

Avez-vous une chambre libre ?
　you mei you kong fangjian ?
Lit *chuangwei*
Régler la note *tuifang*
Chambre de luxe *haohuafang*
Chambre double
　shuangrenfang
Passeport *huzhao*
Réception *zongfuwutai*
Chambre standard
　biaozhunfang
Suite *taofang*
Papier toilettes *weishengzhi*

TEMPS

Aujourd'hui *jintian*
Demain *mingtian*
Hier *zuotian*
Quelle heure est-il ?
　ji dian zhong ?

DÉPLACEMENTS

Avion *feiji*
Billet d'avion *jipiao*
Aéroport *jichang*
Bicyclette *zixingche*
Carte d'embarquement

　dengjika
Bus *gonggong qiche/bashi*
Car *qiche*
Carte *ditu*
Bus de taille moyenne
　zhongba
Siège *zuowei*
Minibus *xiaoba*
Métro *ditie*
Taxi *chuzu qiche*
Ticket *piao*
Train *huoche*
Je veux aller à… *wo xiang qu…*
À quelle distance est-ce ?
　duo yuan ?
Donnez-moi un reçu, je vous prie
　*gei wo yi ge shoutiao, hao bu
　hao ?*

URGENCES

Ambulance *jiuhuche*
Antibiotiques *kangjunsu*
Docteur *yisheng*
Au feu ! *zhao huo le !*
Au secours ! *jiuming a !*
Hôpital *yiyuan*
Police *jingcha*
Bureau de sécurité publique
　(PSB) *gonganju*
Je ne me sens pas bien
　wo bu shufu

DIRECTIONS

Nord *bei*
Sud *nan*
Est *dong*
Ouest *xi*
Gauche *zuo*
Droite *you*
Dedans *limian*
Dehors *waimian*

POSTE

Enveloppe *xinfeng*
Lettre *xin*
Bureau de poste *youju*
Téléphone *dianhua*

DIVERS

Avenue *dadao*
Rue principale *dajie*
Rue *jie*
Route *lu*
Montagne *shan*
Parc *gongyuan*
Lac *hu*
Rivière, fleuve *he, jiang*
Pagode *ta*
Temple *simiao/si/guan*

À TABLE

PLATS DE SHANGHAI ET DE L'EST DE LA CHINE

Poulet du mendiant *jiaohua ji*
Canard salé *yanshui ya*
Bœuf froid épicé *xuxiang niurou*
Crabe au gingembre et à l'oignon
  jiang cong chaoxie
Poulet ivre *zuiji*
Pigeon ivre à la sauce au vin
  zuixiang ruge
Crevettes ivres *zuixia*
Tofu fermenté *chou doufu*
Poisson à la sauce tomate *qiezhi*
  yukuai
Poisson au maïs et aux pignons
  songren yumi
Crabe frit aux œufs salés
  xiandan chaxie
Crevettes frites *youbao xiaren*
Poivrons verts à la sauce aux
  piments doux *hupi jianjiao*
Crabe poilu *dazhaxie*
Calmars à la sauce aigre-douce
  suanla youyu
Crevettes de Longjing
  longjing xiaren
Crevettes d'eau douce sautées
  qingchao xiaren
Porc rouge *hong shao zhu rou*
Crabe de Shanghai au vin *zuixie*
Raviolis de Shanghai *xiao long bao*
Poisson jaune fumé
  xun xinxian huangyu
Poisson mandarin à la vapeur
  tangcu guiyu
Travers de porc à la sauce aigre-
  douce *tangcu xiaopai*
Soupe du lac de l'Ouest
  xihu chuncai tang

PLATS DE PÉKIN, DU NORD ET DU NORD-EST DE LA CHINE

Canard laqué de Pékin
  Beijing kaoya
Poisson braisé à la sauce soja
  hongshao yu
Travers de porc braisés à la sauce
  soja *hongshai paigu*
Poulet en feuille de lotus
  qing xiang shao ji
Mouton frit *jiao zha yangrou*
Crabe ivre *zuixie*
Raviolis chinois *shuijiao*
Soupe à l'œuf et à la tomate
  xihongshi jidan tang
Poisson aux légumes et jambon
  huotui sucai yupian
Fondue chinoise *huoguo*

Barbecue mongol *menggu kaorou*
Filets de porc à la coriandre
  yuan bao li ji
Agneau rouge *hong shao yangrou*
Tofu au chou chinois
  san mei doufu
Crabe à la vapeur
  qingzheng pangxie
Ragoût de porc aux nouilles de riz
  zhurou dun fentiao
Ragoût de côtelettes aux pommes
  de terre *paigu dun tudou*

PLATS CANTONAIS, DE CHAOZHOU ET DU SUD DE LA CHINE
Dim Sum :

Petits pâtés de porc grillés au
  barbecue *cha shao bao*
Cochon de lait croustillant
  kao rou
Pâte de riz fourrée aux crevettes
  frites *suzha fengwei xia*
Raviolis chinois frits *guo tie*
Raviolis au porc et aux crevettes
  shao mai
Bouchées à la farine de riz garnies
  aux crevettes ou au porc
  chang fen
Raviolis aux crevettes *xia jiao*
Travers de porc *paigu*
Rouleaux de printemps *chun juan*

Autres plats :

Travers de porc *chashao*
Bœuf à la sauce d'huître
  haoyou niurou
Poulet au curry *gali ji*
Ailes de poulet farcies frites *cuipi
  niang jiyi*
Porc aux cinq parfums *wuhuarou*
Pigeon rôti croustillant à la sauce
  soja *shengchou huang cuipi ruge*
Poulet en croûte de sel
  dongjiang yanju ji
Soupe aux ailerons de requin
  dayuchi tang
Crabe à la vapeur *zhengxie*
Porc à la sauce aigre-douce
  gulao rou

PLATS DU SICHUAN ET DE L'OUEST DE LA CHINE

Poulet aux piments *lazi jiding*
Fromage frit au lait cuit *rubing*
Aubergines à la sauce chaude
  au poisson *yuxiang qiezi*
Poisson et chou à la sauce
  piquante *suancai yu*
Soupe à l'aigre-douce *suanla tang*
Tofu au porc à la sauce piquante

mapo doufu
Lanières de viande à la sauce
  chaude au poisson
  yuxiang rousi
Lamelles de porc à l'huile
  pimentée *shuizhu roupian*
Lanières de poulet à la sauce aux
  piments rouges *bangbang ji*
Lamelles de bœuf épicées
  shuizhu niurou
Poulet épicé aux cacahuètes
  gongbao jiding
Nouilles épicées *dandan mian*
Porc cuit deux fois *huiguo rou*
Jambon séché au vent *huotui*

PLATS OUÏGOURS

Pain à l'ail ou au sésame *nan*
Soupe aux raviolis et aux piments
  chushira
Raviolis farcis au mouton et à
  l'oignon *manta*
Riz pilaf *poluo*
Samosa *samsa*
Nouilles frites au mouton *laghman*

PLATS DE TOUS LES JOURS

Soupe de nouilles *tangmian*
Poulet aux noix de cajou
  yaoguo jiding
Canard croustillant *xiangsuya*
Anguille aux haricots noirs
  douche zhengshan
Œuf frit aux tomates
  fanqie chaodan
Poulet au citron *ningmeng ji*
Porc aux graines de moutarde
  jiemo roupian
Porc aux châtaignes d'eau
  mati zhurou
Côtelettes de porc au riz *paigu
  fan*
Canard rôti *kaoya*
Lanières de porc à l'ail et aux
  piments
  dasuan lajiao chaoroupian
Aubergines épicées *xiangqiezitiao*
Soupe de raviolis chinois
  huntun tang

FRUITS

Pomme *pingguo*
Banane *xiangjiao*
Raisin *putao*
Mangue *mangguo*
Orange *chengzi*
Pêche *taozi*
Poire *li*
Prune *lizi*

CRÉDITS PHOTOGRAPHIQUES

Les photographies de couverture et toutes celles de l'intérieur sont de David Butow, à l'exception des suivantes : 1re de couverture, Paule Seux/hemis.fr ; dos, Mark52/Shutterstock ; 26-27, The Mary Evans Picture Library/The Image Works ; 28, NGS Archives ; 30, Bettmann/CORBIS ; 32-33, Alinari Archive/The Image Works ; 34, AFP/Getty Images ; 36-37, Bettmann/CORBIS ; 38, Hulton-Deutsch Collection/CORBIS ; 39, Topical Press Agency/Getty Images ; 41, Henri Cartier-Bresson/Magnum Photos ; 42, Bettmann/ CORBIS ; 48, The Picture Desk ; 49 (UP), Bettmann/CORBIS ; 49 (LO), Time Life Pictures/Pictures Inc./Time Life Pictures/Getty Images ; 57, Aly Song/Reuters/Corbis ; 58-59, Aly Song/Reuters/Corbis ; 60, Aly Song/Reuters/Corbis ; 79, The Shanghai Museum ; 103, AFP/Getty Images ; 123, LANCASHIRE/Sipa ; 161, Library of Congress ; 225, The Granger Collection, NY.

La National Geographic Society est l'une des plus vastes organisations à vocation scientifique et éducative et à but non lucratif au monde. Fondée en 1888 pour le développement et la diffusion de la connaissance géographique, la National Geographic Society agit pour sensibiliser et inciter à prendre une part active dans la protection de la planète. Elle touche chaque mois plus de 325 millions de personnes dans le monde grâce à son magazine mensuel, National Geographic, et à d'autres revues, mais aussi par sa chaîne de télévision – National Geographic Channel –, des documentaires, de la musique, des émissions de radio, des films, des livres, des DVD, des cartes, des expositions, des médias interactifs et tous les produits dérivés. National Geographic a financé plus de neuf mille recherches scientifiques, projets de conservation et de protection, mais aussi des programmes pour combattre l'illettrisme.

Vous pouvez nous rendre visite sur :
www.nationalgeographic.fr

ISBN : 978-2-84582-375-4

Dépôt légal : août 2011

Impression :
CAYFOSA - Impresia Ibérica
(Espagne)

Shanghai
est une publication de la National Geographic Society

Président directeur général : John M. Fahey, Jr.
Président du conseil d'administration : Gilbert M. Grosvenor
Premier vice-président et président du Département livres : Nina D. Hoffman

Ce livre est une réalisation du Département livres :
Vice-président et directeur du Département livres : Kevin Mulroy
Directeur de la photographie et des illustrations : Leah Bendavid-Val
Directrice de la création : Marianne Koszorus
Directrice de publication des guides touristiques : Elizabeth L. Newhouse
Directeur de la cartographie : Carl Mehler
Directrice artistique : Cinda Rose
Directrice de collection : Barbara A. Noe
Directeur de la production : R. Gary Colbert
Responsable de la production : Ric Wain
Responsable d'édition : Jennifer Thornton

Édition originale
Responsable du projet : Caroline Hickey
Conception graphique : Kay Kobor Hankins
Édition des textes : Allan Fallow, Paula Kelly, Barbara Noe, Erica Rose, Jane Sunderland
Édition des illustrations : Olivier Picard
Documentalistes : Daisy Harper
Consultantes éditoriales : Karen Kostyal, Mary Stephanos
Édition des cartes, recherche et production : Michael McNey, Nicholas P. Rosenbach et cartographes spécialisés
Spécialiste illustrations : Robert Waymouth
Spécialiste édition : Lynsey Jacob
Index : Connie D. Binder
Illustrations (pp. 66-67 et p. 86) : Maltings Partnership, Derby, Grande-Bretagne

© 2007 par la National Geographic Society. Tous droits réservés.

Édition française
© 2008 par la National Geographic Society. Tous droits réservés.

NG France
Directrice éditoriale : Françoise Kerlo
Responsable d'édition : Valérie Langrognet
Assistante d'édition : Julie Drouet
Responsable de production : Alexandre Zimmowitch

Réalisation éditoriale : Sarbacane Design
Traduction : Patricia Barbe-Girault, Irène Barki, Catherine Makarius, Virginie de Bermond
Adaptation des textes français : Aurélie Lenoir, Emmanuelle Levesque
Index : Emmanuelle Levesque

Couverture : Archipel studio

LES GUIDES DE VOYAGE NATIONAL GEOGRAPHIC

Du nouveau dans vos voyages
De **nouvelles destinations**, une **nouvelle expérience**

Nouveautés 2011

Guides pays et régions de 15 à 21 €	Guides villes 11 €
Grand format : 13 x 21,5 cm	Petit format : 12 x 19 cm

Et toujours nos autres destinations ...

Guides pays à partir de 15,95 € Grand format : 13 x 21,5 cm

Également disponibles

Argentine, Australie,
Californie, Cuba,
Égypte, Floride,
Mexique, Provence et
Côte d'Azur,
Rép. dominicaine,
Taïwan

Guides pays européens, villes et régions à partir de 9,95 € Format poche : 12 x 19 cm

Également disponibles

Allemagne,
Amsterdam,
Berlin, France,
Grande-Bretagne,
Grèce, Hong Kong,
Irlande, Madrid,
Naples et Italie du Sud,
Pékin, Prague et
la Rép. tchèque,
Roumanie,
Washington